Gemma Andújar/Jenny Brumme (eds.)
Construir, deconstruir y reconstruir

Hartwig Kalverkämper / Larisa Schippel (Hg.)
TRANSÜD.
Arbeiten zur Theorie und Praxis des Übersetzens und Dolmetschens
Band 31

Gemma Andújar/Jenny Brumme (Eds.)

Construir, deconstruir y reconstruir

Mímesis y traducción de la oralidad
y la afectividad

Verlag für wissenschaftliche Literatur

Umschlagabbildung: Hamburg, Alsterfleet – Rathausschleuse mit Blick
auf die Adolphsbrücke © Alberto García Mur

ISBN 978-3-86596-234-8
ISSN 1438-2636

© Frank & Timme GmbH Verlag für wissenschaftliche Literatur
Berlin 2010. Alle Rechte vorbehalten.

Das Werk einschließlich aller Teile ist urheberrechtlich geschützt.
Jede Verwertung außerhalb der engen Grenzen des Urheberrechts-
gesetzes ist ohne Zustimmung des Verlags unzulässig und strafbar.
Das gilt insbesondere für Vervielfältigungen, Übersetzungen,
Mikroverfilmungen und die Einspeicherung und Verarbeitung in
elektronischen Systemen.

Herstellung durch das atelier eilenberger, Taucha bei Leipzig.
Printed in Germany.
Gedruckt auf säurefreiem, alterungsbeständigem Papier.

www.frank-timme.de

Índice

Prólogo 7

Abreviaturas 13

Marcello Giugliano
Mímesis de la oralidad y poesía: la traducción al italiano de «The Death of the Hired Man» de Robert Frost 15

Martin B. Fischer
Historias de Franz a ambos lados del Atlántico. La oralidad fingida en la literatura infantil 41

Lydia Fernández, Joëlle Rey y Mercè Tricás
Les aventures de Tintin: la traducción de estados afectivos expresados mediante tres marcadores dialógicos 63

Jenny Brumme y Elisenda Bernal
Monólogo teatral y mímesis de la oralidad 95

Sybille Große
Bienvenue chez les Ch'tis: estrategias de ficcionalización del contacto de lenguas y descripción lingüística 121

Patrick Zabalbeascoa
La oralidad perdida: o cuando el texto escrito es más oral que el audiovisual. El caso de *Trainspotting* 141

Cristina Varga
12:08 al Este de Bucarest. La oralidad fingida en la traducción del cine rumano al español 161

Eduard Bartoll Teixidor
Marcas de oralidad en los subtítulos en catalán de la película *Das Leben der Anderen* 187

PRÓLOGO

Poesía en prosa, novela infantil, cómic, monólogo teatral y películas de ficción. ¿Qué tienen en común todos estos textos cuyas traducciones del alemán, francés, inglés y rumano se analizan en el presente libro? ¿Sólo el hecho de que se hayan versado a otras cuantas lenguas como el alemán, catalán, español e italiano, con mayor o menor fortuna? ¿Qué interés tiene estudiarlos si algunos se valen exclusivamente del medio escrito y otros llegan a explorar la puesta en escena de la información visual y auditiva? El denominador común es que los textos analizados pretenden evocar en la ficción la naturalidad, vivacidad y afectividad que se espera encontrar en la conversación cara a cara como realización prototípica de la inmediatez comunicativa (Koch/Oesterreicher 2007: 33); es decir, coinciden en la voluntad de crear en el lector o espectador la impresión de que los personajes están hablando como en un diálogo real y cotidiano.

En los estudios que se han acometido para describir la oralidad en el texto ficcional, este fenómeno ha recibido distintos nombres, como, por ejemplo, el de *oralidad fingida* con el que Goetsch pretendía llamar la atención sobre las diferencias que existen entre la oralidad evocada en el texto literario y la oralidad auténtica, real y cotidiana (Goetsch 1985: 202). Este término que hemos introducido en la lengua española se ha rechazado en ocasiones porque aludiría a una intención poco leal del escritor, es decir, la voluntad de engañar al público. Sin embargo, es obvio que los escritores no quieren engañar al lector, sino que quieren crear la ilusión de autenticidad, y el concepto simplemente pretende insistir en el hecho de que la oralidad en el texto literario constituye una paradoja al valerse del código gráfico para introducir una concepción hablada.

Por otro lado, la traducción audiovisual que trata mayoritariamente de textos ficcionales se ha acercado al mismo fenómeno hablando de *oralidad prefabricada* para designar el registro utilizado en aquellos textos que se escriben «con la finalidad de ser dicho o pronunciado como si no hubiera sido escrito, es decir, como si realmente fuera discurso oral» (Chaume 2003: 102; traducción nuestra). Vemos, pues, que también en este caso particular es la concepción hablada lo que se quiere evocar, si bien los códigos, canales y medios pueden diferir y alternarse a lo largo de la elaboración del producto audiovisual. No se trata de un simple trasvase del escrito al oral sino de concebir la realización, por escrito, o sea, en el código gráfico, para ponerla en escena valiéndose de la palabra hablada, o sea, el código fónico, intercalando otros tantos recursos semióticos, unos más directamente relacionados con la actuación como la entonación, el tono y timbre de voz, el volumen, la velocidad de hablar, el lenguaje corporal y los gestos, y otros vinculados más bien con la representación del mundo ficcional como las imágenes y la fotografía, el sonido, la música, el movimiento y los efectos especiales. En este sentido, los intercambios verbales en los diálogos fílmicos igualmente constituyen una ilusión de la oralidad concepcional (Koch/Oesterreicher 2007: 33) como tipo de comunicación que asociamos a las películas de ficción aunque no sea el único concebible.

Si asistimos, independientemente del entorno concreto, en un texto ficcional a una conversación que nos remite como lectores o espectadores a la oralidad real, el texto se habrá valido de ciertos recursos que permiten darle esta interpretación. Por ello se ha hablado de imitar o simular la oralidad o de la mímesis de la oralidad. Entre las explicaciones teóricas que este fenómeno ha recibido y que, en parte, confluyen, sólo quisiéramos destacar la evocación (Coseriu 1994: 137; Freunek 2007: 28-30), es decir, la posibilidad de remitir, en el medio escrito, mediante el uso de ciertos rasgos a una situación de comunicación hablada o, dicho con otras palabras, recordar la oralidad cotidiana a través de aquellas características que son capaces de encauzar la interpretación del texto hacia un enunciado oral. Se trata, pues, de un mecanismo semiótico de «dar a entender algo» o de «insinuar algo» (Stempel 1998: 239) que se pone en marcha con la ayuda de ciertos elementos y en ausencia de otros que los lectores o espectadores no solemos reclamar ante un texto ficcional.

Esta perspectiva sobre la oralidad en el texto ficcional se acerca a otra que interpreta el modo oral como idea anclada en la mente de los hablantes, es decir, como una experiencia compartida de forma intersubjetiva (Fowler 1991: 59-65 y 2000: 32-33). Para que los lectores o espectadores reconozcan la ilusión de la oralidad y activen el modelo mental correspondiente, sólo precisan de un número suficiente de indicios. Es lo que se ha descrito igualmente como valor indexical del signo, es decir, la selección de los elementos procedentes de la oralidad cotidiana y su transferencia al texto ficcional evoca, al igual que una relación *pars pro toto*, la idea de lo que no se expresa (Stempel 1998: 239). De esta forma, la construcción de la oralidad en la literatura escrita y en la película de ficción presentan un número importante de puntos comunes, desde la recreación de situaciones de comunicación que recuerdan la oralidad espontánea hasta la estructura dialógica y la organización por turnos de habla. Sin embargo, no son los únicos recursos ya que la evocación se suele sustentar en diversos elementos, por lo que se ha hablado de evocaciones múltiples (Freunek 2007: 37-41).

Esta acepción de la construcción de la oralidad en el texto ficcional es importante porque proporciona una explicación de lo que ocurre en las traducciones que eliminan o reducen los recursos empleados en el texto original sin dejar de remitir al carácter oral en la lengua meta. Tiene todavía mayor envergadura ante el trasvase del texto audiovisual que, en el caso del presente libro, se centra en el doblaje y el subtitulado. Si bien en el doblaje la concepción hablada se sustenta en la propia realización en el canal auditivo, en los subtítulos intervienen una serie de recursos que contribuyen a apoyar esta interpretación de lo que se expone por escrito en la pantalla.

La finalidad de las contribuciones reunidas en este libro es, pues, la de indagar en la construcción de la oralidad ficcional, determinar los mecanismos y recursos de que se vale y seguir los procesos de deconstrucción del sentido que se otorga al texto original y su reconstrucción mediante los diversos tipos de traducción en la lengua meta. Así, en «Mímesis de la oralidad y poesía: la traducción al italiano de "The Death of the Hired Man" de Robert Frost», Marcello Giugliano se acerca al análisis de los rasgos orales en un género hasta ahora poco estudiado desde esta perspectiva y el papel que desempeña la estructura métrica en la construcción de las voces líricas. Tras examinar el movimiento de éstas en el texto de partida y el texto meta, el autor concluye que, si bien se acentúan ciertas características orales en la traducción, se difuminan otras como la emotividad y el carácter contemplativo del discurso que serían de gran importancia para volver a alcanzar la ternura del original.

El artículo de Martin B. Fischer con el título «*Historias de Franz* a ambos lados del Atlántico. La oralidad fingida en la literatura infantil» investiga otro género que tampoco ha recibido toda la atención que merecería. La literatura escrita para el público infantil y juvenil destaca, sobre todo, en la creación reciente por explorar el potencial del lenguaje hablado, que en el caso particular de la novela de Christine Nöstlinger se ha versado a dos variantes del castellano. La comparación de las traducciones al español de España y al de Colombia no sólo resalta las diferencias en el uso sino que da cuenta de las distintas estrategias que aplican los traductores a la hora de trasladar el marcado estilo oralizado y dialectal de la autora austriaca. En la línea del mismo género de la literatura infantil y juvenil, se sitúa el análisis que presentan Lydia Fernández, Joëlle Rey y Mercè Tricás sobre «*Les aventures de Tintin*: la traducción de estados afectivos expresados mediante tres marcadores dialógicos». Si bien en el cómic las imágenes cobran mayor importancia, es necesario elaborar con igual meticulosidad como en otras traducciones todo lo que a la interacción verbal se refiere. Mediante el estudio de los marcadores *enfin*, *voyons* y *tiens* las tres autoras insisten en la eficacia que desarrollan estas piezas aparentemente «inocentes» en la edificación de un diálogo ágil y vivo.

A continuación, en «Monólogo teatral y mímesis de la oralidad» Jenny Brumme y Elisenda Bernal cuestionan algunos de los elementos que hacen posible evocar la inmediatez comunicativa en el medio escrito con particular énfasis en la pregunta como recurso para hacer avanzar el hilo narrativo y los marcadores fáticos para mantener la atención del interlocutor ficticio y del destinatario lector o espectador. Con el fin de comprobar el rendimiento de estos elementos se valen de las traducciones de *El contrabajo*, obra del escritor alemán Patrick Süskind, al catalán e italiano.

Desarrollando la línea de la traducción multimodal, los cuatro artículos siguientes se centran en diversos aspectos de la traducción audiovisual, ocupándose los dos primeros del doblaje y los dos últimos de la subtitulación. En «*Bienvenue chez les Ch'tis*: estrategias de ficcionalización del contacto de lenguas y descripción lingüística», Sybille Große muestra las implicaciones que tiene el uso del picardo para la construcción de la trama argumental de la película y los efectos de comicidad. Si bien, ante un panorama tan complejo, el trasvase a otra lengua parece imposible, Große observa cómo la traductora al alemán ha logrado rehacer los efectos valiéndose de su imaginación y el bagaje lingüístico pertinente. A diferencia de este caso, Patrick Zabalbeascoa estudia en su artículo justo el aspecto contrario, es decir, cómo los rasgos orales se desvanecen al adaptar la novela a la gran pantalla y en la versión doblada al español de la película: «La oralidad perdida: o cuando el texto escrito es más oral que el audiovisual. El caso de *Trainspotting*». Para ello, Zabalbeascoa expone las diferencias entre el texto escrito y el audiovisual e indaga en las condiciones que determinan la elaboración del filme y su doblaje.

Tras estas incursiones en la modalidad doblada, Cristina Varga analiza los rasgos del lenguaje hablado en la ficción cinematográfica en «*12:08 al Este de Bucarest*. Oralidad fingida en la traducción del cine rumano al español». La subtitulación al castellano, entendida como recodificación semiótica por la que se transpone el texto del medio fónico al medio gráfico, pese a las limitaciones que éste posee, logra transmitir la concepción hablada del original aunque pierde mucha información presente en los recursos orales de la lengua de partida. Como ya hemos visto en el caso del doblaje, la pérdida no es inherente a la modalidad; lo muestra Eduard Bartoll Teixidor en «Marcas de oralidad en los subtítulos en catalán de la película *Das Leben der Anderen*». Su artículo, donde analiza los subtítulos catalanes del filme alemán *La vida de los otros*, es un buen ejemplo para comprobar que los subtítulos pueden dar cuenta de los rasgos orales si se elaboran con el debido esmero. En el medio gráfico de la subtitulación, el concepto de la evocación que hemos propuesto para la investigación de la oralidad ficcional cobra su pleno sentido.

Barcelona, julio de 2010   Jenny Brumme

Referencias bibliográficas

CHAUME, Frederic (2003). *Doblatge i subtitulació per la TV*. Vic: Eumo.
COSERIU, Eugenio (1994). *Textlinguistik. Eine Einführung*. Editado por Jörn Albrecht. 3.ª ed. revisada y aumentada. Tübingen; Basel: Francke.
FOWLER, Roger (1991). *Language in the News. Discourse and Ideology in the Press*. London: Routledge.
FOWLER, Roger (2000). «Orality and the theory of mode in advertisments.» En GUILLOT, Marie-Noelle; KENNING, Marie-Madeleine (eds.) (2000). *Changing Landscapes in Language and Language Pedagogy*. London: AFLS/CiLT. 26-39.
FREUNEK, Sigrid (2007). *Literarische Mündlichkeit und Übersetzung. Am Beispiel deutscher und russischer Erzähltexte*. Berlin: Frank & Timme.
GOETSCH, Paul (1985). «Fingierte Mündlichkeit in der Erzählkunst entwickelter Schriftkulturen.» *Poetica* 17. 202-218.
KOCH, Peter; OESTERREICHER, Wulf (2007). *Lengua hablada en la Romania: español, francés, italiano*. Traducción de Araceli López Serena. Madrid: Gredos.
STEMPEL, Wolf-Dieter (1998). «Zur Frage der Repräsentation gesprochener Sprache in der altfranzösischen Literatur.» En: KABLITZ, Andreas; NEUMANN, Gerhard (eds.) (1998). *Mimesis und Simulation*. Freiburg im Breisgau: Rombach. 235-254.

Este libro se ha editado en el marco del grupo de investigación consolidado CEDIT (Centre d'Estudis de Discurs i Traducció) reconocido por la AGAUR (Agència de Gestió d'Ajuts Universitaris i de Recerca) de la Generalitat de Cataluña con número de referencia 2009 SGR 771 y los proyectos de investigación HUM2007-62745/FILO *La oralidad fingida: descripción y traducción* (OFDYT) y HUM2006-03897/FILO *Interpretar sentimientos y actitudes: la intervención del traductor* (ISAT), financiados por el Ministerio de Educación y Ciencia.

ABREVIATURAS

Para garantizar cierta homogeneidad de los trabajos presentados en este volumen, se han adoptado las siguientes convenciones.

Las obras originales analizadas se citarán por las iniciales de su autor. Por ejemplo, Patrick Süskind *Der Kontrabaß*: PS. Cuando el corpus estudiado abarca dos o más obras del mismo autor, se añadirá un elemento identificativo del título, como en el caso de los álbumes de Hergé (H-*Amérique* por *Les aventures de Tintin. Tintin en Amérique*; H-*Boules* por *Les aventures de Tintin. Les 7 boules de cristal*; etc.).

Las traducciones de los originales estudiados se citarán por las lenguas a las que han sido versados (cf. *infra*). Por ejemplo, Patrick Süskind, *Il contrabbasso*: PSIT; es decir, se trata de la traducción al italiano, descrita a partir de estas iniciales en la bibliografía que figura al final del artículo respectivo.

En el caso de que el corpus incluya dos o más traducciones de la misma obra, éstas se indicarán con la ayuda del apellido del traductor o la traductora. Por ejemplo, puesto que los libros de Christine Nöstlinger han sido traducidos varias veces al español, se citarán las distintas versiones de la siguiente manera: CNE[...]-Arteaga, es decir, se trata de una traducción de Rafael Arteaga, a diferencia de CNE[...]-Balzola, traducción realizada por Asun Balzola.

Lenguas

A	= Alemán	I	= Inglés
C	= Catalán	IT	= Italiano
E	= Español	P	= Portugués
F	= Francés		

Puesto que la traducción es uno de los hilos conductores de este libro y la herramienta por excelencia de toda persona que realiza o estudia traducciones son los diccionarios, hemos querido resaltar las fuentes de referencia alfabetizadas (diccionarios y enciclopedias) mediante el uso de siglas identificativas (por ejemplo,

DRAE para el *Diccionario de la Lengua Española*, de la Real Academia Española) o el nombre con el que se conocen (por ejemplo, WAHRIG identifica el diccionario alemán *Wahrig digital Deutsches Wörterbuch*, del Bertelsmann Lexikon Institut). Esperamos con ello contribuir a una mayor concisión y precisión de las citas.

Marcello Giugliano

Universitat Pompeu Fabra, Barcelona

MÍMESIS DE LA ORALIDAD Y POESÍA: LA TRADUCCIÓN AL ITALIANO DE «THE DEATH OF THE HIRED MAN» DE ROBERT FROST[*]

1. Introducción

Ya desde la publicación de su segunda colección de poemas (*North of Boston*, 1914), la crítica literaria de la época (Wilfrid Wilson, Lascelles Abercrombie, Edward Thomas, entre otros) observó en el lenguaje de Robert Frost la combinación peculiar de recursos propiamente poéticos, como el metro y los recursos estilísticos fónicos de rima, ritmo, aliteración, etc., con técnicas, efectos y recursos utilizados tanto en la comunicación oral como en su recreación en el medio escrito. El poeta norteamericano consigue combinar ambos recursos de forma dinámica, de manera que entre ellos se creen una tensión dramática y una interacción continua. Los recursos propios de la oralidad, tanto a nivel fónico como a nivel léxico, sintáctico, semántico, etc., hacen que su poesía adquiera una cualidad coloquial que evoca el habla de Nueva Inglaterra, región situada en el noreste de los Estados Unidos. Estos recursos llevan al lector a impostar la lectura según una entonación determinada en el interior de un esquema métrico específico como, por ejemplo, el pentámetro yámbico.

2. Mímesis de la oralidad y forma métrica

El objetivo del presente trabajo es averiguar en qué medida se han reproducido estos efectos en la traducción al italiano de uno de sus poemas más conocidos: «The

---

[*] El autor de este trabajo forma parte del grupo de investigación consolidado CEDIT (Centre d'Estudis de Discurs i Traducció), con número de expediente 2009 SGR 711, concedido por la AGAUR (Agència de Gestió d'Ajuts Universitaris i de Recerca) de la Generalitat de Catalunya. El estudio se inscribe, a su vez, en el marco del proyecto de investigación HUM2007-62745/FILO La Oralidad Fingida: Descripción y Traducción (OFDYT), financiado por el Ministerio de Educación y Ciencia.

Death of the Hired Man». Una primera lectura sumaria de los estudios críticos dedicados a la poesía de Robert Frost es suficiente para justificar la elección de este rasgo de su poética como elemento de investigación aplicado a los estudios descriptivos de la traducción. En la entrada correspondiente a su nombre de la *Encyclopedia Britannica* en línea, encontramos la siguiente breve descripción introductoria escrita por Philip L. Gerber sobre el poeta:

> American poet who was much admired for his depictions of the rural life of New England, his command of *American colloquial speech*, and his realistic verse portraying ordinary people in everyday situations. (Gerber 2009)[1]

Gerber señala así desde el principio la importancia que reviste el elemento hablado en la poesía de Frost. Más adelante aclara: «Frost was widely admired for his mastery of metrical form, which he often set against the natural rhythms of everyday, unadorned speech» (Gerber 2009).

Este rasgo de la poesía de Frost fue una de las razones por las que las editoriales americanas se negaron a publicar sus poemas en un primer momento. Al rechazar los primeros poemas de Frost, el poeta Richard Hovey le acusó de escribir «too much in the way people talk» (ápud Isaacs 1962: 86). El mismo Frost se sorprendió de los comentarios suscitados por el estilo de su poesía. Así escribe en una carta a John Cournos del 8 de julio de 1914, explicando su punto de vista:

> It is as simple as this: there are the very regular preestablished accent and measure of blank verse; and there are the very irregular accent and measure of speaking intonation. I am never more pleased than when I can get these into strained relation. I like to drag and break the intonation across the metre as waves first comb and then break stumbling on the shingle. (RF: 680)

En este sentido, es lógico que se imponga como primer paso al empezar el análisis el describir la relación que se establece entre los recursos utilizados por Robert Frost para la recreación de la oralidad y la estructura prosódica del poema. Conviene subrayar que no se trata de dos polos opuestos, sino más bien de dos niveles distintos del texto que se influencian recíprocamente. En la definición que Harvey Gross (1965) ofrece del concepto de prosodia, recuerda que el poema no es una idea *traducida* al idioma métrico, sino un símbolo en el que pensamientos, experiencias y actitudes convergen y se trasforman en sensaciones rítmicamente organizadas.

---

[1] Las cursivas son nuestras.

It is prosody and its structures which articulate the movement of feeling in a poem, and render to our understanding meanings which are not paraphrasable. Prosody enables the poet to communicate states of awareness, tensions, emotions, all of man's inner life which the helter-skelter of ordinary propositional language cannot express. (Gross 1965: 10)

Gross aclara su discurso tomando como ejemplo los dos primeros versos del poema «West-running Brook»:

(1) 'Fred, where is north?'
            'North? North is there, my love.
     The Brook runs west'.
            'West Running Brook then call it'. (RF: 236, 1-2)

Utilizando dos perspectivas y terminologías distintas, la repetición de la palabra *north* representa, en términos retóricos, una anadiplosis; desde el punto de vista del análisis del discurso, se trata de un fenómeno de vacilación. Peter Koch y Wulf Oesterreicher (2007: 85-87) definen estos fenómenos como característicos de la inmediatez comunicativa, frente al carácter más planificado de la distancia comunicativa. En el ejemplo citado, la repetición sirve al emisor para ganar tiempo y reflexionar, antes de poder dar una respuesta definitiva a su interlocutor. En el primer verso, un pentámetro yámbico casi perfecto, se entrelaza el diálogo entre los dos protagonistas del poema con un ritmo métrico que parece guiar al lector en la interpretación de los distintos matices de significado de las tres palabras idénticas. Como señala Gross (1965: 65-66), el acento retórico recae de forma idéntica sobre el primer y último *north*, mientras que no tiene la misma fuerza en el segundo *north*, puesto que la palabra ya se encuentra entre dos acentos métricos fuertes. De esta manera, el metro parece sugerir la función emotiva, más que semántica, del segundo *north* al representar, como ya se ha dicho anteriormente, la pausa del hablante antes de dar la indicación de la coordenada. «The meter ingeniously adjusts and modifies both concept and feeling» (Gross 1965: 66). Finalmente, la impresión de oralidad de los dos versos resulta reforzada también por el uso del deíctico *there*.[2]

---

[2] Koch y Oesterreicher (2007: 162) subrayan la función mostrativa de los deícticos, que permite considerarlos elementos de la inmediatez comunicativa.

2.1 El sentido del sonido

El interés de Frost para crear en sus poemas su propia interpretación de la oralidad está relacionado estrechamente con dos aspectos fundamentales de su poética: su teoría sobre el «sentido del sonido» (*sound of sense*) y su interés por lo dramático. Quizás hablar de teoría no sea del todo correcto, ya que Frost no desarrolla de forma sistemática sus ideas sobre el sentido del sonido, sino que se limita a hablar de él en algunas cartas que escribió a sus amigos. En una carta a John T. Bartlett con fecha del 4 de julio de 1913, explica que para él la música de las palabras en un poema no debe brotar de simples efectos harmónicos creados mediante la combinación de sus vocales y consonantes, sino más bien del *sentido del sonido*, que él define como «the abstract vitality of our speech» (RF 1995: 665). Con esta expresión el poeta se refiere al sentido que es posible entender del sonido de las frases antes, y más allá, del valor semántico de las palabras individuales o incluso de la sintaxis. Aquel sentido que, como dijo el poeta, es posible aferrar en un diálogo pronunciado tras una puerta cerrada donde no se llega a entender las palabras individuales, pero se entiende el tono de la conversación.[3] El mensaje de la frase reposa, por tanto, principalmente en la entonación. Para que el poeta pueda recrear el mismo efecto sonoro en un texto escrito, tiene que preocuparse de que el mensaje de la frase sea vehiculado por una entonación que no sea ambigua. Como Frost mismo aclara en la carta: «The reader must be at no loss to give his voice the posture proper to the sentence» (RF 1995: 665). El texto escrito tiene que ser «oído» por el lector.[4] Finalmente, Frost explica que, para ser poeta, es necesario insertar y fragmentar el

---

[3] En otra carta a William Braithwaite del 22 de marzo de 1915, Frost vuelve a explicar el significado del concepto de sentido del sonido. Aquí hace referencia al poema «The Death of the Hired Man» diciendo: «Right on top of that I made the discovery in doing The Death of the Hired Man that I was interested in the neighbours for more than merely their tones of speech – and always had been. [...] I like the actuality of gossip, the intimacy of it. Say what you will, actuality and intimacy are the greatest aim an artist can have. The sense of intimacy gives the thrill of sincerity» (RF 1995: 685).

[4] Justin Replogle expresa claramente este aspecto: «So to make strong vernacular intonations print must have confused messages, ambiguous messages, or none at all (ellipsis). But it must be constructed so that it makes sense when intonation carries the message. [...] Turned into an epigram the rule is: the strongest vernacular voice comes from a printed code that makes the least sense – if intonation can make sense out of it» (Replogle 1978: 140).

sentido del sonido, con sus acentos irregulares, en el ritmo regular del metro. Es necesaria la combinación de los dos elementos:

> Verse in which there is nothing but the beat of the metre furnished by the accents of the polysyllabic words we call doggerel. Verse is not that. Neither is it the sound of sense alone. It is a resultant from those two. (RF: 665)

2.2 El elemento dramático

Otro aspecto importante de la poética frostiana, relacionado con la recreación de la oralidad, es el papel que desempeña el elemento dramático en sus poemas. «The Death of the Hired Man», así como la mayoría de los poemas de su libro *North of Boston*, y muchas otras composiciones en colecciones posteriores, son diálogos o bien monólogos dramáticos. La fascinación por el elemento dramático procede de la lectura de las obras de Shakespeare y de las églogas de Virgilio (Cox 1961: 81) en las que, por primera vez, el poeta tuvo la sensación de oír en los textos una voz hablada. La conversación (realizada o bien en forma de diálogo o bien como monólogo dramático) es para el poeta un instrumento hermenéutico que permite llegar a interpretar y comprender una situación específica como la relación entre marido y mujer, viejo y joven o la misma relación del hombre con la naturaleza. Para que la conversación pueda cobrar vida en el texto, es necesario que las frases resulten cargadas de efectos dramáticos y estos se producen entrelazando las palabras con el tono de la voz hablada, como Frost mismo subraya en su breve prefacio a *The Way Out*, una de las tres piezas teatrales que compuso:

> Sentences are not different enough to hold the attention unless they are dramatic. [...] All that can save them is the speaking tone of voice somehow entangled in the words and fastened to the page for the ear of the imagination. (RF: 713)

2.3 Problemas de traducción

Verificado así el papel central que desempeña la dimensión oral en la poesía de Frost resulta más fácil entender el interés que el mismo tema puede tener en el ámbito de los estudios de traducción y que ha estimulado el presente trabajo. La pregunta de partida es cómo se han conseguido traducir los poemas de Frost, considerando la peculiar relación existente entre los rasgos característicos (aunque no exclusivos) de la dimensión poética, como el metro, la rima, la entonación, el ritmo, y los rasgos propios de la oralidad. Partiendo de esta pregunta abierta y general, hemos decidido delimitar el análisis realizado en el presente trabajo a un solo poema: «The Death of the Hired Man» y su traducción al italiano. Este estudio de caso, por tanto, se puede considerar un primer paso hacia una investigación más amplia.

El interrogante inicial se desarrolla alrededor de algunos problemas generales de traducción. Por un lado, hemos considerado la cuestión, ampliamente discutida y analizada, de la traducción poética. La estrecha relación entre forma y contenido, que caracteriza la composición poética, y que hace que todos sus elementos sean esenciales, dificulta enormemente el trabajo del traductor. A esta primera observación se añade una segunda, igualmente general, que atañe a la traducción de algunos aspectos de la oralidad fingida como, por ejemplo, las variaciones del diasistema. ¿Cuáles son las características de la variación diatópica (la entonación de la Nueva Inglaterra) o bien diastrática (el habla de una pareja de granjeros), y cómo traducirlas? ¿Qué importancia revisten en el poema?

Finalmente hemos considerado que, si Frost combina las estructuras métricas de la tradición anglosajona con los recursos propios de la mímesis de la oralidad, el traductor también deberá tomar en cuenta las diferencias entre la métrica acentual-silábica anglosajona y la métrica silábico-acentual italiana. En la métrica inglesa, la combinación en una unidad versal de los acentos métricos y un número determinado de sílabas permite cierta flexibilidad, ya que la cantidad de sílabas puede variar ligeramente, siempre que se asegure un patrón acentual determinado. A esta flexibilidad también contribuye el gran número de palabras monosílabas y semánticamente cargadas presentes en la lengua inglesa. La estructura métrica que Frost utiliza más a menudo es el pentámetro yámbico, que representa la forma métrica más utilizada en la poesía en inglés (de Spenser y Shakespeare a Yeats y Stevens), y que el poeta norteamericano emplea por su mayor ductilidad a la hora de plasmar el ritmo del habla.[5]

En italiano, por otro lado, el metro es silábico-acentual, es decir, se caracteriza por un número fijo de sílabas con acentos también relativamente fijos en determinadas posiciones. Aunque en ciertos casos sea posible exceder el número de sílabas después de la última sílaba tónica, la cantidad reducida de palabras monosílabas que posee el italiano no deja mucho juego al traductor.

---

[5] Véase también Attridge (1995: 159-164).

3. Análisis

El primer paso de nuestro estudio consiste en un análisis individual del texto de origen y del texto meta, considerados como composiciones poéticas independientes. Se trata de una elección que tiene en consideración la naturaleza híbrida de la traducción (que, en tanto que texto literario, está vinculado con la cultura meta, y como texto traducido depende de la cultura y del texto de origen).[6] A ambos textos hemos aplicado un enfoque principalmente lingüístico, derivado de la estilística inglesa. Partimos de la definición de Michael Short (que con Roger Fowler y Geoffrey Leech representa una de las autoridades y uno de los primeros estudiosos que han aplicado y desarrollado el análisis lingüístico en el mundo anglosajón), según el cual «stylistics is [...] concerned with relating linguistic facts (linguistic description) to meaning (interpretation) in as explicit a way as possible» (Short 1996: 5). La frase destaca los momentos centrales del acto de análisis: la *descripción*, que debe ser detallada y sistemática, y la *interpretación*. Se trata de dos momentos consecutivos del análisis en los que la primera corresponde a una descodificación, es decir, a una fragmentación del texto en sus componentes lingüísticos, seguida por la descripción de los efectos más significativos que estos generan como, por ejemplo, la desviación del uso estándar, la singularización de algún sonido o el paralelismo con otros.

3.1 El poema

«The Death of the Hired Man»[7] (RF: 40-45) es un diálogo dramático en pentámetro yámbico de 166 versos. En él se representa la conversación entre una pareja de granjeros: Mary y Warren. El objeto del diálogo es un tercer personaje, Silas, un peón, cuya personalidad se esboza a través de las imágenes evocadas por las palabras de la pareja, pero que nunca aparece directamente. En el poema, la narración empieza *in medias res*: Mary está esperando a su marido Warren para contarle que Silas, viejo y agotado, ha vuelto a la casa de ellos, donde antes había vivido y trabajado, «para morir», como dice Mary. Warren, al recibir la noticia, parece en principio inamovible. No está dispuesto a volver a aceptar al viejo Silas después de que este le había dejado plantado durante la última temporada de trabajo, cuando más se necesitaba su ayuda. Sin embargo, durante la conversación y la rememoración de

---

[6] Véase Cees Koster (2000: 16) para más detalles sobre el doble status de la traducción así como para más informaciones bibliográficas sobre el tema.
[7] Los versos en inglés se citan según la edición de Frost (1995), abreviada por RF.

momentos pasados la pareja llega a una reconciliación. Warren entra en casa para hablar con Silas, pero vuelve casi en seguida para anunciar, con una sola palabra, y con un gesto de cariño hacia la mujer (le coge la mano), la muerte del peón.

En el poema parece posible identificar tres voces distintas que hablan directamente: la voz del sujeto lírico que (casi como un director de escena) introduce la acción y durante su desarrollo da algunas descripciones del entorno que llegan a ser también descripciones psicológicas indirectas de los personajes; la voz de Mary y la de su marido Warren. Las tres voces mantienen características individuales que permiten al lector distinguirlas claramente. Los rasgos de cada voz no son estáticos, a nuestro parecer, sino que van modificándose a medida que el diálogo va avanzando y cambian los equilibrios entre las partes.

El poema se abre con un breve paréntesis narrativo-descriptivo. Los detalles que Frost aporta al lector son mínimos. El poeta prefiere adoptar la técnica que había observado y admirado en los dramas de Shakespeare: esbozar los personajes para permitir que estos delineen su personalidad a través del diálogo (Isaacs 1962: 122). Las dos primeras frases que Mary pronuncia, «Silas is back» y «be kind», crean un contraste con el desarrollo fluido y casi musical de las oraciones coordinadas anteriores, más largas. La inversión del acento métrico, de yambo a troqueo, después de la cesura en el primer caso (*and* put/ him *on*/ *his* guard. | S*ilas is* back), y el ritmo espondaico en el segundo («be kind») crean un ritmo más nervioso, que parece apuntar al estado psicológico de la mujer, preocupada por la llegada del marido y la reacción de este ante la noticia. Al mismo tiempo, producen en el lector una tensión y una expectación ante la respuesta de Warren. Empieza así un diálogo en que el poeta consigue representar de manera separada la voz de la mujer y del hombre, tanto en el tono como en el ritmo del discurso. Como observa Reuben A. Brower (1963), el tono del discurso de Warren es defensivo («When was I ever anything but kind to him?»). El ritmo es abrupto, determinado por frases cortas, simplemente yuxtapuestas, reforzadas a veces por preguntas retóricas. El hombre relata, en discurso directo, una conversación que tuvo con el peón, ofreciendo así al lector una primera imagen de Silas. Las frases, que, aunque cortas, mantienen todo su rigor lógico, ayudan a esbozar el carácter de Warren como hombre racional, de sentido práctico, que cree en una idea de justicia basada en la secuencia lógica de los hechos como, por ejemplo, en los versos 13-14:

(2)   'I told him so last haying, didn't I?
       If he left then, I said, that ended it. (RF: 40, 13-14)

O bien en los versos 22-24:

(3)   "All right," I say "I can't afford to pay
       Any fixed wages, though I wish I could."
       "Someone else can." "Then someone else will have to." (RF: 40-41, 22-24)

Para llegar a la tajante conclusión de su discurso:

(4)   In winter he comes back to us. I'm done.' (RF: 41, 30)

En los ejemplos anteriores, el uso del discurso directo nos da una clara indicación de la cualidad oral del texto (Koch/Oesterreicher 2007: 116-118), y, a la vez, representa un recurso que Frost utiliza hábilmente para subrayar un aspecto de la psicología del personaje.

Mary replica a las afirmaciones del marido con frases igualmente cortas, pero que generan un ritmo completamente distinto. La sintaxis es simple: las frases se agregan paratácticamente («He's worn out. He's asleep beside the stove»); y las oraciones son a veces incompletas («A miserable sight, and frightening too—»). En su discurso se introducen pausas de reflexión, representadas gráficamente por guiones, entre frases que no presentan siempre el mismo nivel de cohesión lógica típico del discurso de Warren. Una serie de incisos nos dan la idea de estar leyendo, o mejor escuchando, un discurso que sigue más bien el flujo inquieto de las emociones:

(5)   You needn't smile—I didn't recognize him—
       I wasn't looking for him—and he's changed.
       Wait till you see.' (RF: 41, 37-39)

Esto no quiere decir que a su discurso le falte coherencia, sino que opera en un nivel diferente, apelando directamente a los sentimientos más que a la razón. El tono más dulce y explicativo de Mary sirve para enfocar el carácter de Silas desde una perspectiva que invita a la empatía con el personaje. Esto se deduce no solamente del valor semántico de las palabras que la mujer utiliza («Surely you wouldn't grudge the poor old man / Some humble way to save his self-respect»; RF: 41-42,

49-50), sino también del ritmo más fluido del discurso indirecto, con el que describe el encuentro con Silas y recuerda un episodio del pasado entre Silas y el joven Harold Wilson («He added, if you really care to know, / He meant to clear the upper pasture too»; RF: 42, 51-52, o «Silas declares you'll have to get him back. / He says they will make a team for work»; RF: 42, 61-62). Si volvemos a comparar este ritmo con el que generaba el rápido intercambio de comentarios bruscos entre Warren y Silas, que el granjero acaba de reproducir de forma directa, nos damos cuenta de las diferentes características del habla de los dos personajes.

Sin embargo, en un determinado instante del curso del diálogo, los discursos de Mary y Warren empiezan a converger. Se trata del momento en el que la mujer evoca la única verdadera habilidad de Silas: la de preparar una carga de heno. Warren reconoce esta habilidad y el ritmo de su discurso, al recordar la escena de trabajo en el campo, parece liberarse de las tensiones originales, perdiéndose por un instante en una rememoración afectuosa. Los nexos sintácticos siguen siendo simples, como es lógico en un texto que aspira a reproducir el habla de una persona en una situación de intimidad conyugal. Seguimos encontrando, por tanto, una serie de oraciones coordinadas o yuxtapuestas paratácticamente. Sin embargo, el ritmo yámbico más regular parece dar mayor respiro al discurso, que se mueve de forma coherente de una oración a otra hasta construir una imagen completa y unitaria de vida agreste. Desde el punto de vista simbólico, el hecho de que hombre y mujer empiecen a reencontrarse en un punto aparentemente de poca relevancia como la capacidad de hacer una carga de heno resulta particularmente significativo, ya que permite trazar un paralelismo entre esta actividad campesina y la creación de un poema. Igual que la carga de heno se va formando con cada horquillada, el poema toma forma palabra por palabra. Como observan David A. Sohn y Richard H. Tyre, para Silas el trabajo parece representar lo que para Frost es la poesía: «A momentary stay against the confusion of the world» (Sohn/Tyre 1974: 100).

A partir del reconocimiento de esta habilidad de Silas, no solamente se percibe un gradual, aunque no del todo realizado, converger de los discursos de la pareja hacia un punto de encuentro, sino también, a nuestro parecer, una sintonía más evidente del discurso del sujeto lírico mismo con el de Mary. Al comentar las palabras del marido, la mujer pronuncia unas frases que destacan por su lirismo meditativo y que se diferencian, por tanto, del tono anterior:

(6)   Poor Silas, so concerned for other folk,
        And nothing to look backward to with pride,
        And nothing to look forward to with hope,
        So now and never any different.' (RF: 43, 99-102)

Sus palabras parecen ceder el paso al segundo segmento narrativo del poema (RF: 43, 103-110) y a la voz del sujeto lírico que analizaremos más adelante.

Después de la pausa lírica, durante la cual el silencio de Mary y sus gestos son más bien los que hablan al marido sentado a su lado, el matrimonio retoma la conversación para llegar al momento central del poema: la definición que tanto Warren como Mary dan de la palabra hogar (*home*):

(7)   'Home is the place where, when you have to go there,
        They have to take you in.'
                        'I should have called it
        Something you somehow haven't to deserve.' (RF: 43, 118-120)

En estos tres versos, significativamente divididos en dos mitades simétricas, la pareja llega a un enfrentamiento en el que las diferencias del lenguaje hablado reflejan una manera distinta de entender el hogar y, por consiguiente, de entender la humanidad de Silas así como la propia humanidad (Jost 1996: 410). En este sentido, Brower pone énfasis en la estructuración de las frases enunciadas por la pareja, su sintaxis y su realización fonética en contraste, que llegan a simbolizar, en su opinión, la oposición entre la piedad (Mary) y la justicia (Warren):

> The definitions of husband and wife are not Home Thoughts, but "vital sentences" – to use Frost's term – "sentence sounds" with dramatic force beyond grammar. But the man's home-made grammar (almost a parody of grammar) has its part in expressing his half-laughing rueful kindness, his granting Silas the bare claim of humanity. His wife's definition, with the remarkably slow "somehow" [...] is the essence of mercy. The difference between their definitions is summed up in the contrasting brute sounds of "*have* to" and "*haven't* to". (Brower 1963: 161)

Partiendo de esta interpretación de Brower, otros estudiosos como Robert H. Swennes (1970: 368) prefieren hablar de una «creative conversation» entre la pareja. Los dos interlocutores siguen su propia naturaleza pero aceptan también las sugerencias recíprocas. Victor E. Vogt (1979: 539) reconoce la oposición entre los dos personajes, pero sostiene que los dos comportamientos revelan más bien la situación emocional de Silas que la actitud personal de ellos. Más recientemente, Walter Jost (1996: 409) ha demostrado las diferentes estrategias retóricas empleadas en la conversación entre Mary y Warren para llegar a la conclusión de que ésta no se debe entender siguiendo un esquema bipolar que opone la piedad a la justicia sino como una colaboración en comunidad.[8] Resumiendo las distintas interpretaciones para nuestro propósito, parece útil destacar las diferencias en la elaboración del idiolecto de Mary y Warren, tal y como ya lo había observado Brower (1963).

En el desarrollo del poema, después del momento de tensión al que hemos aludido, encontramos otra breve pausa lírica, otro silencio que sirve para comentar, en esta ocasión, la actitud de Warren, es decir, el hecho de que comprende el significado de las palabras de Mary y se acerca a la posición de ésta. En los gestos de marido y mujer se revela la misma correspondencia simétrica que caracteriza la estructura de los tres versos (RF: 43, 118-120) citados anteriormente. El acto de que Warren rompa una ramita es paralelo al anterior, es decir, al de que Mary dé alcance a una campanilla, y simboliza la compenetración entre los personajes.

Esto explica también por qué le falta fuerza retórica al último argumento que Warren esgrime y del que parece poco convencido. En su opinión, Silas podría pedir hospedaje a su propio hermano, al que no acude para no humillarse. Mary lo entiende y, por tanto, concede a Warren la posibilidad de apelar al hermano de Silas («I think his brother ought to help, of course»; RF: 44, 131). El *of course* parece abarcar el carácter puramente concesivo de su admisión.

Llegamos así al momento conclusivo del poema. Mary añade unas últimas recomendaciones antes de que Warren vaya a hablar con el peón. Luego espera en la escalera, mirando la luna. Otra vez, las palabras de Mary («I'll sit and see if that small sailing cloud / Will hit or miss the moon»; RF: 45, 160-161) introducen una pausa lírico-narrativa al describir los tres elementos («The moon, the little silver cloud and she» [Mary]), que apuntan simbólicamente a los tres personajes del poema (Mary, Warren y Silas), o, también, a las tres voces hablantes. La descripción, como un *intermezzo* poético, asimismo desarrolla la función de retrasar la conclusión del relato, creando cierta tensión en el lector, que sólo puede imaginar la

---

[8] Hay que mencionar que este sucinto repaso de las distintas interpretaciones que la crítica literaria ha ofrecido sobre este tema no puede ni quiere ser exhaustivo. Tampoco nos ocupamos, en el presente artículo, de las implicaciones psicológicas y sociales del personaje de Silas.

escena del encuentro entre Warren y Silas fuera del escenario. El cierre consiste, de forma significativa, en las realizaciones holofrásticas pronunciadas por ambos personajes:

(8)   'Warren?' she questioned.
              'Dead,' was all he answered. (RF: 45, 166)

Koch y Oesterreicher observan que estos tipos de realizaciones fragmentarias son muy características del ámbito de la inmediatez comunicativa y subrayan que:

> [...] son adecuadas en situaciones de fuerte implicación emocional y/o espontaneidad y funcionan sin problemas en contextos cognitivos y experienciales claros, en situaciones de referencia hacia el *aquí* y *ahora*. (Koch/Oesterreicher 2007: 128)

Mary y Warren han llegado a converger en las ideas, las actitudes y los sentimientos. Las palabras son casi superfluas: dos son suficientes para que el lector pueda entender el sentido de su sonido, es decir, atribuirle aquella entonación que le permita entender su significado.

Completamos el análisis del texto original con algunas observaciones sobre los tres momentos en los que la voz del sujeto lírico se introduce en el diálogo. El primero corresponde a los versos 1-5 que se pueden comparar, como ya hemos dicho, a las acotaciones escénicas, en una obra de teatro:

(9)   Mary sat musing on the lamp-flame at the table
       Waiting for Warren. When she heard his step,
       She ran on tip-toe down the darkened passage
       To meet him in the doorway with the news
       And put him on his guard. 'Silas is back.' (RF: 40, 1-5)

Esta introducción remite al segundo pasaje descriptivo que encontramos más adelante en el poema:

(10) Part of a moon was falling down the west,
       Dragging the whole sky with it to the hills.
       Its light poured softly in her lap. She saw it
       And spread her apron to it. She put out her hand
       Among the harp-like morning-glory strings,

Taut with the dew from garden bed to eaves,
As if she played unheard the tenderness
That wrought on him beside her in the night. (RF: 43, 103-110)

(11) Warren leaned out and took a step or two,
Picked up a little stick, and brought it back
And broke it in his hand and tossed it by. (RF: 44, 121-123)

Y, finalmente, la presentación de la última escena, antes de que concluya el diálogo y el poema:

(12) I'll sit and see if that small sailing cloud
Will hit or miss the moon.'
It hit the moon.
Then there were three there, making a dim row,
The moon, the little silver cloud, and she.
Warren returned—too soon, it seemed to her,
Slipped to her side, caught up her hand and waited. (RF: 45, 160-165)

El primer objetivo del análisis, en este caso, es observar las diferencias estilísticas que se encuentran entre la parte dialogada del poema y la parte descriptivo-narrativa. Incluso una lectura rápida de los fragmentos nos transmite una impresión de intenso lirismo poético, en yuxtaposición con el tono igualmente íntimo pero más cercano al habla común que caracteriza la conversación entre marido y mujer.

Esta impresión parece encontrar una primera confirmación en la observación de sus componentes léxicos. La palabra *musing*, en el primer fragmento, pertenece a un registro más formal y evoca imágenes de meditación poética.[9] Un efecto parecido suscitan en el segundo fragmento las numerosas metáforas que enriquecen la estrofa (the moon *falling down*, *dragging* the sky, the light *poured softly*, *the harp-like* morning-glory strings, the *garden bed*). En el último fragmento, vuelve a aparecer la luna, casi personificada, ofuscada en parte por una nube plateada.

---

[9] Jost recuerda «others have rightly remarked that Frost's choice of the word "musing" bespeaks a poetic strain in Warren's life» (Jost 1996: 404) que se refleja en el segundo fragmento. Según este autor, el silencio meditativo de Mary en la parte inicial del poema enlaza con el segundo momento de silencio del segundo fragmento y forma parte de la estrategia de retórica epideíctica que ella utiliza en su conversación con Warren (Jost 1996: 405).

El lirismo de estas imágenes resulta reforzado a nivel sonoro por los distintos recursos fónicos que el poeta utiliza con mayor frecuencia en comparación con las partes dialogadas. Así pues, aunque en los versos siguientes el ritmo vuelva a ser yámbico, en los dos primeros versos los acentos fuertes recaen en las sílabas iniciales del primer pie métrico, determinando una clara cadencia musical.[10]

(13) / x / / x x x /   x   x x / x   / x x / x
Mary sat musing on the lamp-flame at the table/ Waiting for Warren. (RF: 40, 1)

En los mismos versos se encuentran además una serie de aliteraciones (*M*ary, *m*using, *l*amp-*fl*ame, *w*aiting, *W*arren, *w*hen) que aumentan el efecto. El segundo fragmento también empieza por el acento métrico en la primera sílaba del pentámetro, aunque el patrón métrico sea aquí más irregular. La aliteración domina el verso 162, en el tercer fragmento (*Th*en *th*ere were three *th*ere), así como una serie de asonancias.

A nivel sintáctico, finalmente, los dos primeros fragmentos se caracterizan por una serie de oraciones complejas y más planificadas. Las frases consisten en una oración principal y una o varias subordinadas (por ejemplo: *Mary sat musing on the lamp-flame at the table / Waiting for Warren. When she heard his step*, o bien *She ran on tip-toe down the darkened passage / To meet him...*). También encontramos algunas oraciones coordinadas copulativas o paratácticas (por ejemplo: *Its light poured softly in her lap. She saw it / And spread her apron to it*, todo el fragmento 11). El fragmento (12), en contrapartida, se caracteriza esencialmente por una serie de oraciones principales, coordinadas, sobre todo, paratácticamente (por ejemplo: *It hit the moon. / Then there were three there...* o bien: *Warren returned—too soon, it seemed to her, / Slipped to her side, caught up her hand and waited*). Según Koch y Oesterreicher (2007: 141-147), las oraciones complejas, o sea, las hipotácticas, pertenecen generalmente al ámbito de la distancia comunicativa, debido a su alto grado de planificación. Por otro lado, el carácter agregativo de la parataxis, su espontaneidad y bajo grado de planificación, se corresponde más bien con la inmediatez comunicativa, es decir, con la dimensión del habla común, familiar, caracterizada por una relación más íntima entre los interlocuto-

---

[10] Vogt (1979: 533) habla aquí de «balladic mode».

res.¹¹ Sin embargo, también la hipotaxis puede utilizarse, en ciertas ocasiones, en el ámbito de la inmediatez comunicativa, aunque manteniendo el orden jerárquico entre oraciones principales y subordinadas. Finalmente, el orden se puede invertir en el caso de oraciones condicionales, causales y temporales cuando este «expresa la dirección de la relación lógico-semántica correspondiente; por tanto su ordenación se puede considerar icónica» (Koch/Oesterreicher 2007: 146), hecho que se hace patente, por ejemplo, en la frase de los versos 2-3: *When she heard his step, / She ran on tip-toe down the darkened passage.*

Al aplicar estas últimas observaciones a los fragmentos narrativos, nos percatamos de los rasgos orales que posee el discurso del sujeto lírico, pese a su mayor carácter lírico y las diferencias que existen entre éste y el habla de Mary y Warren. En lo que concierne al segmento introductorio, Vogt comentaba:

> The syntax used to describe the stage setting and the initial actions is grammatically normal and unadorned with evocative diction. In Roman Jakobson's phrase, this is "the poetry of grammar" as opposed to the poetry of image and metaphor. (Vogt 1979: 533-534)¹²

Vogt parece confirmar que la voz del sujeto lírico sigue manteniendo rasgos orales. Sin embargo, debido al carácter más reflexivo y monológico, el discurso del sujeto lírico parece orientarse más bien hacia la distancia comunicativa. Así ocurre en comparación con los discursos de Mary y Warren si partimos de un continuo trazado entre la inmediatez y la distancia comunicativas (Koch/Oesterreicher 2007: 21-35). No obstante, se trata de una distancia relativa, ya que los tres discursos siguen compartiendo, en nuestra opinión, una condición de intimidad que constituye su denominador común. Por consiguiente, también en este caso parece posible percibir una voz con características del habla común, aunque más planificada. Esto permite justificar nuestra hipótesis de considerar el sujeto lírico como un personaje que participa en la situación descrita por la pareja. No se trata de un narrador lejano

---

¹¹ Koch y Oesterreicher describen los fenómenos de la hipotaxis y parataxis al presentar los rasgos universales del español, francés e italiano hablado, en el ámbito sintáctico (Koch/Oesterreicher 2007: 141, 147). Parece que las observaciones más generales pueden extenderse, en este caso, también al inglés.

¹² A diferencia de Vogt, insistimos, como ya lo hemos expuesto, en el carácter poético de la palabra *musing*. Refiriéndose esta vez al segundo segmento descriptivo, Vogt mismo lo describe como «a maze of metaphor, delightfully modulated from the cosmic to the domestic» (Vogt 1979: 536).

y omnisciente sino de un tercer personaje que describe las emociones, obvia juicios morales explícitos y se involucra emocionalmente. Esta última afirmación viene apoyada por las características del último fragmento en el que la estructura sintáctica de las frases se simplifica respecto a los segmentos anteriores. Las oraciones se hacen más cortas, la coordinación de una secuencia de sustantivos («the moon, the little silver cloud, and she») sirve para traer en primer plano los objetos y se refleja en la secuencia de oraciones que, casi a modo de fotogramas, describen la vuelta de Warren («Warren returned [...] / Slipped to her side, caught up her hand and waited»). La estructura métrica de estos dos versos es regular y parecida (/x x/ x/ x/ x/— Wa*rren re*turned—*too* soon, *it* seemed *to* her; /x x/ /x x/ x/x — Slipped *to her* side, caught *up her* hand *and* waited),[13] pero las pausas más evidentes, introducidas por la puntuación, generan un ritmo más pausado que culmina en el último verso y su ritmo marcado por tres cesuras. La voz del sujeto lírico no es indiferente al desarrollo de la escena, participa emotivamente, se adapta al ritmo y anticipa el cierre del poema, tal y como el ritmo de las frases de Mary había adelantado su voz anteriormente.

3.2 La traducción

La traducción realizada por el poeta Giovanni Giudici en 1965, publicada por Einaudi y reeditada con pocos cambios por Mondadori en 1988 pertenece a una de las pocas antologías dedicadas exclusivamente a los poemas de Frost traducidos al italiano (con la excepción de las traducciones aparecidas esporádicamente en antologías).[14] Resulta natural preguntarse por la escasez de traducciones y la fragmentación que la obra de Robert Frost ha experimentado en Italia. La respuesta a esta pregunta podría ser objeto de un estudio detenido que partiría de una investigación sobre la recepción del poeta en Italia, pero que no nos proponemos realizar en el presente trabajo. Sin embargo, es posible avanzar algunas hipótesis, parciales y provisionales.

Según lo que sugiere Paola Loreto (1999: 106), la fortuna de Frost en Italia en los años 50 y 60 del siglo pasado viene marcada por la opinión negativa de una parte de

---

[13] El tercer pie podría leerse también como un yambo (*caught up* — x/).

[14] Otra traducción anterior de una selección de poemas de Robert Frost apareció en Italia en 1961 (*Poesie scelte*, traducido por Franco De Poli, Parma, Guanda). Véase el artículo de Loreto (1999) para más datos bibliográficos sobre las traducciones al italiano de Frost.

la crítica literaria americana (Blackmur, Cowley o Winters, entre otros). Muchos estudiosos consideraban a Frost un «sabio bucólico», un «granjero feliz» (Isaacs 1962: 7), un conservador en la forma y un regionalista en el contenido. Según esta visión estereotipada del poeta, su mirada parecía dirigirse hacia el paisaje limitado de la Nueva Inglaterra, cerrándose al desarrollo tecnológico e industrial del país, así como a los cambios que estos implicaban a nivel social y político. La crítica solía contraponerlo a poetas socialmente más comprometidos y urbanos como T. S. Eliot y Ezra Pound. Paradójicamente, la gran popularidad de la que el poeta gozó en la prensa y sigue gozando entre los lectores no especialistas ha contribuido más bien a consolidar esta interpretación superficial de su poética. Hay que mencionar que Frost es una lectura obligatoria en la escuela en los Estados Unidos de manera que la mayoría de los jóvenes estudiantes americanos conocen sus poemas más famosos.

Otra parte de la crítica literaria, más sensible a las diferentes facetas de su poesía, se ha opuesto a una lectura estereotipada.[15] Amy Lowell, por ejemplo, en su reseña del volumen *North of Boston* definió el libro como un «sad book», destacando la representación de la alienación, la soledad y del trastorno psicológico que parece caracterizar a muchos de los personajes de los poemas, la gente sencilla de la Nueva Inglaterra rural (Francis 1986: 515-516). También es significativo lo que el presidente John Fitzgerald Kennedy comentó en el discurso pronunciado en memoria del poeta en el Amherst College (Massachusetts) el 26 de octubre 1963: «If Robert Frost was much honoured during his lifetime, it was because a good many preferred to ignore his darker truths» (Kennedy 1964). Completa este panorama la hipótesis según la cual el rasgo coloquial de su poesía ha dificultado la recepción de Frost en Italia, subrayando las diferencias entre las tradiciones poéticas americana e italiana. Según Loreto, «the average American reader and critic are both more ready to appreciate colloquial poetry than their Italian counterparts» (Loreto 1999: 111).

En lo que concierne a la traducción al italiano, Giudici desarrolla en la introducción a una colección de poemas de Frost («Premessa del traduttore», Giudici 1965) algunas ideas sobre el estilo del poeta así como sobre las prioridades de traducción. Alega que la parte esencial del discurso poético de Frost consiste en el uso riguroso de las terminaciones léxicas, uso que, según Giudici, puede ser extremadamente

---

[15] Giudici describe esta oposición en su introducción a las traducciones.

preciso como en la denominación y descripción de las plantas que no existen en Italia. Esta precisión léxica se contrapone, y de alguna manera compensa, la que el traductor define como «pereza o indiferencia prosódica» de Frost.[16] Giudici se refiere, sobre todo, a lo que el poeta norteamericano comentó en una carta escrita a Sidney Cox en diciembre 1914, de la que cita un fragmento. En esta carta, Frost afirma la necesidad de utilizar palabras nuevas, es decir, palabras a las que no se haya atribuido todavía ningún efecto poético. El poeta debe luchar, por tanto, contra aquellos que creen y esperan que en la poesía se tiene que utilizar un lenguaje *poético*, entendiendo por este término aquel lenguaje que en la tradición literaria se ha ido separando de la lengua hablada.

Este aspecto fundamental de la poética frostiana lleva, según Giudici, a un mayor grado de traducibilidad de su poesía, ya que el traductor se debe concentrar principalmente en la traducción del elemento léxico. Estas afirmaciones de Giudici pueden causar asombro, puesto que parecen contrastar con lo que se ha comentado anteriormente. Habíamos dicho que la cualidad de oral que caracteriza el lenguaje poético de Frost no se limita al uso de determinado tipo de léxico, sino que es el resultado de una serie de recursos fónicos, léxicos, sintácticos y de una entonación que entran en tensión con la estructura métrica tradicional y determinan, a través del tono y ritmo, el patrón mismo de lo hablado. Se trata del «sentido del sonido», que hemos comentado y que Frost menciona en la carta a Cox, que transmite el sentido de la frase antes de que se entienda el significado de las palabras individuales o de las conexiones sintácticas. El asombro ante esta afirmación del traductor parece desvanecerse, sin embargo, en el momento en el que Giudici aborda el aspecto fundamental de la poética frostiana, es decir, la manera en la que «the unmade words» (RF 1995: 682) se organizan alrededor de géneros poéticos tradicionales:

> Dalla tensione instituita tra l'apparente pigrizia delle forme prosodiche e di genere e la concretezza del lessico, *la linearità della sintassi*, deriva infatti anche quel singolare effetto di "parlato" costretto in panni aulici, che della poesia frostiana è tipico e non secondario carattere. (Giudici 1965: 8)[17]

---

[16] «Si direbbe anzi che questa puntigliosità lessicale di Frost [...] sia una specie di contropartita della sua pigrizia o indifferenza prosodica» (Giudici 1965: 7).

[17] Las cursivas son nuestras.

Vemos, pues, que el traductor es consciente de las particularidades del texto no solamente en el nivel léxico sino también en la sintaxis, señalando, de esta forma, la elevada complejidad del efecto hablado en la poesía frostiana.[18]

Pasando ahora al análisis del texto traducido, nos centramos, sobre todo, en las tres voces del poema destacadas anteriormente. Una primera lectura atenta parece confirmar lo que el traductor afirma en su introducción, es decir, su intención de alcanzar el efecto del habla, utilizando un léxico no connotado poéticamente y una sintaxis lineal. El discurso de Mary y Warren destaca por sus expresiones que se acercan a la inmediatez comunicativa e invitan al lector a reproducir, si bien mentalmente, algunas entonaciones típicas del lenguaje hablado italiano. Sin embargo, también se evidencia, en comparación con el original, un cambio del equilibrio entre las tres voces, que lleva a una mayor distancia entre la cualidad hablada de los discursos del matrimonio y el estilo más claramente poético de la reflexión lírico-narrativa.

Con todo, no podemos afirmar que el carácter más literario presente en la voz del sujeto lírico en el texto meta resida en la selección del léxico empleado por el traductor. Este parece proceder igualmente del lenguaje común como sucede, por ejemplo, en los siguientes versos:

(14) Gli tolse dalle braccia le cose del mercato
      E le mise nell'atrio, poi lo fece sedere
      Accanto a sé sui gradini di legno. (RFI: 33, 8-10)

La sensación poética deriva más bien de algunas elecciones estilísticas. En el verso 1 (Pensosa *Mary sedeva al tavolo china sul lume*), por ejemplo, el traductor antepone el predicado al nombre, enfatizando el estado meditativo de la mujer. Otra inversión sintáctica marcada se encuentra en el verso 6 (Con se *lo spinse fuori dalla porta e*), así como dos encabalgamientos (en el mismo verso 6 y en el 4: *per incontrarlo sulla soglia, dirgli / le novità...*). En el segundo segmento (RFI: 39, 103-110) encontramos otra inversión sintáctica (con sé *sulle colline tutto il cielo portando*; RFI: 39, 104), una rima

---

[18] En relación con este aspecto, las críticas de Loreto son clarísimas: «The comment on Frost's "prosodic indifference" can only be taken as a serious misjudgement on Giudici's part. Perhaps this should come as no surprise from a translator who has candidly avowed that he hardly knew Frost before being commissioned to translate his poems, and that he has never formally learned English (*Addio, proibito piangere* VI) – two details which can hardly be a recommendation of his work» (Loreto 1999: 107).

interna (...*tutto il cielo port*ando / *dolcemente vers*ando; RFI: 39, 104-105), un encabalgamiento (...*la nota di un po' di tenerezza / muta che a lui*...; RFI: 39, 109-110). Finalmente hallamos otra inversión en el último segmento narrativo (accanto a lei *si chinò*; RFI: 43, 165). Al observar este procedimiento utilizado por Giudici así como por otros traductores italianos de Frost, Loreto apunta: «The way inversion is used by many Italian translators of Frost gives a superficial sense of formality compromising any chance of suggesting a colloquial tone» (Loreto 1999: 110). La mayoría de las traducciones italianas de Frost fallarían al seleccionar un registro literario determinado y una dicción elevada arbitraria, que no se corresponde con el original, que recurre a un estilo coloquial aunque elevado.[19] Si bien es pertinente en general, esta afirmación no nos parece aplicable al poema objeto de este análisis, como hemos mostrado anteriormente.

El discurso de Warren y Mary, en cambio, se caracteriza por unas marcas orales evidentes, aunque no diatópicamente caracterizadas. Sin embargo, en ocasiones, el orden sintáctico poco común de los elementos de la frase no corresponde a una estructura hablada sino más bien a un calco del original.

Valga de ejemplo el verso 11 (*Quando mai non sono stato gentile con lui?*) que pertenece al registro coloquial italiano. La entonación normal que pone mayor énfasis de voz en el adverbio *mai* llega enseguida al oído del lector, incluso durante una lectura silenciosa y así se constituye el sentido de la frase: una respuesta que una persona daría sintiéndose acusada y en parte ofendida por el interlocutor, tal y como Warren se podría sentir acusado por Mary. Otro ejemplo de mímesis de la oralidad se encuentra en el verso 70 (*Sí, ma cercavo di girare al largo*) o en los versos 118 y 119, en los que Warren da su definición de *casa*:

(15)   "Casa è quel posto dove, quando ci devi andare,
        loro devono accoglierti". (RFI: 39, 118-119)

El traductor consigue recrear aquí aquella impresión casi de «parodia de la gramática» (Brower 1963: 161) que caracteriza el texto original.

En el discurso de Mary, uno de los casos que merece la pena destacar, porque se reproduce la cualidad oral del discurso, se encuentra en los versos 79-80 (*Mi ha

---

[19] «The great bulk of these translations is characterized by an arbitrarily high diction while they should privilege a colloquial one» (Loreto 1999: 109).

chiesto cosa pensassi di quella frase di Harold, / che lui studiava il latino per gusto,). Aquí cabe destacar el uso, por parte del traductor, del *che* polivalente, otro rasgo del italiano hablado. La función de este elemento no es explicitar una relación lógico-semántica determinada:

> Su valor (causal, temporal, consecutivo, etc.) viene determinado por el contexto, especialmente —como es característico de la inmediatez comunicativa— por el contexto situacional y de la acción. (Koch/Oesterreicher 2007: 146)

Como acabamos de mencionar, también se encuentran ejemplos en los que el esfuerzo del traductor por reproducir la cualidad oral parece suscitar un efecto impropiamente enfático o marcado que resulta ser en algunos casos fruto de un simple calco de la estructura sintáctica de la frase original. Así, en los versos 100-102 (*e niente* a cui *voltarsi indietro con orgoglio* / *e niente* a cui *guardare avanti con speranza, così è adesso e mai sarà diverso*),[20] el intento de reproducir la misma estructura iterativa del original crea un efecto sintácticamente marcado, ya que las expresiones *niente* a cui *voltarsi* y *e niente* a cui *guardare* no resultan aceptadas en la norma prescriptiva y, además, no son de uso frecuente en el habla estándar. En todos estos casos, el resultado es distinto de la eufonía que Frost alcanza en el texto original mediante la repetición casi idéntica de los dos primeros versos. En el verso 102, distintos factores contribuyen a esta percepción eufónica: la regularidad métrica del verso (*So now and never any different* — x / x / x / x / x x); la aliteración de las palabras *now* y *never*; su estructura formulaica compacta, que le confiere cierta cualidad de verdad proverbial y enfatiza, al mismo tiempo, la expresión *now and never*. De esta manera, se sugiere al lector la entonación que debería dar a la frase para entender, de manera clara, el mensaje comprendido en la reflexión amarga de Mary. Al introducir una cesura en el verso (*così è adesso* | *e mai sarà diverso*) y una rima casi perfecta (*adesso* — *div*erso), el texto meta confiere a la afirmación un carácter más enfático y definitivo, donde se pierden las connotaciones de afable reflexión y se introduce la posibilidad de interpretar la frase en tono moralista.

Antes de llegar a una primera conclusión descriptiva sobre la traducción, cabe mencionar la presencia de algunas divergencias semánticas que alteran ligeramente la percepción de los personajes así como su manera de expresarse, con respecto al texto original.

---

[20] El énfasis es nuestro.

a) Transformación del sentido de la frase:

(16) He thinks he ought to earn a little pay   Secondo lui, gli basta un piccolo guada-
      (RF: 40, 19)   gno (RFI: 33, 19)

b) El significado del verbo *nod off* se traduce de forma ambigua. No se transmite la impresión de agotamiento físico del personaje:[21]

(17) Nothing would do: he just kept nodding   Niente: su e giú soltanto faceva con la
      off (RF: 41, 43)   testa (RFI: 35, 43)

c) La divergencia en (18) es más sutil. Siguiendo «el sentido del sonido» en la frase, entendemos que el énfasis sobre la palabra *one* implica una valoración positiva. En italiano el mensaje es más ambiguo y permite atribuir una connotación despectiva al tono de Warren. Esto alteraría el equilibrio entre los personajes, puesto que se trata del primer momento en el que se nota un acercamiento entre los discursos y las ideas de marido y mujer:

(18) 'I know, that's Silas' one accomplish-   "Lo so, quella è la sola specialità di Silas"
      ment. (RF: 43, 88)   (RFI: 37, 88)

d) La expresión en italiano es ambigua. Podría entenderse en sentido negativo, casi como un juicio de valor sobre la persona, mientras que en el original se evalúa más bien el grado de afinidad familiar. En italiano coloquial se habría podido decir *lui non ci è nulla*, partiendo de la expresión *mi è parente*:

(19) Of course he's nothing to us, any more /   Certo per noi lui non è nulla, nulla /
      than was the hound that came a stranger   piú del cane da caccia che ci venne (RFI:
      to us (RF: 43, 115)   39, 115)

e) El traductor malinterpreta la expresión invirtiendo completamente el significado de la frase original. En el texto inglés, Silas no aceptaría nunca la humillación de complacer al hermano:

---

[21] «Nod off: (intr, adverb) *Informal* To fall asleep» (TFD).

(20)   Worthless though he is, / he won't be   Per poco che valga / non si vergogne-
       made ashamed to please his brother. (RF: rebbe di far piacere al fratello. (RFI: 41,
       44, 144-145)   144-145)

4. A modo de conclusión

Para contestar a la pregunta inicial sobre las dificultades implícitas en la traducción del poema de Frost, causadas por la combinación de la mímesis de la oralidad con estructuras métricas de la tradición poética anglosajona, hemos contrastado el texto original con el texto meta. La comparación nos ha permitido ofrecer una visión más clara de la estructura de cada uno, las divergencias entre ellos y las posibles consecuencias a nivel macrotextual.

En primer lugar, hemos observado que Giudici, pese a mantener la forma versal, no utiliza una estructura métrica regular, correspondiente al pentámetro yámbico que encontramos en el texto original. Sus versos presentan un número de sílabas que varía entre 11 y 15 por término medio, con algunos picos más largos. No se puede hablar, por tanto, de polimetría, ya que falta un esquema métrico regular. Esta primera observación puede estar relacionada con la presencia de un mayor número de monosílabos en la lengua inglesa respecto a la italiana, al que hemos aludido al principio del trabajo. Sabemos que, para traducir el pentámetro inglés, el traductor abandona el metro original para utilizar, por ejemplo, otra forma métrica que corresponde aproximadamente al original. En italiano el pentámetro yámbico se traduce, con frecuencia, por el endecasílabo. Si se adopta esta estrategia traductora, la necesidad de conservar la forma, es decir, el mismo número de sílabas por cada verso, asociada a la falta de palabras monosilábicas, obliga al traductor a omitir algunas palabras o a «deslizar» el discurso al verso siguiente, por lo que aumenta el número total de los versos.[22] A diferencia de esta estrategia, Giudici prefiere traducir el pentámetro utilizando el verso libre, hecho que le asegura mayor flexibilidad a la hora de recrear en italiano el efecto oral que caracteriza los versos de Frost.

El análisis del texto meta ha mostrado cómo las voces de Mary y Warren mantienen sus rasgos orales y se distinguen claramente de la voz del sujeto lírico. Por otro la-

---

[22] Dídac Pujol (2006) explica estas posibilidades en su estudio sobre la traducción del pentámetro de Shakespeare al catalán. Creemos que es posible aplicarlas al italiano debido a las afinidades entre estas dos lenguas románicas.

do, también hemos podido observar que, en ocasiones, en el texto meta se ha enfatizado el carácter oral o se han introducido connotaciones coloquiales no presentes en el original. Al mismo tiempo, el discurso del sujeto lírico ha adoptado connotaciones más literarias.

A nivel macrotextual, estas divergencias estilísticas, así como las divergencias semánticas destacadas en el análisis, modifican en parte el equilibrio original entre los personajes y su percepción por parte del lector. En el texto de origen encontramos tres voces que, pese a tener un carácter propio, se influencian recíprocamente y parecen converger hacia un momento común de entendimiento emocional. Cada uno de los personajes cede la palabra al otro (sobre todo, en el caso de Mary y del sujeto lírico), por lo que, al mismo tiempo, sigue definiendo aspectos de su psicología. En el texto meta este movimiento es menos evidente y las diferencias entre los personajes llegan a ser menos sutiles y más abruptas. Sin las constricciones del metro, el lenguaje de Mary y Warren pierde la coloquialidad que oculta otros aspectos de sus discursos (la emotividad, el lirismo, el carácter meditativo). Hay que subrayar, sin embargo, el carácter hipotético de esta última afirmación, que debería comprobarse ampliando el estudio a todas las traducciones de Giudici, así como estudiando su propia producción poética. A causa de algunos errores de interpretación del original, los discursos de Mary y Warren adquieren a veces matices despectivos que sugieren un sentimiento de superioridad moral. Aumenta, además, la distancia entre la voz del sujeto lírico y las del matrimonio. Se reduce así aquella sintonía original, aquella conversación silenciosa que se hilvana entre Mary, Warren y el sujeto lírico, mediante la cual las voces van cambiando para encontrarse y comprenderse en el apogeo lírico de esta magnífica poesía.

5. Corpus

RF = FROST, Robert [1890-1962] (1995). *Collected Poems, Prose and Plays*. New York: The Library of America.
RFI = FROST, Robert (1965). *Conoscenza della notte e altre poesie*. Torino: Einaudi.

6. Referencias bibliográficas

ATTRIDGE, Derek (1995). *Poetic Rhythm. An Introduction*. Cambridge: Cambridge University Press.
BROWER, Reuben A. (1963). *The Poetry of Robert Frost. Constellation of Intentions*. New York: Oxford University Press.
COX, Sidney (1961). *A Swinger of Birches: a Portrait of Robert Frost*. New York: Collier Books.

FRANCIS, Lesley Lee (1986). «A decade of "Stirring Times": Robert Frost and Amy Lowell». *The New England Quarterly* 59/4. 508-522.

GERBER, Philip L. [2009]. «Robert Frost». En *Encyclopedia Britannica* [en línea]. URL: <http://www.britannica.com/EBchecked/topic/220895/Robert-Frost>; fecha de consulta: 10-9-2009.

GIUDICI, Giovanni (1965). «Premessa del traduttore». En FROST, Robert (1965). *Conoscenza della notte e altre poesie*. Torino: Einaudi. 5-8.

GROSS, Harvey (1965). *Sound and Form in Modern Poetry. A Study of Prosody from Thomas Hardy to Robert Lowell*. Ann Arbor: The University of Michigan Press.

ISAACS, Elisabeth (1962). *An Introduction to Robert Frost*. Denver: Alan Swallow.

JOST, Walter (1996). «Lessons in the conversation that we are: Robert Frost's "Death of the Hired Man"». *College English* 58/4. 397-422.

KENNEDY, John Fitzgerald (1964). «Poetry and power». *Atlantic Monthly*. URL: <http://www.theatlantic.com/issues/64feb/kennedy.htm>; fecha de consulta: 12-10-2009.

KOCH, Peter; OESTERREICHER, Wulf (2007). *Lengua hablada en la Romania: español, francés, italiano*. Traducción de Araceli López Serena. Madrid: Gredos.

KOSTER, Cees (2000). *From World to World. An Armamentarium for the Study of Poetic Discourse in Translation*. Amsterdam; Atlanta: Rodopi.

LORETO, Paola (1999). «The sweetest dream that labour will know: "The Fact" facing Italian Frost translators and scholars». *Prospero* 6. 105-116.

PUJOL, Dídac (2006). «The adaptation of Shakespeare's pentameter into Catalan». *Babel* 52/4. 307-333.

REPLOGLE, Justin (1978). «Vernacular poetry: Frost to Frank O'Hara». *Twentieth Century Literature* 24/2. 137-156.

SHORT, Michael (1996). *Exploring the Language of Poems, Plays and Prose*. London: Longman.

SOHN, David A.; TYRE, Richard H. [1969] (1974). *Frost. The Poet and his Poetry*. New York; Toronto; London: Bantam Pathfinder.

SWENNES, Robert H. (1970). «Man and wife: the dialogue of the contraries in Robert Frost's poetry». *American Literature* 42/3. 363-372.

TFD = FARLEX.INC (ed.) [2004-]. *The Free Dictionnary*. [Huntingdon Valley: Farlex]. URL <http://www.thefreedictionary.com>; fecha de consulta: 10-9-2009.

VOGT, Victor E. (1979). «Narrative and drama in the lyric: Robert Frost's strategic withdrawal». *Critical Enquiry* 5/3. 529-551.

Martin B. Fischer
Universitat Pompeu Fabra, Barcelona

HISTORIAS DE FRANZ A AMBOS LADOS DEL ATLÁNTICO. LA ORALIDAD FINGIDA EN LA LITERATURA INFANTIL*

1. Introducción

En sus libros para niños, la conocida autora austriaca Christine Nöstlinger recurre a un lenguaje cotidiano y de registro familiar que pretende emular los rasgos elementales de la oralidad coloquial en su país. Este afán se refleja incluso en un uso, aunque tímido, de expresiones de carácter dialectal.

Los libros de la autora han sido traducidos a muchas lenguas, entre ellas las cuatro lenguas oficiales de España, pero también se publicaron en algunos países latinoamericanos. El presente trabajo propone comparar las traducciones española y colombiana de algunos libros de la exitosa serie «Historias de Franz», poniendo énfasis en los rasgos de la oralidad fingida.

2. El lenguaje en la literatura infantil y juvenil

2.1 Rasgos generales

Los investigadores de la literatura infantil y juvenil frecuentemente se encuentran con reacciones que demuestran un cierto desprecio hacia una «literatura menor», considerada un género aparte, con reglas propias. Aquí nos basamos en la hipótesis de que la literatura infantil y juvenil es un conjunto complejo de obras con características bien distintas y que forma parte del polisistema literario de una cultura determinada (cf. Shavit 1999; Fischer 2006: 30-35).

---

* Este estudio se ha escrito en el marco del grupo de investigación consolidado CEDIT (Centre d'Estudis de Discurs i Traducció) reconocido por la AGAUR (Agència de Gestió d'Ajuts Universitaris i de Recerca) de la Generalitat de Cataluña, con número de expediente 2009 SGR 771, y del proyecto de investigación HUM2007-62745/FILO *La Oralidad Fingida: Descripción y Traducción* (OFDYT), financiado por el Ministerio de Educación y Ciencia.

Aunque no todos los autores, ni los críticos, pedagogos y demás implicados en la producción y distribución de la literatura infantil y juvenil estén de acuerdo con respecto al lenguaje que debe usarse en los libros para niños —y en menor medida en los dirigidos a jóvenes—, por lo menos en los libros para niños pequeños se suele recurrir a un lenguaje sensiblemente más sencillo, supuestamente más cerca del habla del público lector infantil que el de otros libros, es decir, los dirigidos a adolescentes o adultos. El lenguaje vendrá determinado tanto por la edad del público al que irá dirigido el texto como por su función. Teresa Colomer distingue tres funciones básicas de la literatura infantil y juvenil:

> Podemos dividir en tres las funciones que cumple la literatura infantil y juvenil: iniciar al acceso a la representación de la realidad ofrecida a través de la literatura y compartida por una sociedad determinada; desarrollar el aprendizaje de las formas narrativas, poéticas y dramáticas a través de las que se vehicula el discurso literario y ofrecer una representación articulada del mundo que sirve como instrumento de socialización de las nuevas generaciones. (Colomer 1999: 15)

Como vemos, la función clara y únicamente didáctica del la literatura infantil y juvenil del siglo XIX ha quedado obsoleta, por lo menos en las sociedades occidentales. No obstante, Juan Cervera insiste en que:

> [...] no puede ignorarse que la literatura infantil, como toda obra de arte, ejerce sobre el individuo su influjo pedagógico o educativo, ya sea por la contribución a la formación de su pensamiento, ya sea por los modelos que le presenta, ya por las aportaciones de tipo intelectual que le depara. (Cervera 1992: 339; cf. Fischer 2006: 54-57)

Con respecto al lenguaje, el mismo autor constata:

> Pensar que la literatura infantil ha de tener un lenguaje característico es tan lógico como reconocer que la literatura mística o el libro de caballerías cuentan con el suyo. Cosa muy distinta es que podamos definir las propiedades de este lenguaje. [...] Mientras la literatura en general contribuye a la creación de lengua, la literatura infantil contribuye a que el niño penetre en el conocimiento de esta lengua. (Cervera 1992: 51-52)

Ya con vistas a la capacidad de comprensión de los jóvenes lectores, Colomer subraya el importante papel de la socialización de los chicos y chicas:

> Un error común ha sido pensar que es posible establecer fronteras estrictas entre lo que es o no es comprensible para los niños, puesto que los individuos aprenden siempre en el seno de una sociedad determinada. Es decir, lo que un niño puede comprender no depende únicamente del desarrollo intrínseco de sus capacidades interpretativas, sino que viene

condicionado por la presencia y familiaridad de esos elementos en su cultura. (Colomer 1999: 22)

Más adelante en su *Introducción a la literatura infantil y juvenil*, la investigadora advierte:

> Está muy extendida la idea de que es necesario valorar la cantidad de palabras desconocidas o su registro culto para medir la dificultad del texto. Pero hay otros aspectos, tanto o más importantes, a tener en cuenta. Por ejemplo, en los cuentos cercanos al cuento popular a veces se utiliza un lenguaje tan próximo a la lengua oral que el lector se ve obligado casi a oírse decir el texto para poder entenderlo. O bien es importante atender al equilibrio entre descripción/acción, demora/progresión de la historia. (Colomer 1999: 162-163)

Con estas consideraciones ya nos vamos acercando al tema del presente análisis. En un estudio cuantitativo, Bernhard Engelen (1995) analizó el lenguaje de siete textos de literatura infantil y juvenil y lo comparó con el de siete textos específicamente para adultos. Entre los autores de los libros de literatura infantil y juvenil se encontraba Nöstlinger; el científico constató que el lenguaje de los textos más recientes de la autora era más complejo (sobre todo desde el punto de vista sintáctico) que el de sus primeros libros. Convencido de que la mayoría de las personas que disponen de un vocabulario de una cierta amplitud lo habrían adquirido leyendo, Engelen aboga por no rebajar más de la cuenta el nivel de complejidad lingüística o sea, respetar, por lo menos, el nivel ya adquirido por los lectores (Engelen 1995: 40; cf. Fischer 2006: 60-66).

2.2 El lenguaje en los libros de Christine Nöstlinger

El lenguaje usado por Nöstlinger en los libros sobre Franz se caracteriza por:

— oraciones sencillas, dando preferencia a la parataxis, aunque también hay párrafos con varias subordinadas antepuestas a las oraciones principales

— enlaces inequívocos con conectores obvios

— focalizaciones y tópicos, cambios tema-rema

— aposiciones para ofrecer más informaciones sobre elementos ya mencionados

— repeticiones (nombres propios, pronombres, conectores, etc.)

— uso de partículas modales

— uso frecuente del estilo directo

— uso del dativo en lugar del genitivo

— neologismos (palabras compuestas creadas ad hoc; cf. Fischer 2006: 272-286)

— formas dialectales (léxico, morfología, sintaxis)

Otros rasgos estilísticos típicos de esta autora, como son el humor (en situaciones y juegos de palabras) o la ironía (cf. Fischer 2006: 103-107 y 249-331), no se observan en la misma medida que en sus libros para adolescentes, puesto que los posibles significados múltiples todavía no pueden ser apreciados en toda su envergadura por el público lector (entre siete y ocho años) al que supuestamente van dirigidos los libros que aquí nos ocupan.[1]

Muchos de los rasgos enumerados arriba se pueden resumir bajo el epígrafe de «lengua de inmediatez»[2] que suele caracterizar el lenguaje oral. Aunque se constata la presencia de estos rasgos tanto en las partes narrativas del texto como en las de diálogo, en el análisis nos centraremos en el estilo directo por ser el ámbito donde, por definición, se observan más elementos de oralidad fingida.

2.3 La oralidad fingida en la literatura infantil y juvenil

En muchas obras de literatura infantil y juvenil, los autores confieren una cierta importancia al aspecto de (facilitar) la identificación entre el lector y el protagonista. Este hecho confirma uno de los objetivos de la oralidad fingida en obras literarias, destacados por Paul Goetsch:

> Die wichtigste Aufgabe fingierter Mündlichkeit ist [...] die Herstellung der Illusion einer Sprache der Nähe. [...] schriftliches Erzählen [...] will [...] den Leser zur Lektüre bewegen, ihn fesseln, seine Phantasietätigkeit anregen und ihm Identifikationsangebote machen. (Goetsch 1985: 217-218)

No obstante, parece que la problemática de la oralidad fingida en la literatura infantil y juvenil hasta ahora no ha suscitado demasiado interés en los investigadores.

Christiane Nord (1997a) subraya la relevancia del «comportamiento paraverbal» o sea, la actitud de los interlocutores, y analiza los actos de habla, basándose en ejem-

---

[1] En este contexto hay que mencionar la doble direccionalidad de casi todas las obras de literatura infantil y juvenil, o sea, la presencia de mensajes más o menos subliminales para adultos; cf. Fischer 2006: 69-76.

[2] «Lengua de la inmediatez (comunicativa)» es la traducción propuesta por Araceli López Serena para «Nähesprache», término acuñado por Koch/Oesterreicher (cf. Goetsch 1985: 217); cf. Koch/Oesterreicher 2007: 30.

plos de *Alice in Wonderland*. Como veremos en este estudio, los verbos declarativos (*verba dicendi*) que introducen frases en estilo directo también influyen en la configuración de la oralidad fingida.

Cristina García del Toro (2000) comenta «los recursos de la oralidad» centrándose en la traducción de las noveles detectivescas de Jaume Fuster del catalán al castellano. Sobre todo le interesa hasta qué punto se tiende a estandarizar el registro y el léxico de las expresiones típicas del lenguaje hablado. No obstante, la autora en un principio no pone mucha énfasis en el hecho de que se trate de un lenguaje «coloquial falso» (García del Toro 2000: 163, basándose en un término tomado de Bibiloni 1997). Al final concluye que:

> [...] la no estandarización [ya en el texto catalán] de estos rasgos, es decir, la reproducción de los rasgos del lenguaje hablado, como las elipsis, las vacilaciones, las repeticiones, las muletillas, etc. convertiría el texto en un producto de difícil lectura, por lo que es el propio autor quien decide reproducir el comportamiento conversacional sin transgredir las convenciones formales del escrito. (García del Toro 2000: 170)

Comentando la voz del protagonista infantil de un éxito de ventas en España en la década de los noventa, Colomer afirma que «el principal acierto de Manolito Gafotas» está en que «consigue hacer creíble al personaje [...] y que el lector acepta el espejismo de su falsa oralidad como instrumento que fija y se burla del mundo externo» (2002: 67). Más tarde, insiste:

> Dado que se finge la oralidad de ese personaje [Manolito, el niño protagonista que supuestamente habla en primera persona], el habla se traduce en una forma que intenta ser muy próxima a lo coloquial, a través de una gran cantidad de vulgarismos, paronimias, frases hechas, repetición de secuencias y expresiones reiterativas, barbarismos, etc. (Colomer 2002: 80; cf. Fischer 2003)

3. Análisis de las traducciones de los libros de Nöstlinger

3.1 Ediciones

Según se deduce de los respectivos catálogos editoriales y del ISBN, la primera traducción del primer título de la serie con *Historias de Franz* se publicó en España, por la editorial SM en 1986; es decir, dos años después de su publicación en alemán (*Geschichten vom Franz*, 1984). A la traductora, Asun Balzola,[3] también se le encargaron unas ilustraciones que sustituyeron las de la edición alemana, de Erhard Dietl. El volumen *Krankengeschichten vom Franz* (1990) se publicó en 1992 con el título *Catarro a la pimienta (y otras historias de Franz)*, igualmente en la traducción de Asun Balzola y con sus ilustraciones. Este libro también lo tradujo Rafael Arteaga para la editorial NORMA de Bogotá, con el título *Las enfermedades de Franz* (1992). Estas dos traducciones serán analizadas y comparadas en el presente estudio.

La editorial NORMA siguió publicando otros libros de la serie, todos ellos con las ilustraciones de Erhard Dietl: *Nuevas historias de Franz en la escuela* (traducción de Federico Schopf, 1990); *Más historias de Franz* (traducción de Federico Schopf, 1990); *Franz se mete en problemas de amor* (traducción de Juan José de Narváez, 1995); *Las vacaciones de Franz* (traducción de Rafael Arteaga, 1992); *De por qué a Franz le dolió el estómago* (traducción de Juan José de Narváez, 1994).

3.2 Procedimiento

Primero se contrastará la traducción del alemán al castellano del primer libro de la serie; luego se procederá a la comparación de dos traducciones de un mismo texto a dos variantes del castellano, lo cual no sólo permitirá detectar las técnicas de traducción empleadas a fin de recrear la oralidad fingida sino también los procedimientos aplicados a otras características del estilo personal de la autora como, por ejemplo, el humor, la ironía o la creatividad lingüística. Finalmente se citarán algunos ejemplos de otros títulos traducidos en Colombia.

Si la autora pretende crear un lenguaje que refleje rasgos del habla de los niños con el fin de provocar un determinado efecto, el traductor, según los principios de la funcionalidad y la lealtad (*loyalty*, Nord 1997b: 125), tendrá que re-crear estos rasgos en la lengua de llegada.[4] Aquí vamos a centrarnos en describir los mecanismos constatados, situándonos en el marco de los estudios descriptivos de traducción, definidos por Gideon Toury (1995). Los aspectos analizados serán la sintaxis (in-

---

[3] Asun Balzola Elorza nació en Bilbao el 18 de julio de 1942 y falleció en Madrid el 23 de junio de 2006 (cf. LIJ).

[4] Cf. Nord (1997: 93): «The code elements should be selected in such a way that the target-text effect corresponds to the intended target-text functions».

versiones, tema-rema), el léxico (cultismos, palabras cotidianas, dialecto), el registro y los verbos declarativos.

Los dos tomos de la serie sobre Franz publicados en España (cf. supra) fueron traducidos e ilustrados de nuevo por la misma traductora, Asun Balzola. Quisiéramos subrayar la relevancia de la interacción entre el texto y las ilustraciones que lo interpretan, complementan, explican, etc., aunque no podamos ocuparnos de este aspecto en el presente trabajo por falta de espacio.

3.3 La primera traducción

Este primer apartado del análisis está dedicado a la comparación de *Historias de Franz*, traducido por Asún Balzola, con el texto alemán, *Geschichten vom Franz*.

Antes de todo, resaltamos algunos aspectos formales: en alemán, los enunciados en estilo directo vienen entrecomillados. En la traducción de Balzola, cada enunciado en estilo directo viene precedido de un guión largo (ejemplo 1).[5] Además, con cada enunciado empieza un nuevo párrafo, lo que en el texto alemán no siempre es el caso.

(1) „Grüß Gott, kleines Mädchen", sagt die Gemüsefrau, wenn der Franz bei ihr einen Apfel kauft.
„Du bekommst noch Geld zurück, kleines Fräulein", sagt der Mann am Kiosk, wenn der Franz die Zeitung holt. (CN-*Franz* 5)

Franz va a comprar una manzana y la frutera exclama:
—¡Buenos días, mocita!
Franz va a comprar el periódico y el hombre del quiosco le dice:
—¡Toma las vueltas, señorita! (CNE-*Franz* 7)

En español, las comillas se reservan para resaltar los pensamientos de alguien.

(2) Er dachte: Der Bub wird Augen machen! So ein schönes Fahrrad hat der sicher noch nie gesehen! (CN-*Franz* 10)

Franz [...] pensó: «Ese chaval se va a quedar con la boca abierta. ¡Nunca habrá visto una bici igual!» (CNE-*Franz* 12)

Las partículas modales son una característica del alemán hablado. Sirven para moderar o enfatizar preguntas, recomendaciones, avisos, órdenes, etc. Puesto que es

---

[5] En este ejemplo la traductora cambió el orden sintáctico.

imposible su traducción literal, se suele recurrir a otros recursos con la misma función en la lengua de llegada.⁶ Para la traducción de las partículas modales se observan dos estrategias en el libro en cuestión: la omisión (3, 4, 5; énfasis mío en estos y todos los demás ejemplos) y la recreación de la función comunicativa mediante recursos sintácticos y/o léxicos propios del castellano (5, 6), en este caso con *es que* para subrayar la evidencia de lo que se dice. El matiz introducido por *doch* en (3) se podría haber traducido por *no hace falta que mientas*; *denn* en (4) por *¿Qué es lo que quieres?*

(3) Sagt der Franz den Buben, dass er kein Mädchen ist, lachen sie ihn aus und glauben ihm nicht.
„Lüg **doch** nicht! Man merkt es ja schon an deiner Stimme! So eine Pieps-Stimme hat nur ein Mädchen!" (CN-*Franz*: 6-7)

Franz dice que no es una nena, pero nadie le cree y todos se ríen de él.
—¡No mientas! ¡Se te nota en la voz! ¡Esa vocecita de flauta es de nena! (CNE-*Franz*: 9)

(4) „Du, komm **doch** einmal her!", rief er.
[...]
„Was willst du **denn**?", fragte sie den Buben. (CN-*Franz*: 13)

—¡Oye tú! ¡Ven aquí! —le gritó.
[...]
—¿Qué quieres? —le preguntó. (CNE-*Franz*: 14)

(5) Der Franz bremste und stieg vom Fahrrad. „Ich heiße Franz!", sagte er.
Der Bub lachte. „Ein Mädchen kann **doch** nicht Franz heißen", rief er.
„Sowieso nicht", sagte der Franz. „Aber ich bin ja keines!" (CN-*Franz*: 11-12)

Franz frenó y bajó de la bici.
—Me llamo Franz —dijo.
El chico se rió.
—¡Una nena no se puede llamar Franz! —dijo.
—Claro que no —dijo Franz—, pero **es que** yo no soy una nena. (CNE-*Franz*: 13)

(6) „Du Saubartel, du! Ja schämst du dich **denn** gar nicht?" (CN-*Franz*: 16-17)

—¡Cerdo! ¿**Es que** no te da vergüenza? (CNE-*Franz*: 17)

En el siguiente ejemplo se observa cómo la traductora recrea el carácter despectivo de una expresión alemana. Obsérvese el cambio de género que resta énfasis al texto

---

⁶ De entre los trabajos sobre la traducción de las partículas modales quisiéramos citar sólo a Beerboom (1991) y May (2000); véase también Fischer (2006: 243-248).

español. En la respuesta de la chica, no obstante, se omite la expresión enfática de desprecio, *einen Schmarren*.

(7) „Die da sagt, dass sie ein Bub ist. Stimmt das?" [...] „Ach wo! **Einen Schmarren**! Das ist die Franziska! Die spinnt. Immer sagt sie, sie ist ein Bub!" (CN-*Franz* 14)

—Éste dice que es un chico. ¿Es verdad? [...] —¡Qué va! Es Francisca. Está loca. Siempre va diciendo por ahí que es un chico. (CNE-*Franz* 14)

En general, Balzola tiende a suprimir elementos que considera redundantes, por ejemplo, repeticiones. Estas, sin embargo, constituyen un elemento muy característico del estilo personal de la autora (cf. Fischer 2006: 252-258). Nos ocuparemos de los verbos declarativos más abajo (véase el apartado 3.4).

(8) „Warum hören die Schienen hier auf?", **fragte er**.
„Weil hier Endstation ist", **sagte der Kiosk-Mann**.
„Und wo bitte ist der Eislaufplatz?", **fragte der Franz**.
„Eislaufplatz gibt es hier keinen", **sagte der Kiosk-Mann**. (CN-*Franz* 30-31)

—¿Por qué acaban aquí las vías? —**preguntó**.
—Porque ésta es la última parada —**dijo el señor**.
—¿Y dónde queda la pista de hielo? —**preguntó Franz**.
—Aquí no hay pistas de hielo. (CNE-*Franz* 35)

(9) „Du bist mir doch viel zu dumm", **murmelte er**. (CN-*Franz* 15)

—¡Eres un poco tonta para mi gusto! (CNE-*Franz* 15)

Balzola no refleja el cambio del orden sintáctico normal que propone la autora en el último enunciado de (8).[7] Asimismo, la traductora a veces recurre a la variación sinonímica a fin de evitar repeticiones (10).

(10) Und wenn der Franz sein **Jausenbrot** vergessen hat, schenkt ihm die Tante Liesi die Hälfte von ihrem **Jausenbrot**. (CN-*Franz* 43)

Y si se le olvida **la merienda**, Lisy le da la mitad de **su bocadillo**. (CNE-*Franz* 51)

---

[7] Salvador Gutiérrez Ordóñez llama este recurso «anteposición focalizadora» (Gutiérrez Ordóñez 2000: 36).

Por otro lado, también hay ampliaciones que se podrían interpretar en el sentido de una traducción compensatoria (para las palabras compuestas, p. ej., véase abajo). En el caso de (12) se crea, suponemos que involuntariamente, una metáfora algo surrealista: un marcador de libro gordo.

(11) [...] wird er **traurig**. (CN-*Franz* 43)   Se pone **la mar de triste**. (CNE-*Franz* 49)

(12) Seife fand er **genauso dumm** wie Lesezeichen. (CN-*Franz* 47)   Un jabón era **una tontería igual de gorda** que un marcador de libros. (CNE-*Franz* 54)

El ejemplo (13) demuestra que las palabras compuestas, rasgo característico del estilo personal de la autora, son traducidas por sintagmas nominales complejos porque el castellano no permite la aglutinación de sustantivos en la misma medida que el alemán.

(13) [...] blonde Ringellocken, Kornblumenaugen, Herzkirschenmund, rosarote Plusterbacken (CN-*Franz* 5)   [...] pelo lleno de rizos rubios, los ojos como la flor de trigo, la boquita de cereza y las mejillas muy sonrosadas. (CNE-*Franz* 7)

Una característica del alemán en general, aunque no tanto del lenguaje hablado, es el uso frecuente de la voz pasiva. Se suele optar por la substitución de la pasiva por una construcción en voz activa, más idiomática en castellano.

(14) „Verzieh dich! Mädchen **werden** in unsere Mannschaft nicht **aufgenommen!**" (CN-*Franz* 6)   —¡Fuera! ¡No **queremos** nenas en el equipo! (CNE-*Franz* 9)

En los textos infantiles españoles escasean las palabras extranjeras (15). Si aparecen, se marcan en letra cursiva (véase abajo, ejemplo 32b). Nöstlinger, en cambio, suele usar algunos anglicismos cotidianos (15).

(15) „**Okay**! Zieh dich an! Aber warm!" (CN-*Franz* 25)   —¡**Vale**! ¡Pero vístete! ¡Y con ropa de abrigo! (CNE-*Franz* 29)

Muy característica del estilo personal de Nöstlinger es la ironía, muchas veces combinada con una doble direccionalidad; es decir, un guiño a los lectores adultos. La escena de (16) corresponde a la mañana del día de la madre; Franz le ha fabricado a su mamá un sombrero estrafalario con muchas flores y cintas. Al ver el regalo, la madre reacciona:

(16)	„Was ist denn das Hübsches?"	—¿Qué es eso tan bonito?
	„Ein Hut natürlich", sagte der Franz.	—Un sombrero, naturalmente —dijo
	Die Mama bekam kugelrunde Augen.	Franz.
	Der Franz dachte: Man sieht ihr die Freude richtig an!	Mamá abrió unos ojos como platos. Franz pensó: «¡Se le ve la alegría en los
	Er rief: „Komm! Steh auf! Probier ihn!"	ojos!»
	[...]	Y gritó:
	Die Mama beschaute sich im Spiegel.	—¡Venga! ¡Levántate! ¡Pruébatelo! [...]
	Kein Wort sagte sie.	Mamá se miraba al espejo. **No decía ni**
	Der Franz dachte: Die Freude hat ihr die Rede verschlagen! Vor Glück ist sie stumm! (CN-*Franz* 54)	**mu.** Franz pensó: «¡La alegría la ha dejado muda!» (CNE-*Franz* 62)

Aunque Nöstlinger pone el énfasis en *kein Wort*, —recurriendo a la posición rema-tema—, se sirve del registro neutro mientras Balzola opta por una expresión coloquial: *no decir ni mu*. La traductora reduce las dos frases que piensa Franz en alemán a una sola en castellano.

3.4 Dos traducciones de un mismo texto

Después de haber comentado brevemente algunos ejemplos de la traducción del primer libro de la serie, ahora vamos a proceder a contrastar las dos traducciones del libro *Krankengeschichten vom Franz*.[8]

Al ser el colombiano una variante del castellano en la que no suele usarse la forma verbal correspondiente a la 2.ª persona del plural, *vosotros/-as*, es previsible no encontrar esta forma. Y, efectivamente, las formas verbales del *ihr* o sea, la 2.ª persona del plural (17b), se traducen por las de la 3.ª, *ustedes* (cf. Koch/Oesterreicher 2007:

---

[8] Agradezco a María Esperanza Romero su ayuda desinteresada en el análisis de las expresiones idiomáticas colombianas.

228). En (17c) se observa, además, que el traductor colombiano ha sustituido *Montag* 'lunes' por *domingo*. Se ignora el motivo de este cambio.

(17 a)   Einmal, **an einem Montag**, rief die Oma aus dem Altersheim an. Sie sagte: „Ich habe Grippe, **kommt** nicht zu Besuch, sonst steckt ihr euch an!" (CN-*Kranken*: 10)
    b)   **Un lunes**, la abuela los llamó desde la residencia de ancianos y les dijo:
—Tengo gripe. ¡No se **os** ocurra venir a verme, que os la pego! (CNE-*Kranken*-Balzola: 15)
    c)   **Un domingo** llamó la abuela y dijo:
—Tengo gripe. ¡Por favor, no **vengan** a visitarme porque los voy a contagiar! (CNE-*Kranken*-Arteaga: 13)

Igualmente, se espera constatar el uso del pretérito indefinido y la ausencia del pretérito perfecto. La veracidad de esta hipótesis se confirma durante el análisis del texto de la traducción colombiana. En (18) también se constatan la diferencia en el léxico (*cole*, coloquial, vs. *escuela*, neutro) y el uso coloquial del imperfecto de subjuntivo en lugar del condicional en la oración hipotética irreal.

(18 a)   „Jammerschade, dass du nicht in der Schule **warst**. [...] Du hättest die ganze Zeit neben mir sitzen können!" (CN-*Kranken*: 20)
    b)   —¡Qué pena que **no hayas venido** al cole! [...] ¡Fíjate! ¡Tú y yo nos habríamos podido sentar juntos! (CNE-*Kranken*-Balzola: 26)
    c)   —Qué lástima **que no fuiste** hoy a la escuela. [...] ¡Te hubieras [!] podido sentar todo el tiempo junto a mí! (CNE-*Kranken*-Arteaga: 21)

En (19) también se observa un uso distinto de los tiempos y modos verbales. Mientras en alemán sólo aparece el presente de indicativo (19a), en la versión española se usa éste y luego el futuro simple (19b). En la versión colombiana (19c) aparece primero el futuro perifrástico, luego el imperativo negativo y finalmente el presente de indicativo. Curiosamente, estos cambios implican un aumento gradual de énfasis y, por consiguiente, una provocación más fuerte en el caso de la versión española y aún más en la colombiana. Según María Esperanza Romero (comunicación personal), la expresión *patatín, patatán* no está bien empleada aquí, puesto que no se trata de resumir algo dicho por otro persona anteriormente.

(19 a)   „Ritsch, ratsch, **jetzt schneide** ich dir einen Zopf ab" [...]
„Das **traust** du dich nicht!" [...]
„Das **trau** ich mich doch!", hatte der Franz gesagt. (CN-*Kranken*: 14)

b) —¡Ris, ras, y **ahora te corto** una trenza! [...]
—¡No **te atreverás**! —dijo Evi.
—¡Sí que **me atreveré**! —contestó Franz. (CNE-*Kranken*-Balzola: 18)
c) —Patatín, patatán, **ahora te voy a cortar** tu trenza.
—¡No **te atrevas**! —dijo Evi.
—¡Sí **me atrevo**! —replicó Franz. (CNE-*Kranken*-Arteaga: 16)

El ejemplo (20) documenta un cambio de contenido: la trenza mide 50 centímetros en Austria y Colombia, pero sólo 15 en España (20b). La partícula *nämlich*, al contrario, tiene equivalencia en la expresión *y es que* en la versión española pero no en la versión colombiana, la cual, por ende, carece de la coherencia que confiere este elemento explicativo al texto (por qué Franz prefiere no ir al colegio).

(20 a) Auf dem Heimweg von der Schule hatte er **nämlich** der Evi einen Zopf abgeschnitten. **Fünfzig** Zentimeter dünnen, braunen Zopf, mit roter Schleife daran. (CN-*Kranken*: 12)
b) **Y es que**, camino de casa, le había cortado una trenza a Evi. **Quince** centímetros de trenza morena y fina, con lazo rojo incluido. (CNE-*Kranken*-Balzola: 18)
c) Camino a casa, viniendo de la escuela, le había cortado una trenza a Evita. **Cincuenta** centímetros de trenza castaña y delgada, atada con una cintilla roja. (CNE-*Kranken*-Arteaga: 15)

Para comprender el texto del ejemplo (21a) hay que situarse en el contexto de la historia: Franz se rompió la pierna y su hermano mayor le escribe algo en el yeso. Primero, Franz está muy enojado, pero después resulta que, con el remiendo del texto, la gente le regala pirulís. El ejemplo demuestra cómo Nöstlinger crea divertidas palabras compuestas a base de situaciones.

(21 a) Mit riesigen roten Buchstaben stand da: I LOVE ULLI.
„Nein", brüllte der Franz. „Mach das weg!"
Die Ulli war das einzige Kind in der Klasse, das der Franz überhaupt nicht leiden konnte. (CN-*Kranken*: 41)
b) Ponía con enormes letras rojas:
I LOVE PILI
—¡Nooo! —gritó Franz—. ¡Quita eso!
Pili era la única niña de la clase a quien Franz no podía ni ver. (CNE-*Kranken*-Balzola: 48)
c) Con grandes letras rojas se podía leer allí: "I LOVE ULI"
—¡No! —gritó Franz—. ¡Quita eso!

Uli era la única niña de la clase que Franz no podía soportar ni un poquito. (CNE-*Kranken*-Arteaga: 40)

(22 a) I LOVE LOLLIS stand jetzt auf dem Gips. [...]
„Ach, du liebst Lollis?" Und dann bekam er meistens einen Lolli geschenkt. (CN-*Kranken*: 45)
b) Ahora, sobre el yeso podía leerse:
I L O V E P IRUL IS [...]
—¿Sí? ¿Te gustan los pirulís? —e inmediatamente le regalaban uno. (CNE-*Kranken*-Balzola: 52)
c) "I LOVE BOLIS", decía ahora en el letrero sobre el yeso.
Eso sí que era verdad. Había unos refrescos congelados, llamados "bolis", que le encantaban a Franz. [...]
—Ah, ¿te gustan los bolis? (CNE-*Kranken*-Arteaga: 44)

(23 a) „[...] Ich bin ja die Ursache von deinem **Lolliglück!**" (CN-*Kranken*: 46)
b) —Soy el causante de tu **buena suerte con los pirulis**. (CNE-*Kranken*-Balzola: 53)
c) —¡Yo soy la causa de tu **bolisuerte**! (CNE-*Kranken*-Arteaga: 45)

Arteaga recrea el neologismo *Lolliglück* con *bolisuerte* (23c) si bien esto implica que tiene que dar toda una explicación para *boli* (*unos refrescos congelados*). Balzola no recrea el neologismo (23b).

El nombre de la chica, Ulli (de *Ulrike*) se traduce por Pili (de *Pilar*, nombre típicamente español; 21b) mientras la versión colombiana sólo adapta la grafía: Uli (para evitar la pronunciación errónea con *ll*; 21c).

Aprovechamos la oportunidad para hablar de los nombres propios. En sus traducciones, Balzola mantiene Franz y Gabi (de *Gabriela*), pero cambia Josef a José (el hermano mayor del protagonista). La educadora infantil Liesi pasa a llamarse Lisy. Balzola interpreta el apellido Leidenfrost como nombre hablante o caractónimo (literalmente sería algo así como 'helada de sufrimiento'; cf. Fernández Martín 1998) y lo traduce por Fríez. Arteaga mantiene Franz, Josef y Gabi. También opta por adaptar Leidenfrost a Frías. Igual que el nombre de Ulli en el ejemplo de arriba, los dos siguientes nombres reciben tratamientos distintos en cada traducción (Alemania — España — Colombia): Eberhard Most — Edu Most — Daniel Eberhard; Xandi — Ø — Santi.

Los dos siguientes ejemplos ilustran diferencias en el léxico.

(24 a)   Da schlug der Franz wütend mit den Fäusten auf die **Bettdecke**. [...] Aber vor lauter Aufregung hatte er wieder einmal seine **Piepsstimme**. Die Gabi verstand kein Wort. „Was ist los?", fragte sie.
Der Franz zog sich die **Bettdecke** über den Kopf [...]. (CN-*Kranken*: 21-22)

b)   Al oír aquello, Franz aporreó el **edredón** con los puños.
[...] le salió **voz de pito** y Gabi no le entendió ni una palabra.
—¿Qué pasa? —preguntó.
Franz se tapó con el **edredón** [...]. (CNE-*Kranken*-Balzola: 27)

c)   Franz golpeó furioso con los puños la **esquina de la cama**.
[...] le salió una **vocecita debilucha y ronca**. Gabi no entendió ni una sola palabra.
—¿Qué pasa? —preguntó.
Franz se echó entonces **la cobija** sobre la cabeza [...]. (CNE-*Kranken*-Arteaga: 23)

La traducción de *Bettdecke* por *esquina de la cama* (24c) viene motivada, evidentemente, por confundir *Bettdecke* con *Bettecke*; en una segunda mención de la misma palabra, el traductor opta por *cobija*, la palabra usual en Colombia para lo que en España se llama *edredón*. La traducción de la palabra compuesta de nueva creación *Piepsstimme* en la versión española (24b) parece más lograda que en la colombiana, ya que *ronco* se asocia más bien a un tono hondo y no agudo.

(25 a)   „Morgen ist Wandertag. Wo ist denn mein **Rucksack**?"
„Keine Ahnung", sagte die Leidenfrost. [...]
„Nimm meinen", sagte der Josef.
„Der ist mir **zu riesig**", sagte der Franz. „Der hängt mir **bis in die Kniekehlen**!" (CN-*Kranken*: 23)

b)   —Mañana vamos de excursión. ¿Dónde está mi **mochila**?
—Ni idea. [...]
—Te dejo la mía —se ofreció José.
—La tuya es **enorme** —contestó Franz—. Me cuelga **hasta las rodillas**. (CNE-*Kranken*-Balzola: 31-32)

c)   —Mañana tenemos excursión. ¿Dónde está mi **morral**?
—Ni idea —respondió ella. [...]
—Llévate el mío —propuso Josef.
—Es **demasiado grande** —dijo Franz—. Me cuelga **hasta los pies**. (CNE-*Kranken*-Arteaga: 25-26)

Lo que en alemán es *Rucksack*, en España se llama *mochila* y en Colombia, *morral*, siendo en aquel país *mochila* una bolsa de un asa para llevar en el hombro (cf. Molero 2003: 41). La traducción literal para *Kniekehle,* tanto en España como Colombia, sería *corva*. Se observa una exageración en el texto colombiano (25c).

Ya hemos podido ver que Balzola ocasionalmente cambia el registro de neutro a coloquial o familiar. En el ejemplo anterior constatamos que Arteaga traduce *riesig* 'enorme' por *demasiado grande* (25c) o sea, corrigiendo el registro familiar a neutro. En los siguientes ejemplos podremos comprobar que no se trata de un caso aislado sino que este traductor tiende a elevar el registro mientras la traductora española tiende a rebajarlo.

(26 a) „Ich habe **die Leidenfrost** mit der Grippe **angesteckt**." (CN-*Kranken*: 10)
    b) —Le he **pegado** la gripe a **la señora Fríez**. (CNE-*Kranken*-Balzola: 16)
    c) —**Contagié** con mi gripe a **la señora Frías**. (CNE-*Kranken*-Arteaga: 14)

(27 a) „Was hast du **denn**?", fragte sie.
    „Nur Gemeinheit und Ungerechtigkeit hab ich", **piepste es** aus der Decke.
    „**Bei dem hat sich die Grippe aufs Hirn geschlagen**." (CN-*Kranken*: 22)
    b) —¿**Qué rayos** te pasa?
    —¡Que todo es una asquerosa injusticia! —**salió una vocecilla** bajo el edredón.
    —¡**Le ha dado la gripe en el coco**! (CNE-*Kranken*-Balzola: 28)
    c) —¿Qué te pasa?
    —Sólo tengo rabia con tanta crueldad e injusticia. —**dijo con voz de pito** por entre la cobija.
    —**A este se le pasó la gripe al cerebro**. (CNE-*Kranken*-Arteaga: 23)

(28 a) „Hast du **Schiss** vor dem Keller?" (CN-*Kranken*: 24)
    b) —¿Qué pasa? ¿Te da **miedo**? (CNE-*Kranken*-Balzola: 33)
    c) —¿Le tienes **miedo** al depósito? (CNE-*Kranken*-Arteaga: 26)

(29 a) Der [Knöchel] **tat** bei der kleinsten Bewegung **höllisch weh**. (CN-*Kranken*: 27)
    b) **Veía las estrellas** al menor movimiento. (CNE-*Kranken*-Balzola: 36)
    c) [...] al hacer el más mínimo movimiento, **sentía un dolor insoportable**. (CNE-*Kranken*-Arteaga: 29)

(30 a) „**Garantiert gebrochen**", sagte der Hausmeister. (CN-*Kranken*: 28)
    b) —**Seguro que está roto** —constató el portero. (CNE-*Kranken*-Balzola: 37)
    c) —**Con toda seguridad que hay una fractura** —observó el portero. (CNE-*Kranken*-Arteaga: 30)

(31 a)   **Blöde Kuh**, dachte der Franz. (CN-*Kranken*: 34)
   b)   «**La muy estúpida**», pensó Franz (CNE-*Kranken*-Balzola: 41)
   c)   «**Doctora tonta**», pensó Franz (CNE-*Kranken*-Arteaga: 35)

(32 a)   Der Franz konnte ihm keine Antwort geben. Blitzschnell verschwand er im Klo. Die halbe Kloschüssel **kotzte** der Franz **voll**. Und dabei jammerte er ganz erbärmlich. (CN-*Kranken*: 51)
   b)   [...] pero Franz no pudo ni contestar. Desapareció como un rayo hacia el baño y **vomitó** todo en el *water*[9] mientras gemía como un condenado. (CNE-*Kranken*-Balzola: 62)
   c)   Franz no pudo responder nada, sino apenas tuvo tiempo de llegar al baño, desde donde se oyeron quejidos muy lastimeros. (CNE-*Kranken*-Arteaga: 51)

En (27), la partícula modal *denn* se traduce por una expresión más enfática por Balzola (27b) y neutralizada por Arteaga (27c).

En (28b), Balzola opta por neutralizar la palabra malsonante del alemán (28a) igual que en (32b). Huelga decir que tampoco hay ningún verbo vulgar, sinónimo de *vomitar*. Arteaga va más lejos (32c): omite la mención explícita del vómito y la sustituye por una mera alusión, dejando que el lector se imagine lo que estará pasando.

La expresión *ver las estrellas* (29b) es conocida también en Colombia. El adjetivo *insoportable* (29c) hace más patente la elevación estilística[10] en este caso.

En el apartado 3.3 hemos aportado los ejemplos (8) y (9) en los que Balzola ha omitido el verbo declarativo. A continuación ofrecemos una serie de ejemplos para ilustrar cómo traducen ella y Arteaga los distintos verbos de este tipo.

(33 a)   „Ich bin ja nicht deine Kammerzofe", **keifte** die Leidenfrost. (CN-*Kranken*: 23)
   b)   —¿Ni que fuera tu ayuda de cámara!? —**bufó** la asistenta. (CNE-*Kranken*-Balzola: 32)
   c)   —Yo no soy tu sirvienta —**se apresuró a protestar** la señora Frías. (CNE-*Kranken*-Arteaga: 26)

(34 a)   „Für einen Zwerg ist fast alles **riesig**", **kicherte** der Josef. (CN-*Kranken*: 23)
   b)   —¡Cualquier cosa es **enorme** para un enano! —**se rió** José. (CNE-*Kranken*-Balzola: 32)
   c)   —A un enano cualquier cosa **le queda nadando** —**dijo Josef en medio de una maliciosa risilla**. (CNE-*Kranken*-Arteaga: 25)

---

[9] Las cursivas son originales.

[10] Para el término, véase Toury (1995: 108) y Fernández López (1996: 323-324).

(35 a)   „Der Franz ist verunglückt!", **brüllte** er. (CN-*Kranken*: 28)
   b)   —¡Franz ha tenido un accidente! —**chilló**. (CNE-*Kranken*-Balzola: 37)
   c)   —¡Franz ha sufrido un accidente! —**gritó**. (CNE-*Kranken*-Arteaga: 30)

(36 a)   „Das Todschickste von ganz überall", **kicherte** der Josef. (CN-*Kranken*: 38)
   b)   —¡Una cosa súper! —y José **se rió**. (CNE-*Kranken*-Balzola: 45)
   c)   —Lo más elegante del mundo —**dijo Josef con una risita socarrona**. (CNE-*Kranken*-Arteaga: 39)

El ejemplo (33) ilustra de manera más clara el fenómeno de la elevación: incluso se mitiga el carácter huraño de la asistenta. Para *brüllen* (35a), en Colombia no se puede decir *chillar* (35b) porque significa *llorar mucho*. *Quedarle nadando algo a alguien* (34c) es una expresión idiomática muy corriente en Colombia. Mientras Balzola traduce, como se aprecia en los ejemplos (34b) y (36b), las dos apariciones de *kichern* —el castellano carece de un verbo con significado equivalente— con *reír*, Arteaga (36c) opta por una traducción explicativa que ilustra el carácter burlón del hermano mayor de Franz.

3.5 Otras traducciones en Colombia

Como ya hemos mencionado arriba, la editorial NORMA publicó otros volúmenes de la serie Franz, traducidos por Rafael Arteaga, Federico Schopf y Juan José de Narváez, respectivamente. A continuación se ofrecen algunos ejemplos para ilustrar la estrategia de traducción de Federico Schopf en *Nuevas historias de Franz en la escuela* (*Neue Schulgeschichten vom Franz*).

En el siguiente ejemplo, el traductor colombiano añade una alusión intertextual explícita al Padrenuestro, recurso inexistente en el texto de Nöstlinger. Además, hace que el chico concluya su oración pidiendo perdón por un deseo considerado como malo.

(37)   Franz betet jeden Abend: „Lieber Gott, lass meine Lilli bei der letzten Prüfung durchfallen. Damit sie nicht nach Amerika fährt! Amen!" (CN-*Neue*: 13)   Franz reza todas las noches: «Dios mío, **Padre Todopoderoso que estás en los cielos**, haz que a Lily le vaya mal en los exámenes para que no se vaya a los Estados Unidos. **Y perdóname**. Amén». (CNE-*Neue*: 13)

Con respecto a los verbos declarativos he aquí un ejemplo con una traducción más explícita que el texto de partida.

(38) Der Franz **rief**: „Mama, schau, was dem Heft passiert ist!" (CN-*Neue*: 23)   —¡Mamá, mamá! —le **dijo muy nervioso**—. ¡Mira lo que le pasó a mi cuaderno! (CNE-*Neue*: 23)

También se observa una tendencia a la elevación estilística. En (39) se neutraliza el registro familiar de *schnappen* 'agarrar rápido'.

(39) Er steckte den Brief in die hintere Hosentasche, **schnappte** die Schultasche, rief „**Tschüs**" und lief aus der Wohnung. (CN-*Neue*: 28)   [...] rápidamente metió la carta en el bolsillo trasero del pantalón. Enseguida **se puso el maletín bajo el brazo** y salió de la casa. (CNE-*Neue*: 27)

En la versión colombiana habríamos esperado *maleta* en lugar de *maletín* por ser la primera la palabra para referirse al bolso que se lleva al colegio, pues *maletín* es un sinónimo de *cartera* (para llevar documentos) o *bolsa de viaje*.

Quisiéramos subrayar el hecho de que en el texto alemán aparece el saludo de despedida *tschüs* en lugar del típicamente austriaco *servus*. Se tratará de una adaptación al público alemán, teniendo en cuenta que la editorial está situada en Hamburgo. Las variedades regionales o dialectales no tienen repercusiones en la traducción a no ser que sirvan para caracterizar a un personaje en concreto (cf. Fischer 2006, 103-105).

En (40) vemos otro ejemplo de la elevación estilística, aunque en este caso constatamos una compensación de la omisión del adjetivo familiar *stocksauer* 'de muy mala leche' mediante la repetición de la frase *dar la razón*, o sea un recurso muy característico del estilo de la autora.

(40) Der Franz musste dem Papa, der Mama und **dem Josef recht geben**! Ganz wütend war er auf sich selber! **Stocksauer**! (CN-*Neue*: 36)   Franz les tuvo que dar la razón a su papá y a su mamá ¡y también a Josef! ¡Esto era lo último! ¡**Darle la razón a Josef**! ¡Estaba **muy indignado** consigo mismo! (CNE-*Neue*: 33)

Incluso parece que este tipo de ampliaciones o repeticiones son algo típico para este traductor, como demuestran dos ejemplos más.

(41) „Dann heißt es **eben** Kasimira", sagte die Gabi. (CN-*Neue*: 49)   —Entonces se llama Casimira, y ¡**asunto arreglado**! —dijo Gabi. (CNE-*Neue*: 44)

(42) „Und meine Frau Lehrerin sieht dich **ja** nicht!" „Super!" (CN-*Neue*: 54)   —**Lo importante es** que mi maestra no te vea a ti. **Eso es lo importante**. —¡Genial! (CNE-*Neue*: 48)

Para traducir el énfasis que expresa la partícula modal *eben* en (41), una solución como *ty ya está!* también habría sido apropiada.

La cita (43) ilustra una traducción por una expresión idiomática: la construcción *donde* + nombre de persona, para referirse a la casa o el lugar de residencia de alguien, es muy típica del español sudamericano.

(43) Der Zickzack schickte den Franz **zur Frau Schulwart**. „Kopf trocknen", sagte er. „Sonst gibt es einen Schnupfen!" (CN-*Neue*: 28)   —Ve **a donde doña Esperanza** a que te seque el pelo, o de lo contrario te vas a resfriar —le dijo el Zac Zac. (CNE-*Neue*: 28)

4. Conclusión

Se han comparado las traducciones de tres libros de la serie Franz, de Christine Nöstlinger, uno traducido sólo por Asun Balzola, otro por esta traductora española y el traductor colombiano Rafael Arteaga y finalmente un libro traducido por otro colombiano, Federico Schopf. El análisis se ha centrado en los pasajes en estilo directo y ha revelado que algunas características del alemán hablado, que la autora austriaca refleja en sus libros, plantean dificultades a la hora de la traducción, sobre todo las partículas modales. Todos los traductores ofrecen dos tipos de soluciones: la omisión o la traducción mediante un recurso comunicativo propio de la lengua de llegada. La omisión puede causar una pérdida de coherencia textual y restarle énfasis al supuesto carácter oral de los diálogos.

Por otro lado, también se ha visto que la traductora española tiende a usar un lenguaje más coloquial con lo cual subraya el carácter «oral» de los diálogos. En el caso de Schopf se ha observado que compensa posibles pérdidas con el recurso a la ampliación o repetición, siendo esta última un rasgo típico del estilo personal de la autora que Balzola, a su vez, no siempre respeta.

Tal y como era de esperar, las traducciones se distinguen en el uso de los tiempos verbales (ausencia casi completa del perfecto en las versiones colombianaa), el tratamiento personal (*vosotros* vs. *ustedes*) y, por supuesto, el léxico. No obstante, se observa que los nombres propios se mantienen con mayor frecuencia en las traducciones colombianas.

Hemos podido observar una clara tendencia a la elevación estilística en la traducción realizada por Rafael Arteaga y, en menor medida, en la de Federico Schopf. Esta observación viene corroborada por el análisis de otras traducciones de Arteaga y Schopf, cuyos resultados no se pueden presentar aquí por falta de espacio. Para determinar si se trata de una tendencia generalizada en la traducción de literatura infantil y juvenil al español de Colombia harán falta más estudios comparativos.

5. Corpus

CN-*Franz* = NÖSTLINGER, Christine [1984] (1997). *Geschichten vom Franz*. Ilustración de Erhard Dietl. Hamburg: Oetinger.

CNE-*Franz* = NÖSTLINGER, Christine (1986). *Historias de Franz*. Traducción e ilustración de Asun Balzola. Madrid: Ediciones SM.

CN-*Kranken* = NÖSTLINGER, Christine [1990] (1998). *Krankengeschichten vom Franz*. Ilustración de Erhard Dietl. Hamburg: Oetinger.

CNE-*Kranken*-Arteaga = NÖSTLINGER, Christine (1992). *Las enfermedades de Franz*. Traducción de Rafael Arteaga. Bogotá: NORMA.

CNE-*Kranken*-Balzola = NÖSTLINGER, Christine (1992). *Catarro a la pimienta (y otras historias de Franz)*. Traducción e ilustración de Asun Balzola. Madrid: Ediciones SM.

CN-*Neue* = NÖSTLINGER, Christine [1988] (1996). *Neue Schulgeschichten vom Franz*. Ilustración de Erhard Dietl. Hamburg: Oetinger.

CNE-*Neue* = NÖSTLINGER, Christine (1990). *Nuevas historias de Franz en la escuela*. Traducción de Federico Schopf. Bogotá: NORMA.

6. Referencias bibliográficas

BEERBOOM, Christiane (1991). *Modalpartikeln als Übersetzungsproblem*. Frankfurt: Peter Lang.

BIBILONI, Gabriel (1997). *Llengua estàndard i variació lingüística*. Valencia: Tres i Quatre.

CERVERA, Juan (1992). *Teoría de la literatura infantil*. Bilbao: Universidad de Deusto.

COLOMER, Teresa (1999). *Introducción a la literatura infantil y juvenil*. Madrid: Síntesis.

COLOMER, Teresa (2002). *Siete llaves para valorar las historias infantiles*. Madrid: Fundación Germán Sánchez Ruipérez.

ENGELEN, Bernhard (1995). «Überlegungen zur Sprache im Kinder- und Jugendbuch». *Beiträge Jugendliteratur und Medien* 47/1. 18-42.

FERNÁNDEZ LÓPEZ, Marisa (1996). *Traducción y Literatura Juvenil*. León: Universidad de León.

FERNÁNDEZ MARTÍN, Carmen (1998). «¿Señor Wormwood o señor Gusánez? — La traducción de los nombres propios en Dahl». *CLIJ Cuadernos de literatura infantil y juvenil* 101. 13-17.

FISCHER, Martin B. (2003). «Manolito en el mundo mundial». *Anuario de Investigación en Literatura Infantil y Juvenil* 1. 65-81.

FISCHER, Martin B. (2006). *Konrad und Gurkenkönig jenseits der Pyrenäen*. Frankfurt: Peter Lang.

GARCÍA DE TORO, Cristina (2000). «La traducción de los recursos de la oralidad en la narrativa juvenil: una aproximación descriptiva». En RUZICKA KENFEL, Velljka; VÁZQUEZ GARCÍA, Celia; LORENZO GARCÍA, Lourdes (eds.) (2000). *Literatura infantil y juvenil: tendencias actuales en investigación*. Vigo: Universidade de Vigo. 161-172.

GOETSCH, Paul (1985). «Fingierte Mündlichkeit in der Erzählkunst entwickelter Schriftkulturen». *Poetica* 17. 202-218.

GUTIÉRREZ ORDÓÑEZ, Salvador [1997] (2000). *Temas, remas, focos, tópicos y comentarios*. Madrid: Arco/Libros.

KOCH, Peter; OESTERREICHER, Wulf (2007). *Lengua hablada en la Romania: español, francés, italiano*. Traducción de Araceli López Serena. Madrid: Gredos.

LIJ = CENTRO DE DOCUMENTACIÓN E INVESTIGACIÓN DE LITERATURA INFANTIL Y JUVENIL (1988-). *Diccionario de escritores e ilustradores de Literatura Infantil y Juvenil*. Salamanca: Fundación Germán Sánchez Ruipérez. URL: <http://www.fundaciongsr.es/salamanca/investigacion/autores.htm>; fecha de consulta 30-1-2010.

MAY, Corinna (2000). *Die deutschen Modalpartikeln. Wie übersetzt man sie (dargestellt am Beispiel von eigentlich, denn und überhaupt), wie lehrt man sie? Ein Beitrag zur kontrastiven Linguistik (Deutsch-Spanisch / Spanisch-Deutsch)*. Frankfurt: Peter Lang.

MOLERO, Antonio (2003). *El español de España y el español de América. Vocabulario comparado*. Madrid: Ediciones SM.

NORD, Christiane (1997a). «Wer spricht wie und warum? Funktionale Aspekte der Beschreibung und Transkription paraverbalen Verhaltens in der literarischen Übersetzung». En WOTJAK, Gerd; SCHMIDT, Heide (eds.) (1997). *Modelle der Translation*. Frankfurt: Vervuert. 263-280.

NORD, Christiane (1997b). *Translating as a Purposeful Activity*. Manchester: St Jerome.

SHAVIT, Zohar (1999). «La posición ambivalente de los textos. El caso de la literatura para niños». En IGLESIAS SANTOS, Montserrat (ed.) (1999). *Teoría de Polisistemas*. Madrid: Arco/Libros. 147-181.

TOURY, Gideon (1995). *Descriptive Translation Studies and Beyond*. Amsterdam: John Benjamins.

Lydia Fernández, Joëlle Rey y Mercè Tricás
Universitat Pompeu Fabra, Barcelona

LES AVENTURES DE TINTIN: LA TRADUCCIÓN DE ESTADOS AFECTIVOS EXPRESADOS MEDIANTE TRES MARCADORES DIALÓGICOS*

1. Introducción

Abordar el análisis de problemas lingüísticos en los textos de *Tintín* a los que dio vida uno de los pioneros del género de los cómics, el escritor belga Georges Remi, más conocido por su seudónimo de Hergé (1907-1983), podría parecer tal vez fuera de lugar, además de algo obsoleto. Este aventurero políglota, al que se atribuyen ochenta lenguas, acaba de celebrar su ochenta cumpleaños. Pese a su edad venerable, la cautivación que sigue ejerciendo en millones de lectores de la más variada procedencia y su asombroso éxito comercial —más de 250 millones de ejemplares vendidos en todo el mundo— demuestra que las fantásticas aventuras de este reportero no han perdido en modo alguno su actualidad. En el año 2009, la relectura de *Tintín*, con sus referencias a episodios diversos de la historia mundial que nos transportan al pasado, sigue proporcionando un especial placer a niños y adultos. Entre otras razones porque, tal como señalan diversos estudios sobre la internacionalización de las aventuras de Hergé, el poliédrico *Tintín* y sus aventuras planetarias dan pie a múltiples lecturas e interpretaciones.[1] Si los más variados y diversos lectores, pequeños y grandes, se reconocen en este curioso superhéroe sin edad, los más avezados se sienten impulsados a profundizar en los entresijos de sus aventuras, a

---

* Este trabajo ha sido llevado a cabo en el marco del Proyecto de Investigación ISAT (Interpretar sentimientos y actitudes: la intervención del traductor), HUM2006-03897/FILO, del Ministerio de Educación y Ciencia.

[1] Y no en todas el pequeño aventurero belga es percibido como un personaje simpático e inofensivo. Por citar solamente un ejemplo, en julio de 2007, tras una demanda presentada por la Comisión por la Igualdad Racial (CRE), el grupo americano Borders pidió a todas las librerías británicas que colocaran *Tintin au Congo* en la sección de cómics para adultos y no para niños.

penetrar en las intenciones abiertas y ocultas de los personajes, a dilucidar el verdadero sentido de las réplicas y a plantear la gran pregunta: ¿Cuál es el sentido real de las obras tintinianas?

El sentido constituye efectivamente el punto de partida de las páginas que siguen, aunque nuestro objetivo está muy lejos de complejos planteamientos hermeneúticos de índole social o política. Este análisis se centra en algunos fenómenos relacionados con el uso de los marcadores pragmáticos: *enfin*, *tiens* y *voyons*, tres elementos relacionantes capaces de reflejar una amplia gama de estados emocionales y cuya presencia en *Les aventures de Tintin* es muy frecuente. Éstas han sido las razones fundamentales que nos han llevado a seleccionarlos.

La prosa de Hergé presenta ciertas características que la hacen especialmente interesante desde la perspectiva de la traducción. Nos enfrentamos al estudio de una materia verbal con características orales en la que percibimos bastantes concomitancias con el lenguaje teatral pero también algunas propiedades claramente diferenciadoras. Entre ellas destaca la economía lingüística y la extremada precisión[2] con que, obligado por las limitaciones de espacio de las viñetas, el autor belga, con una perfecta integración de dibujo, palabra y pensamiento, consigue dar vida a una interesante variedad de personajes y reflejar sus más diversas experiencias emocionales.

El análisis de rasgos afectivos en un corpus de oralidad fingida se basa en factores distintos de los que correspondería aplicar a un corpus conversacional auténtico en el cual las grabaciones audio y/o visuales permiten valorar indicios procedentes de canales verbales y no verbales tales como entonación, mímica o incluso reacciones corporales (temblores, enrojecimiento, etc.). Sólo algunos de estos elementos están representados a través de las imágenes en los diálogos ficticios construidos por Hergé, caracterizados fundamentalmente por el uso de formas verbales combinadas con diversos elementos gráficos, entre los que destacan acentos no convencionales (para marcar desvíos fonéticos, por ejemplo) y elementos tipográficos de diversa índole, utilizados a menudo de forma no convencional a fin de potenciar los diferentes grados emocionales.

Es cierto que, en principio, unos textos que se caracterizan por su sencillez y en los que predominan los rasgos de oralidad podrían parecer un terreno poco pro-

---

[2] Son frecuentes las alusiones a «la fluidité et la simplicité du style d'Hergé» (Gattegno 2006).

picio para el estudio de morfemas conectores. Sin embargo, la frecuencia de oraciones subordinadas y una sorprendente riqueza léxica nos hace sospechar pronto que la reiterada «sencillez» de la prosa de Hergé es tan sólo aparente. Y, sobre todo, un rápido análisis nos permite detectar la elevada presencia de este tipo de elementos, lo que constituye una buena prueba de que, en contra de lo muchas veces expuesto, la conectividad explícita es un fenómeno muy presente en el lenguaje oral.

Aunque algunos autores siguen afirmando que uno de los rasgos de la oralidad es la escasa presencia de conectores, como aseguran Susana Luque y Santiago Alcoba:

> Los elementos prosódicos (entonación, acento y pausas) funcionan en la lengua oral como organizadores del discurso, por eso es menor en ella el uso de conectores discursivos explícitos que pongan de manifiesto las relaciones semánticas o de sentido entre los enunciados. Sin embargo, la prosodia es un rasgo ausente en la escritura, por lo que ésta debe recurrir, además de a la puntuación, al uso de numerosos conectores y otros elementos léxicos para la organización coherente del discurso. (Luque/Alcoba 1999: 21)

Otros lingüistas hace ya tiempo que hallan argumentos importantes para matizar estas afirmaciones hasta llegar a rebatirlas:

> Es casi un tópico, por ejemplo, hablar del predominio de la yuxtaposición en el lenguaje coloquial, frente al empleo abundante de la subordinación en la lengua escrita. [...] Hay que dejar de ver en la disposición coloquial una mera «des-ordenación» del orden tenido como lineal, normal o lógico, y contemplarla como una ordenación que corresponde a factores prioritarios diferentes. (Narbona 1986:164)

En su obra *Oralitat i Escriptura. Dues Cares de la complexitat del llenguatge* (2004), Josep M.ª Castellà demuestra hasta qué punto la presencia de conectividad en algunos tipos de discurso oral es tan alta o mayor que en los textos escritos:

> La llengua oral i la llengua escrita expositiva emprenen un nombre similar de *construccions de subordinació*, fins i tot amb un cert avantatge per als gèneres orals, en concret, per a la llengua oral formal expositiva. [...]
> La llengua escrita opta clarament per la *composició oracional* com a eina d'interrelació entre els enunciats, mentre que la llengua oral recolza proporcionalment més els lligams extraoracionals per mitjà de la *connexió textual*. (Castellà 2004: 159)

En este difícil debate, ajeno al propósito de estas páginas, los textos de *Tintín* constituyen un magnífico argumento para defender la presencia abundante de conectores en el discurso oral o próximo a la oralidad. Estas marcas textuales permiten organizar las interacciones verbales, pero también destacar elementos y facilitar el nexo entre palabras y reacciones emocionales. Hergé utiliza muy hábilmente estas herramientas para manifestar una gran variedad de actitudes y reacciones, de tal modo que estos elementos de apariencia anodina se convierten en instrumentos fundamentales para construir los retratos psicológicos de sus personajes.

Bajo la etiqueta global de «marcadores discursivos» se agrupa una variedad conceptual y terminológica que José Portolés define así:

> Unidades lingüísticas invariables que no ejercen una función sintáctica en el marco de la predicación oracional y poseen un cometido coincidente en el discurso: el de guiar, de acuerdo con sus distintas propiedades morfosintácticas, semánticas y pragmáticas, las inferencias que se realizan en la comunicación. (Portolés 1998: 25)

A lo que añade:

> Los marcadores son un medio de la lengua para facilitar la articulación entre lo dicho y el contexto. (Portolés 1998: 127)

Hace ya tiempo que un grupo de lingüistas franceses (Ducrot/Anscombre 1980) abordaron el análisis de estos elementos de conexión, a los que la gramática no confería ningún significado preciso y que ellos denominaron, en un principio, *mots du discours*. Sus investigaciones, más adelante recogidas bajo la denominación de teoría de la argumentación en la lengua (TAL), ponen de relieve la capacidad de estas piezas para establecer puentes entre el nivel semántico y el pragmático, entre elementos explícitos y la masa implícita:

> On constate qu'il y a, au niveau de l'explicite, des indicateurs argumentatifs dont la fonction est de dédoubler le sens en sens littéral et sens impliqué, de le faire avec une certaine force, laquelle se laisse situer, le cas échéant, sur une échelle argumentative. (Meyer 1982: 117)

Nuestro estudio establece una división en dos categorías: conectores textuales o argumentativos y marcadores pragmáticos.

Entendemos por conectores argumentativos aquellos elementos que sirven para unir dos o más entidades semánticas estableciendo entre ellas una relación argumentativa:

> Des mots de liaison qui mettent en rapport les énoncés du discours, leur aspect argumentatif, c'est-à-dire le type de conclusion pour lequel ces connecteurs sont intrinsèquement marqués. (Forget 1985: 50)

Los marcadores pragmáticos, a su vez, aceptan mayor flexibilidad posicional (pueden colocarse al inicio, final o en medio de la frase) y despliegan más funciones ilocucionales y pragmáticas. Según Montserrat González:

> Pragmatic markers are polyfunctional cues that predicate changes in the speaker's cognition, attitudes and beliefs, and facilitate the transmission of illocutionary force and intentions. (González 2004: 23)

Castellà (2004), inspirándose en los trabajos de M.ª Josep Marín y M.ª Josep Cuenca (1998), se sirve de los criterios de categoría y función para establecer cinco subcategorías de construcciones conectivas: construcciones de subordinación, construcciones de coordinación, marcadores o conectores parentéticos, interjecciones conectivas y un último grupo al que denomina *omplidors* (rellenadores). Las dos primeras corresponderían a categorías de conectores y la tercera coincide plenamente con los marcadores pragmáticos, según esta definición:

> [...] apareixen [...] en el discurs, organitzant-lo, marcant-ne les parts, assenyalant inici d'intervenció, canvi de torn, etc., sense establir una relació gramatical entre els elements connectats. Sintàcticament, solen ser elements perifèrics d'una de les dues oracions i, com a categoria, estan en un grau de gramaticalització intermedi entre els mots lexicals i les conjuncions. (Castellà 2004: 93)

Otros autores atribuyen a estas piezas pragmáticas distintas denominaciones. Así, Portolés (1998) utiliza el término de operadores discursivos, mientras Eddy Roulet (1985) les llama marcadores discursivos.

De los tres elementos aquí analizados, *enfin* participa de la doble categoría de conector textual y marcador pragmático, mientras *voyons* y *tiens*, que presentan ese «grado de gramaticalización intermedio» al que hace referencia Castellà y pueden ocupar una posición periférica entre dos oraciones, pertenecen más claramente a la segunda.

El corpus que recoge los datos analizados está formado por todos los segmentos que contienen alguno de los tres marcadores indicados en los quince cómics de la colección, así como su traducción al español y al catalán.[3]

---

[3] Por razones de economía de espacio, nos referiremos a los títulos de los cómics utilizando las abreviaturas que se citan al final del artículo, procedentes del texto original en francés. Los fragmentos que exponemos se identificarán con su número de página y número de viñeta en la versión original, sin repetirse estos datos en las traducciones correspondientes.

El análisis se refiere a las soluciones interpretativas ofrecidas por los traductores de las versiones castellana y catalana publicadas por la editorial Juventud. En algunos textos añadimos también la nueva versión al castellano de la editorial francesa Casterman para poder comparar dos opciones traductoras bastante diferentes. Ambas versiones dan cuenta de la adopción de estrategias interpretativas distintas por parte de sus traductores y añaden, en algunos casos, nuevos elementos a la descripción de conectores y marcadores.

2. El conector *enfin*

El morfema *enfin* es un marcador pragmático de gran polivalencia y con una alta capacidad intencional, tanto en contextos monológicos como dialógicos. El ritmo y la expresividad que introduce en las réplicas explican su frecuente presencia en los textos de Hergé. La caracterización del pequeño reportero trotamundos como un chico sensato, de gran sentido común, al que le ocurren las aventuras más extraordinarias, requiere la utilización de recursos capaces de transmitir, mediante un ritmo rápido y gran economía de medios, reacciones emocionales espontáneas e inesperadas. Y, en estos juegos verbales, el marcador *enfin* se revela como un instrumento idóneo.

Desde un punto de vista semántico, el morfema *enfin* es el resultado de combinar la preposición *en* y el sustantivo *fin*, mediante un proceso de gramaticalización, totalmente consolidado, que ha trasformado el conjunto en unidad adverbial y, como tal, invariable. Como ocurre en muchos procesos de gramaticalización, algunos rasgos semánticos del original, vinculados al sustantivo *fin*, siguen presentes, aunque esta instrucción inicial se ha ido ampliando para adquirir, con el tiempo, sutiles matices de sorpresa, asombro, indignación, impaciencia o resignación.

Los diccionarios, generalmente poco minuciosos en la descripción de marcadores y conectores, apenas consignan este desarrollo instruccional y se limitan a señalar su función básica. Así, la entrada de *enfin* del diccionario bilingüe francés-español-francés de Larousse (DEF) ofrece estas equivalencias:

> *Por último / al fin, por fin / en una palabra, en fin, es decir, para abreviar / ¡por fin!*

El diccionario *Le Nouveau Petit Robert* (NPR), por su parte, plantea dos grandes categorías semánticas: sentido afectivo y sentido lógico, reiterando en ambas la presencia de la función conclusiva:

Enfin adv.
1 (Sens affectif) Servant à marquer le terme d'une longue attente.
2 (Sens logique)
Servant à introduire le dernier terme d'une succession dans le temps
Servant à conclure, à résumer ce qui a été dit précédemment. Servant à préciser ou corriger ce que l'on vient de dire.
Pour tirer une conclusion.
Introduisant une conclusion résignée.

Este abanico de valores se revela muy limitado cuando lo aplicamos al lenguaje oral o a textos que reproducen rasgos de oralidad, sobre todo si presentan una fuerte carga intencional como es el caso de los cómics. Por otra parte, la diversidad de funciones que despliega *enfin* es aún más perceptible desde una perspectiva contrastiva y traductológica. Las múltiples ocurrencias de este marcador en los textos analizados y sus equivalentes en las diversas traducciones nos llevan a esbozar una clasificación alrededor de dos grandes ejes. El primero, de índole textual, corresponde al valor que el NPR designaba como *sens logique*, en donde el esquema [A *enfin* B] otorga al conector una función directa o indirectamente conclusiva. En esta categoría, *enfin* desempeña un claro papel relacionante entre dos o más argumentos que generalmente aparecen explícitos. El segundo, de naturaleza pragmática, agrupa un conjunto de funciones mediante las cuales pretende reflejar actitudes, estados afectivos, puntos de vista y posicionamientos de orden diverso, y que correspondería *grosso modo* al valor que el NPR se limitaba a designar como *sens affectif*. En esta categoría, el vínculo se establece entre actos ilocutivos o también entre la proposición introducida por *enfin* y situaciones y actitudes no verbalizadas.

Alrededor de estos dos ejes se agrupan las siguientes subdivisiones de *enfin* como a) conector textual (introductor del último elemento de una serie; recapitulación; reformulación parafrástica o no parafrástica) y b) marcador pragmático-funcional (los estados eufóricos del alivio a la satisfacción; las reacciones de desconcierto; los estados disfóricos de la impaciencia a la indignación; la expresión de resignación). Los exponemos a continuación.

2.1 Conector textual

2.1.1 Introductor del último elemento de una serie

La función más referenciada del conector *enfin* es la de servir como organizador e introductor del elemento final de un conjunto estructurado. Muchas descripciones señalan como prototípico este valor, correspondiente al esquema [a+b+c+d *enfin* z], en donde /z/ es el último elemento de una serie estructurada y /a, b, c, d/ constituyen los diversos eslabones de la cadena que el conector organiza. Sus equivalentes castellanos son locuciones del tipo *por último, en último lugar, para acabar*. Es la utilización más canónica, la que todo traductor reconocería como la más esperable, sin bien es cierto que su uso es más propio de textos monológicos. El corpus que nos ocupa es muy poco pródigo en este tipo de ocurrencias y, como en otras utilizaciones del marcador, Hergé combina esta instrucción básica con otros objetivos intencionales secundarios mediante los cuales el locutor se posiciona ante los argumentos conectados.

Así ocurre en el ejemplo (1a):

(1 a) ...en quittant la ville, nous avons été pris dans un embouteillage. Ensuite, nous avons perdu du temps à chercher la route et **enfin**, comble de malchance, nous sommes tombés en panne. (H-*Castafiore*: 30, V6)

donde *enfin* posee un valor temporal conclusivo, como introductor del último acontecimiento en la cadena de sucesos negativos: *embouteillage* → *perdre du temps* → *enfin* / *tomber en panne*. Pero también, la combinación de *enfin* con la locución disfórica *comble de malchance* 'colmo de mala suerte', y con el contenido semántico de /z/ —*nous sommes tombés en panne*— jerarquiza este último acontecimiento señalándolo como el argumento de mayor peso intencional en un conjunto de elementos disfóricos. Tanto la traducción castellana como la catalana, hacen desaparecer el conector,[4] atenuando la función de conclusión y cierre sólo recuperada en parte en (1c) mediante el matiz de finalización que el verbo *acabar* introduce en la expresión catalana *per acabar-ho d'adobar*.

(1 b) Ø y, para colmo de desgracias, tuvimos una avería.
    c) Ø i per acabar-ho d'adobar, hem fet pana...

2.1.2 Recapitulación

Esta modalidad añade a la anteriormente señalada una función de síntesis mediante la cual el conector *enfin*, además de introducir el último elemento de una serie, confiere a

---

[4] Marcaremos las omisiones traductoras mediante el símbolo Ø.

éste un valor recapitulativo. El esquema sería similar al anterior: [a+b+c+d *enfin* z]. Pero el elemento /z/ incluiría, en este caso, rasgos de /*a, b, c, d*/ y sintetizaría todos los elementos previos. Las fórmulas castellanas equivalentes serían *en resumen, en conclusión, en fin...*

Hergé utiliza en varias ocasiones este instrumento sintético, nuevamente con una funcionalidad más compleja. Así, en (2a) la instrucción de síntesis aparece dentro de un contexto de confusión en el que /z/ resuelve una incapacidad expresiva tal que imposibilita la inteligibilidad del mensaje. Las escasas habilidades oratorias de los personajes *Dupont* y *Dupond*, la torpeza y el arte de la equivocación que constituyen sus rasgos identitarios, les llevan a utilizar un lenguaje tosco y titubeante. La capacidad resolutiva del marcador *enfin* es idónea para ilustrar estos rodeos ilocutorios. Así en (2a), donde secuencias ininteligibles de palabras se transforman finalmente en un escueto *félicitations*, que sintetiza el mensaje que no acertaban a expresar:

(2 a)   Nos veilleurs boeux de... euh... Nos veilleurs boeux de... euh... **Enfin**, en un mot, toutes nos félicitations. (H-*Castafiore*: 28, V6)

Mientras el traductor castellano opta por una correspondencia literal:

(2 b)   **En fin**, en una palabra, felicidades.

la versión catalana recoge una locución recapitulativa, muy rotunda y tajante: *ras i curt*, perfectamente ajustada a la intención:

(2 c)   **Ras i curt**, capità: per molts anys!

Este mismo valor aparece en (3a), que combina una potente fórmula sintética, *enfin* + *bref*, para enlazar una serie de vacilaciones con un argumento inequívocamente concluyente: *le tombeau*. Recogiendo este valor de síntesis, la versión castellana (3b) asimila el conector *enfin* al gerundio del verbo español *abreviar*, con lo que un elemento léxico se convierte en equivalencia traductora del morfema.

(3 a)   Je...Hem... Vous... **Enfin**, bref, cette île sera votre tombeau ! (H-*Vol 714*: 20, V4)
    b)   Yo...hem...Ustedes... **Abreviando**, que esta isla será vuestra tumba.

2.1.3 Reformulación

Las operaciones de reformulación han sido objeto de numerosos estudios entre los que destaca Rossari (1989, 1994 y 2000) y su propuesta de clasificación entre reformulaciones parafrásticas[5] y no parafrásticas.[6] Ambas operaciones están presentes en el corpus aunque, siguiendo la tendencia ya indicada, proliferan las segundas debido a su más elevado valor pragmático.

a) Reformulación parafrástica.— El castellano y catalán recuperan esta relación metadiscursiva mediante instrumentos como los adverbios *bueno* o *bé*, en función parafrástica. Como la rectificación de una exageración (*moitié/tiers*) en (4a):

(4 a) Je vous donnerais la moitié de la réserve d'or del Banco de la nación ...**enfin**, disons le tiers... (H-*Pícaros*: 43, V10)
 b) **bueno**, digamos un tercio...
 c) ....**bé**, diguem un terç...

Más relevante es la solución de algunas de estas ocurrencias por parte de la nueva traducción castellana de Casterman que utiliza el marcador *o sea*, considerado en Zorraquino y Portolés (1999: 4123) como «el reformulador explicativo más frecuente, sobre todo en el discurso oral»:

(5 a) C'est ça : tu as pris mon chameau et moi le chien... **Enfin**, le contraire... (H-*Coke*: 10, V7)
 b) Ah, ¡claro!: tú has cosido mi bombero y yo el suyo... **O sea** al revés.

Combinado frecuentemente con puntos suspensivos, puede señalar también una reformulación frustrada por la incapacidad del locutor para expresarse con claridad. Por ejemplo, el capitán Haddock, presa del pánico, solamente acierta a exclamar en (6a):

(6 a) Ah, le sauvage ! ... Ah le cannibale !... Il a saboté les trucs... euh... les choses ... **enfin**... les machins. (H-*Lune*: 55, V1)

---

[5] Que establecen una predicación de identidad entre la primera formulación y la reformulación.

[6] Que utilizan la operación reformulativa para introducir un nuevo punto de vista bajo la apariencia de una falsa equivalencia.

La versión catalana (6b) refleja perfectamente la alteración emocional del personaje mediante dos marcadores reformulativos: *vull dir* (que recoge la vacilación que en francés transmite *euh*) y *en fi*. En la traducción al castellano (6c), en cambio, se simplifica la doble reformulación suavizando así, inadecuadamente, el estado de furia que el segmento refleja:

(6 b) Ah! El salvatge! El facinerós! El caníbal! Ha sabotejat els... els dallonses... **vull dir** els daixonses... **en fi**... els estris...
   c) ¡Ah, el salvaje! ¡Ah el caníbal! Ha saboteado estos tubos...**Quiero decir**...esos cacharros.

b) Reformulación no parafrástica.— Simulando una reformulación, los textos de Hergé son propicios a utilizar *enfin* para reflejar estados emocionales. Se trata del esquema [A *enfin* B] en el que, bajo la apariencia de una relación de equivalencia, del tipo [A = B], B establece un cambio de actitud. Así ocurre en (7a), donde un asustado *Milou*, pretendiendo disimular su cobardía, establece una poco convincente correspondencia entre *Ce n'est pas que j'aie eu peur* y un intento titubeante de justificación que finalmente resuelve buscando la comprensión de su amo: *Tu comprends ?*:

(7 a) Oh ! Ce n'est pas que j'aie eu peur. Seulement, je...il...**enfin**...Tu comprends ? (H-*Congo*: 4, V2)

Sirviéndose de marcadores sinónimos, las dos traducciones dejan traslucir también estos matices emocionales:

(7 b) ¿Miedo yo? ¡Qué va! Es sólo que... él... **En fin**...tú ya me entiendes...
   c) Oh! No és pas que tingui por. Però... saps... **en fi** ... Ja m'entens!

La utilización del conector *enfin* para reflejar actitudes y reacciones de los personajes adquiere una entidad mucho mayor en todos los valores pragmático-funcionales que describimos a continuación.

2.2. *Enfin* como marcador pragmático de estados afectivos

En espacios de interactividad oral, real o fingida, las funciones más relevantes de *enfin* consisten en enlazar actos ilocutorios. En tales casos, el morfema vincula la intervención previa, o un acontecimiento realizado anteriormente, con manifestaciones verbales que reflejan las más variadas emociones —satisfacción, alegría, desconcierto, enfado, resignación...—, todas ellas de naturaleza escalar e integrantes de un continuo que abarca desde las expresiones más disfóricas a las más abiertamente eufóricas.

2.2.1 Los estados afectivos eufóricos: del alivio a la satisfacción

Cuando ejerce la función de «marcador de final de una espera», *enfin* puede reflejar meras sensaciones de alivio o radiantes explosiones de satisfacción. No es difícil hallar concomitancias entre esta función y la presentada anteriormente como conclusiva. En ambos casos *enfin* introduce el último elemento de una serie. La diferencia es que, como marcador pragmático, el elemento final representa un deseo largamente anhelado que finalmente cobra realidad.

a) El alivio.— Los álbumes de *Tintín* propician desenlaces más o menos deseados, con la correspondiente sensación de alivio:

(8 a)   Grâce à vous, ces malheureux vont être **enfin** délivrés de leur passion pour l'alcool!...
(H-*Picaros*: 46, V8)

que la versión castellana reproduce mediante el marcador *por fin*:

(8 b)   Gracias a usted, esos pobres desdichados se liberarán **por fin** de su nefasta afición por el alcohol...

mientras la expresión de satisfacción explícita se pierde en catalán al suprimir el marcador:

(8 c)   Gràcies a vostè, pobres infeliços se salvaran Ø de la seva nefasta afició a la beguda!...

Un caso evidente de alivio corresponde a esta expresión en (9a), en la que la presencia de una conexión con la civilización hace exclamar al extraviado *Tintín*:

(9 a)   **Enfin**, une cabine téléphonique ! (H-*Soleil*: 9, V14)

La versión castellana transmite la energía emocional mediante la interesante solución *ya era hora* que no recoge ningún diccionario:

(9 b)   ¡Un teléfono...! ¡**Ya era hora**!

Equivalencia que reaparece acertadamente en varias ocasiones, en ambas lenguas, a veces reforzada por *per fi* (11c):

(10 a) Vous voilà **enfin** !... Où avez-vous encore été traîner vos guêtres ? (H-*Picaros*: 41, V1)
   b) **¡Ya era hora!**... ¿Se puede saber dónde estabas?
   c) **Ja era hora!** ... Es pot saber on t'havies ficat?

(11 a) Allo ?... Allo, Dupont ?... **Enfin**, ce n'est pas trop tôt... Ici, le capitaine Haddock. (H-*Soleil*: 10, V10)
   b) ¿Oiga, oiga! ¿Fernández? **Ya era hora**. Soy el capitán Haddock...
   c) Escolti! Escolti! Dupont? **Per fi ! Ja era hora**. Aquí, el capità Haddock.

b) La satisfacción.— Otros enunciados expresan un estado de total satisfacción. En varias ocasiones, esta consecución de un acontecimiento esperado da pie a invocaciones celestiales de agradecimiento. Como en este caso:

(12 a) Le ciel soit loué ! Je vais **enfin** pouvoir manger à ma faim ! (H-*Vol 714*: 2, V9)

recuperado por los traductores catalán y español por procedimientos similares:

(12b) ¡Alabado sea el cielo! **¡Al fin** podré comer hasta hincharme!
   c) Gràcies a Deu! **Per fi** podré menjar per la meva gana!

Y, aún más llamativos, los casos (13b) y (14b) donde es el propio traductor quien introduce este agradecimiento divino, ausente del original, para recoger el valor de satisfacción del marcador.

(13 a) Vous voilà **enfin** !... Je désespérais de jamais vous revoir !... (H-*Lotus*: 29, V1)
   b) **¡Gracias a Dios que ya está aquí!** ¡Ya creí que no le volvería a ver!

(14 a) **Enfin**, ça y est ! (H-*Congo*: 16, V6)
   b) **¡Aleluya!**

2.2.2 Las reacciones de desconcierto

La confusión, el desconcierto o la extrañeza pertenecen a una escala intermedia de emociones provocadas por la percepción de algo que no puede definirse como positivo o negativo. Estas expresiones, que muestran reacciones más o menos disfóricas, presentan una regularidad combinatoria: el marcador *enfin* aparece precedido del conector *mais*. Anna Razgouliaeva, que ha estudiado la agrupación *mais+enfin* en múltiples contextos, insiste en la autonomía que ambos conectores siguen conservando en esta agrupación, puesto que cada uno ejerce una operación diferente sobre las mismas entidades semánticas:

> Si *mais* connecteur porte sur une conclusion r tirée de la proposition p et non pas sur p elle-même, *enfin*, dans la plupart des cas, agit directement sur p. (Razgouliaeva 2002: 147)

Siguiendo su propio procedimiento instruccional, el conector *mais* establece un distanciamiento, una oposición o un cambio de orientación entre dos estados de cosas y las consecuencias que de ellos se derivan. El morfema *enfin*, por su parte, introduce una proposición, de contenido subjetivo, marcando el estado emocional. No podemos abordar la dificultad que entraña analizar los matices de esta agrupación. Señalaremos tan sólo una marcada tendencia a omitir el conector *mais* en el texto traducido, tanto en castellano como en catalán. Omisión que, en ocasiones, se hace extensiva al marcador *enfin*, revelándose como la estrategia más frecuente para traducir momentos emocionales algo indefinidos, como el desconcierto. Los casos (15b) y (16b) así lo demuestran:

(15 a)   Mais, **enfin**, je ne comprends pas... Où veux-tu en venir ? (H-*Or noir*: 37, V3)
   b)   Ø No acierto a comprenderte. ¿Dónde quieres ir a parar?

(16 a)   Mais **enfin**, c'est incompréhensible !... Par où le bandit s'est-il échappé ? (H-*Boules*: 36, V7)
   b)   Ø No comprendo cómo ha podido escapar el bandido.

En el siguiente ejemplo, la versión catalana (17b) es una escasa muestra de creatividad en la traducción del desconcierto. Se trata de un nuevo caso en el que —como ocurría en (3b)— el traductor recupera toda la fuerza intencional del adverbio *enfin* mediante una construcción verbal. En este caso con el verbo catalán *empescar*.[7]

---

[7]   El DIEC describe *empescar* como un equivalente de *inventar, forjar*.

(17 a)   Mais **enfin**, pourquoi toute cette comédie ?... Et qui donc veut notre mort ? (H-*Picaros*: 24, V6)
b)   Però **qui s'ha empescat** tota aquesta comèdia?

2.2.3 Los estados afectivos negativos: de la impaciencia a la indignación

La intensidad emocional del marcador pragmático aumenta cuando sus locutores lo utilizan para manifestar sentimientos negativos. La vertiginosa sucesión de acontecimientos y las insólitas situaciones de las distintas aventuras constituyen un terreno propicio para reacciones de impaciencia y explosiones de indignación encapsuladas por el marcador. Los traductores deberán recuperar este matiz por otros medios lingüísticos, aunque no siempre sus elecciones son las más acertadas. Así, en (18b) la expresión de ruego —*por favor*— no deja traslucir la misma sensación de impaciencia presente en el original:

(18 a)   Mais **enfin**, expliquez-vous !... Qu'y a-t-il ?... (H-*Lotus*: 46, V3)
b)   ¡**Por favor**, explíquense...! ¿Qué pasa?
c)   **Però, vinga**, expliqueu-vos! Què passa?

La solución catalana de (18c), en cambio, mediante el imperativo *vinga* consigue conservar un matiz más adecuado de impaciencia:

Una construcción similar da pie a un juego de creatividad traductora, en (19b), acudiendo nuevamente a una perífrasis verbal (*voleu dir-nos*) como solución traductora:

(19 a)   Mais **enfin**, qu'y-a-t-il ? (H-*Crabe*: 5, V3)
b)   Però, Ø **voleu dir-nos** què passa?

Pero, sobre todo, es interesante la nueva versión española de Casterman que en (19c), integrando un elemento anafórico (*esta carrera*), expresa esta sensación de intriga y desconcierto mediante una reformulación lingüística completa:

(19 c)   Ø **¿Se puede saber a qué viene esta carrera?**

Si avanzamos en la acentuación del enfado, encontramos la colérica indignación del capitán Haddock en (20a), que combina el marcador con una imprecación francesa —*tonnerre de Brest*— manifiestamente negativa:

(20 a) **Mais enfin**, tonnerre de Brest ! vous le savez qu'elle est cassée, cette marche !... je me tue à vous le chanter sur tous les tons ! (H-*Castafiore*: 6, V11)
   b)   **Pero bueno**, truenos y rayos, tú bien sabías que estaba roto el peldaño... Me mato diciéndoselo a todos de mil maneras....

La respuesta traductora de (20b) conserva íntegramente esta acumulación de elementos. La versión catalana de Casterman (20c), por su parte, recupera el marcador de indignación original mediante la acertada superposición de varios elementos: *Diantre*, *perfectament* y *Mira que*:

(20 c) **Ø Diantre**, Néstor! Saps **perfectament** que està trencat!... **Mira que** t'ho he dit vegades!

2.2.4 La expresión de resignación

Anne Cadiot, Oswald Ducrot, Bernard Fradin y Thanh Binh Nguyen señalan los matices de renuncia y resignación inherentes al conector:

> En disant *enfin* le locuteur marque qu'il n'entend pas abandonner le potentiel argumentatif contenu en Z, même s'il renonce à l'exploiter dans son discours présent. Autrement dit, il abandonne le discours mais pas l'intention discursive. Ce qui implique que X n'annule pas la force argumentative de Z. (Cadiot/Ducrot/Fradin/Nguyen 1985: 208-209)

La resignación es una nueva manifestación de estabilización después de situaciones afectivas más intensas. Tras haber experimentado momentos de euforia, desconcierto o indignación, aparece la conformidad con lo irremediable. Como esta resignada expresión de *Tintín* tras un largo y penoso viaje (21a):

(21 a) Deux jours de chemin de fer pour arriver jusqu'ici !... **Enfin** nous y sommes : c'est l'essentiel. (H-*Amérique*: 16, V7)
   b)   Dos días de tren para llegar aquí. **Bueno**, lo principal es que ya estamos.
   c)   Dos dies de tren per arribar fins aquí! **Però**, l'important és que hi haguem arribat!

La solución castellana sustituye *enfin* por *bueno* y la resignación se reproduce. El traductor catalán, por su parte, realzando el contraste entre el esfuerzo realizado y la reacción final de alivio del locutor, recurre a una solución poco común pero acertada: el conector anti-orientado *pero*.

3. El marcador *voyons*

Desde un punto de vista morfológico, el marcador *voyons* presenta rasgos comunes con *tiens*, tercer elemento de nuestro análisis. Ambos proceden de un verbo —*voir* y *tenir* respectivamente— en su forma imperativa, aunque difieren en un aspecto: *voyons* corresponde a la primera persona del plural mientras *tiens* y su variante *tenez* son las formas conjugadas de la segunda persona del singular y del plural. Su gramaticalización ha convertido a los dos elementos en invariables y les ha hecho perder parte de su valor semántico para priorizar su función pragmática. Pese a su grado de solidificación como marcadores, no aparecen consignados en los diccionarios con una entrada propia. Es cierto que su descripción lexicográfica no es fácil ya que como marcadores discursivos su sentido está fuertemente vinculado al contexto lingüístico o situacional.

A diferencia de otros corpus constituidos con la finalidad de estudiar el funcionamiento de marcadores discursivos (Dostie 2004; Auchlin 1981), las aventuras de *Tintín* y sus traducciones al castellano y al catalán son, a nuestro parecer, une fuente reveladora de los valores semántico-funcionales de estas marcas de oralidad dentro de textos que, siguiendo a Roulet, calificaremos de dialógicos:

> [...], nous proposons d'ajouter à la distinction traditionnelle entre un discours produit par un seul locuteur/scripteur, appelé *monologal*, et un discours produit par deux locuteurs/scripteurs, au moins, appelé *dialogal*, la distinction entre un discours à structure d'intervention, [...] que nous appellerons *monologique*, et un discours à structure d'échange, [...] que nous appellerons *dialogique*. (Roulet 1987: 60)

Siguiendo una pauta similar a la establecida para el estudio de *enfin*, el análisis del marcador *voyons* permite distinguir dos grandes grupos: el primero, de índole textual, al que llamaremos «marcador de organización textual» y el segundo, que recoge elementos de índole emotiva, que denominaremos «marcador de estados afectivos». Sin embargo, a diferencia del morfema *enfin*, que participa de la doble categoría de conector y marcador, las relaciones establecidas por *voyons* presentan un valor conectivo más difuso, de tal modo que incluimos este elemento exclusivamente en la categoría de marcador.

3.1 *Voyons* marcador de organización textual

El contexto del corpus le confiere funciones pragmático-textuales tales como «partícula de relleno» o «marcador de apertura de un espacio de reflexión».

3.1.1 Partícula de relleno

Se trata de un tipo de partículas encubridoras de silencio y equivalentes a lo que Castellà denomina *omplidors*:

> Els *omplidors* semblen respondre a la necessitat del parlant d'evitar el silenci, amagar una indecisió o disposar de temps per preparar el que dirà a continuació [...]. (Castellà 2004: 136)

El vago valor conectivo de estas partículas, justifica —y así lo hacen también otros autores como Marín y Cuenca (1998)— su inclusión en la categoría de marcadores:

> És discutible que exerceixen una funció connectiva, però potser podrien considerar-se un tipus de marcador discursiu que indica la necessitat d'omplir el silenci i que, al mateix temps, la satisfà. (Castellà 2004: 93)

En el interior de diálogos, *voyons* funciona como una especie de muletilla para ganar tiempo: el locutor mantiene su turno de palabra y hace una pausa para poder pensar. Esta función se resalta con recursos tipográficos, habitualmente el uso de puntos suspensivos, que indican tiempos de espera.

En el siguiente ejemplo, *Tintín* y el capitán Haddock están sentados en un bar y el camarero se acerca para tomar nota de la consumición. El capitán Haddock dice:

(22 a)   Donnez-nous...euh ...**voyons**... (H-*Coke*: 3, V8)
     b)   Dénos...e...e...e... **Veamos...veamos**...
     c)   Y tomaré...**A ver, a ver**...

Esta representación de un personaje pensando o reflexionando aparece también en la utilización de *voyons* en monólogos como en el ejemplo (23a) en el que el mismo capitán, viendo que su whisky se está acabando y que está aún lejos de cualquier fuente de abastecimiento, intenta calcular cuánto le queda y a qué ritmo puede beberlo:

(23 a)   50Km... et il me reste encore...**voyons**... il me reste encore... (H-*Coke*: 19, V12)
     b)   Cincuenta kilómetros... y sólo me queda.... **veamos** sólo me queda...
     c)   Cincuenta kilómetros y me queda... **A ver, a ver**... Hagamos inventario...

Desde un punto de vista pragmático-funcional, el imperativo *veamos* y la forma infinitiva *a ver* son equivalentes y se pueden usar indistintamente. Sin embargo, la versión publicada por la editorial Juventud (22b y 23b) suele optar por *veamos* mientras que la versión más reciente de Casterman —(22c y 23c)— utiliza *a ver*, una forma más usual en el lenguaje coloquial actual.

3.1.2 Marcador de reorganización

Este valor establece un mayor dinamismo que el anterior. En vez de marcar una duda o una reflexión en proceso, introduce la intención de abordar y solucionar un tema. En este sentido puede funcionar como «marcador de apertura de un espacio de reflexión». La combinación del morfema con otros signos de puntuación —precede a una coma y no a puntos suspensivos— contribuye a diferenciarlo.

La utilización de *voyons* en esta posición responde a una necesidad de aclarar las cosas, reorganizar los elementos de la situación y tomar una decisión. Puede darse tanto en monólogo (24a) como en diálogo (25a):

(24 a)   Et maintenant, si nous pensions à notre voyage ?... **Voyons**, il nous faut un boy et une auto (H-*Congo*: 11, V9)

b)   Y ahora. ¿Qué tal si empezamos a organizar nuestro viaje? **A ver**: necesitaremos un asistente y un coche.

c)   I ara que tothom és fora, si miréssim per nosaltres. Ø Ens calen un "boy" i un cotxe.

En el interior de un diálogo presenta una función apelativa, de cierta intensidad, semejante a un «toque de atención». Como en el siguiente ejemplo, en el que una multitud de periodistas están ofreciendo a *Tintín* hacer un reportaje de sus aventuras y, en medio de esta lluvia de ofertas, uno de ellos dice:

(25 a)   **Voyons, voyons**, parlons sérieusement... (H-*Congo*: 11, V6)

b)   **Un momento** señores, hablemos en serio...

c)   **A veure**, parlem seriosament...

En la mayoría de casos de función similar, *voyons* se traduce por los equivalentes españoles *veamos* o *a ver* y el catalán *a veure* (25c), siendo muy poco frecuente la forma catalana *vejam*, algo más arcaica y de la que sólo hemos encontrado una ocurrencia. Sin embargo, el traductor de (25b) adopta una formulación más imaginativa y traduce, con acierto, por *un momento*.

Esta utilización del marcador sirve para expresar una operación de tipo analítico, en la que la implicación emocional del locutor es más bien baja. Otros estados afectivos de intensidad variable, tales como la empatía, la sorpresa, el reproche y la indignación, conforman la siguiente categoría.

3.2 Marcador pragmático de estados afectivos

3.2.1 La empatía

Con esta etiqueta designamos una actitud del locutor, de orientación positiva, consistente en dar ánimos, consolar al interlocutor y mostrarle su solidaridad en una situación adversa o dramática. La frecuencia de omisiones en las traducciones evidencia la dificultad de expresar estos sentimientos matizados. En estos casos, *voyons* retiene de alguna manera estos dos rasgos superpuestos:

— se invita al locutor a reconsiderar su posición desde una perspectiva más positiva,

— se le pide un esfuerzo para realizar este cambio.

En este sentido se tiende a recoger este valor de invitación con expresiones como *por favor* o bien a focalizar sobre la necesidad de emprender un cambio, con expresiones más dinámicas como *hombre*, *vamos*, etc.

En el ejemplo (26a), *Tintín* intenta consolar al capitán Haddock que, reconociendo su adicción al whisky y consciente de la vergüenza que representaría para su madre difunta, se pone a llorar:

(26 a)   **Voyons, voyons**, capitaine. (H-*Crabe*: 16, V5)
    b)   ¡**Vamos**, capitán!
    c)   **Apa**, capità, calmeu-vos!

En ambos casos, las fórmulas utilizadas para dar ánimos, como *vamos* o *apa*, reflejan adecuadamente el impulso que *Tintín* quiere manifestar.

Es interesante observar que la posición del marcador puede ser tanto inicial como final, sin que se modifique su valor pragmático-funcional:

(27 a)   Qu'est-il arrivé ?... Tu es tout pâle !... Mais parle, **voyons** ! (H-*Objectif*: 24, V2)
    b)   ¿Qué te pasa? ¡Estás muy pálido! ¡Háblame, **hombre**!
    c)   Què ha pasat? Estàs tot blanc! **Però** parla **d'una vegada**!

Si bien en el ejemplo (26c) la traducción por *apa* conservaba el sentimiento de empatía presente en el original, en (27c), la expresión *parla d'una vegada*, mucho más brusca, introduce un matiz de agresividad incompatible con la empatía.

3.2.2 La sorpresa

En el caso de *voyons*, la reacción de sorpresa tiende a la negatividad expresando una cierta contrariedad. Como marcador de sorpresa, *voyons* indica básicamente un desajuste entre lo que el locutor espera y la realidad. Tal como indica Dostie:

> [*Voyons*] présente toujours, [...], une dimension conflictuelle entre 'ce qui est vrai' et 'ce qui était attendu comme vrai et/ou souhaité'. (Dostie 2004: 127)

A diferencia de *tiens*, cuya orientación es neutra o eufórica, *voyons* vehicula un matiz de tendencia disfórica que retoma elementos situacionales sin implicación directa del interlocutor. Así el segmento (28a) podría interpretarse a simple vista como un reproche. Sin embargo, se trata de casos en los que el interlocutor no puede ser culpable: la negatividad radica en la situación, con lo cual el reproche no tendría razón de ser.

(28 a) **Voyons**, commandant, il doit y avoir une erreur ! (H-*Sceptre*: 29, V3)
b) **Pero** comandante, ¡tiene que haber un error!

En esta categoría, si bien se han podido identificar traducciones que utilizan expresiones como *a ver* u *hombre*, en la mayor parte de los casos los traductores han optado por el conector *pero* con valor discursivo, focalizando más en el desajuste entre la realidad y lo que el locutor espera que en la manifestación de sorpresa (28b). En ocasiones, esta sorpresa llega a tal punto que provoca incredulidad y, dada la polisemia de este marcador, sólo el cotexto permite precisar este valor. El siguiente ejemplo recoge este mecanismo de intensificación mediante la repetición del *No* inicial, que se repite tres veces en castellano y dos veces en catalán, aunque aquí aparece reforzado por la locución *ja es veu prou*.

(29 a) Non, c'est impossible, **voyons** ! Ça ne tient pas debout !... (H-*Objectif*: 43, V6)
b) No, **no, no**, es imposible. Eso se cae por su propio peso.
c) No, **no**, és impossible, **ja es veu prou**! Això no pot anar ni amb rodes.

3.2.3 El reproche

En el nivel siguiente hacia la negatividad aparece el uso de *voyons* como expresión de reproche, en la que se combinan un valor de toque de atención con un matiz disfórico.

En el origen del reproche, existe la percepción de un desajuste provocado por los actos o las palabras del interlocutor, tal como señala Christine Sirdair-Iskandar:

> *Voyons* ! a pour sens de marquer une attitude de désaccord avec l'interlocuteur à qui on demande de changer sa position à propos d'un problème particulier. (Sirdair-Iskandar 1983: 111)

En las traducciones analizadas, aparecen equivalentes de dos tipos: expresiones que se usan par interpelar al interlocutor —como en los casos (30b) y (30c), en las que el matiz negativo queda un tanto rebajado— y formulaciones que se alejan de la literalidad e intensifican el carácter disfórico del marcador, como en (31b) y (31c):

(30 a) **Voyons**, moussaillon ! (H-*Tibet*: 5, V7)
    b) **¡Vamos**, muchacho!
    c) Escolta, minyó.

(31 a) Vous n'y songez pas, **voyons** ! (H-*Objectif*: 33, V4)
    b) Ni lo piense siquiera. **¡Qué disparate!**
    c) No us ho pensessiu pas! **No caldria sinó!**...

3.2.4 La indignación

El GDLE define la indignación como «un enfado violento con una persona o cosa». Pero el uso de *voyons* como marca de indignación se aplica únicamente al enfado con una persona. En la mayoría de los casos, tanto en castellano como en catalán, se observa en las traducciones más antiguas (de los años sesenta), una tendencia a utilizar expresiones de menor intensidad que en el original francés (32b). Sin embargo, las traducciones más recientes publicadas en castellano por Casterman (2002-2003) reflejan un mayor grado de intensidad (32c).

(32 a) **Voyons**, me prenez-vous pour un ivrogne? (H-*Crabe*: 55, V2)
    b) **¡Vaya!** ¿Me toma por un borracho?
    c) **¡Pero bueno!** ¿Me está llamando borracho?

4. El marcador *tiens*

El marcador *tiens*, cuyos puntos de contacto con *voyons* han sido ya señalados, comparte con éste la función de transmitir un sentimiento de sorpresa. Sin embargo, a diferencia de *voyons*, que vehicula un matiz de tendencia disfórica, la sorpresa introducida por *tiens* recoge reacciones neutras o eufóricas.

Este valor de sorpresa es el único que recoge el *Nouveau Petit Robert*:

> Tiens ! (pour marquer l'étonnement) → Tiens ! je ne l'aurais pas pensé. Tiens, tiens ! C'est bien étrange. (NPR)

Dostie observa la frecuente aparición de *tiens* combinado con *voyons*, y también con otros elementos de semanticidad próxima como *voir, regarder, écouter*:

> Tiens croise, par moments, quelques marqueurs issus de verbes de perception/cognition, en particulier *vois-tu, regarde, écoute* et, dans une certaine mesure, *voyons*. (Dostie 2004: 144)

El corpus no registra la combinación con estos verbos, posiblemente porque la información visual que proporcionan las imágenes sirve para completar la carencia semántica del marcador.[8]

A continuación presentamos el análisis de *tiens* en los textos tintinianos. En todas las ocurrencias este marcador combina la función básica de sorpresa con una función de ruptura respecto a la intervención anterior que permite un cambio en la trayectoria narrativa.

Como todos los estados emotivos, las manifestaciones de sorpresa despliegan varios grados de intensidad. En este caso, una simple expresión de extrañeza se situaría en el grado más bajo, mientras el extremo superior lo ocuparían abiertas manifestaciones de asombro. Las soluciones traductoras mantienen la misma curva de intensidad.

Dentro de las simples reacciones de extrañeza ante un acontecimiento se encuentran casos como (33a):

---

[8] Curiosamente, los traductores utilizan este tipo de verbos de percepción (*ver, mirar*) no como acompañantes del marcador sino como equivalencias de traducción. Es un modo de señalar la información de la imagen mediante el procedimiento de deixis: «Tiens, une bouteille» (H-*Crabe*: 25, V1) / «Mira, ¡una botella!»; «Encore un petit effort... Tiens ? La terre devient humide...» (H-*Amérique*: 28, V5) / «Haz un esfuerzo... ¿Ves? La tierra está húmeda por aquí».

(33 a)   **Tiens** ?... une lettre pour moi ? (H-*Amérique*: 9, V6)
   b)   ¡**Qué raro**...! ¿Un carta para mí...?

o (34a), donde la presencia de *bizarre* refuerza la sensación de extrañeza:

(34 a)   Ah? **Tiens**, c'est bizarre.... (H-*Coke*: 3, V4)
   b)   **Pues** es raro...

La traducción de *tiens* por la conjunción *pues* se repite en varias ocasiones. Portolés (1989) insiste en este matiz de ruptura presente en la instrucción argumentativa de *pues*, lo que confirma la coincidencia funcional con la marca francesa:

(35 a)   **Tiens**, ils ne sont pas ici ! (H-*Soleil*: 53, V6)
   b)   ¡**Pues** aquí no están!

Avanzando en la escala de intensidad, el sentimiento de sorpresa algo más acentuado da pie al uso de interjecciones como *vaya* o *anda*, que comparten con el marcador su origen verbal:

(36 a)   **Tiens**, il fait déjà tout noir (H-*Or noir*: 9, V14)
   b)   **Vaya**, ya ha oscurecido...

(37 a)   **Tiens**, où a-t-il pu passer ? (H-*Coke*: 2, V11)
   b)   ¡**Anda**! ¿Dónde se habrá metido?

Y, finalmente, en el grado más acentuado, la sorpresa da pie a una interesante gama de recursos traductológicos que explotan los traductores en un alarde de creatividad: *¡Caramba!, ¡Qué curioso!, ¡Qué raro!, ¡Hombre!, ¡Córcholis!*:

(38 a)   **Tiens**, quel accoutrement bizarre! (H-*Congo*: 31, V11)
   b)   ¡**Córcholis**, qué indumentaria tan singular!

(39 a)   **Tiens** ?... (H-*Vol 714*: 4, V5)
   b)   ¡**Caramba**!

La doble o incluso triple repetición de la ocurrencia *tiens* es otro mecanismo para reforzar la intensidad. La traducción puede mantener la reiteración del marcador, como en (40b), pero no siempre esta repetición funciona en la lengua de llegada, lo que lleva el traductor a optar por otras expresiones, como la interjección de asombro *¡Oh!* precediendo a la locución *pero si* (41b) o la más discutible solución catalana mediante un verbo de percepción (*mira* en 41c) que atenúa la reacción de sorpresa:

(40 a) **Tiens, tiens, tiens**... (H-*Castafiore*: 15, V15)
    b) **Vaya, vaya, vaya**...
    c) **Caram, caram**...!

(41 a) **Tiens, tiens**, des vaches...! (H-*Congo*: 57, V2)
    b) **¡Oh, pero si** también hay vacas!
    c) **Mira**, aquí hi ha unes vaques!

La presencia de signos de puntuación acompañando a estos diferentes usos de *tiens* apuntala la interpretación. Así, los puntos suspensivos que marcan intriga o espera se han mantenido en la mayoría de las traducciones. En cambio, los traductores al castellano han optado en muchos ejemplos (33b y 39b) por eliminar los signos de interrogación, que tienen valor de sorpresa en francés, sustituyéndolos por interjecciones que mantienen una función pragmática equivalente.

5. Conclusión

Las aventuras del intrépido trotamundos belga fueron elaboradas por su autor con una extrema meticulosidad fotográfica y ambiental sustentada en una narración muy cuidada desde el punto de vista lingüístico. Imágenes y palabras contribuyen por igual a otorgar vida y sentimientos a este conjunto icónico tan singular. Para conseguir esta energía y fluidez expresiva, algunas piezas pragmáticas, entre las que se cuentan los morfemas estudiados, desarrollan en sus viñetas todas sus capacidades funcionales e incluso adquieren nuevos valores.

El análisis aquí presentado demuestra cómo la frecuente utilización de los marcadores *enfin*, *voyons* y *tiens* por parte de los personajes constituye un medio eficaz para escenificar una amplia gama de reacciones emocionales, imponiendo a su vez ritmo y agilidad en los diálogos. Y, sobre todo, la riqueza ilocutiva y la diversidad instruccional desplegadas por estos morfemas en *Les Aventures de Tintin* pone en clara evidencia la limitación de las descripciones lexicográficas francesas y, de un modo aún más destacado, la escasez de equivalencias presentadas por los diccionarios bilingües francés/español (DEF) o francés/catalán (DCF).

Para concluir, y como muestra evidente de esta variedad funcional, hemos elaborado un cuadro para cada uno de los marcadores donde señalamos todos los valores detectados en el corpus junto con las soluciones que aparecen en las traducciones castellanas y catalanas de los libros de Hergé.

6. Cuadros de equivalencias

ENFIN			Equivalencias traductoras	
			Castellano	Catalán
Conector textual		Introductor del último elemento de una serie	*en fin* Ø	*i per acabar* Ø
		Recapitulación	*en fin* *abreviando*	*en fi* *ras i curt*
		Reformulación parafrástica	*en fin* *bueno* *o sea* *quiero decir*	*en fi* *bé* *vull dir*
		Reformulación no parafrástica	*en fin*	*en fi*
Marcador de estados afectivos	Eufórico	Alivio	*Por fin* *Ya* *Ya era hora* *¡ya era hora!*	*per fi* *Ja era hora* *Ja era hora!* Ø
		Satisfacción	*al fin* *¡al fin!* *por fin* *¡por fin!* *Gracias a Dios* *Aleluya*	*per fi* *per fi!* *a la fi* *a l'últim!*
	Disfórico	Desconcierto	*pero* *pero vamos* Ø	*però* *però qui s'ha empescat...* *però es pot saber...* Ø
		Impaciencia	*por fin* *por favor* Ø *se puede saber...*	*vinga* *voleu dir-nos...*
		Indignación	*pero* *pero bueno*	*però* *diantre*
		Resignación	*en fin* *bueno*	*en fi*

VOYONS		Equivalencias traductoras	
		Castellano	Catalán
Organizador textual	Partícula de relleno	*Veamos...* *A ver...* *Esto...*	*A veure...* *Daixò...*
	Marcador de reorganización	*A ver* *Veamos* *Un momento*	*A veure* *Vejam*
Marcador de estados afectivos	Empatía	*¡Hombre!* *Por favor* *¡Vamos!* *Bueno*	*Apa!* *A veure* *Fugi home!*
	Sorpresa	*Pero* *¡Hombre!*	*Però* *Ja es veu prou!*
	Reproche	*¡Oiga!* *¡Vamos!* *¿Eh?* *¡Qué disparate!* *¡Pues...!* *¡Venga ya!*	*Apa!* *Em sembla que* *Escolta* *No caldria sinó...* *Naturalment!*
	Indignación	*¡Vamos!* *¡Vaya!* *¡Pero bueno!*	*I ara?* *Que! (en posició inicial)* *Home!*

TIENS		Equivalencias traductoras	
		Castellano	Catalán
Marcador de estados afectivos	Extrañeza	*¡Qué raro!* *pues...* *mira...* *pero...*	*I ara!* *És curiós* *Què és estrany*
	Sorpresa más acentuada	*¡Vaya!* *¡Anda!* *¡Cáscaras!* *¿Qué pasa?*	*Fixa't* *Mira-te'l* *Ondia* *Ep!* *Ai!* *Ai mira!*
	Sorpresa máxima	*¡Córcholis!* *¡Caramba!* *¡Cáspita!* *¡Oh, pero si...!* *¡Anda...!* *Vaya, vaya, vaya*	*Carat!* *Ai carat!* *Ospa...!* *Caram, caram* *Apa, apa* *Vaja, vaja!* *Mira... mira*

7. Corpus

H-*Amérique* = HERGÉ [1945] (1973): *Les aventures de Tintin. Tintin en Amérique.* Paris: Casterman.
HERGÉ [1968] (1986): *Les aventures de Tintin. Tintín a Amèrica.* Traducción de Joaquim Ventalló. Barcelona: Joventut.
HERGÉ [1968] (2007). *Las aventuras de Tintín. Tintín en América.* Traducción de Concepción Zendrera. Barcelona: Juventud.

H-*Boules* = HERGÉ [1948] (1975). *Les aventures de Tintin. Les 7 boules de cristal.* Paris: Casterman.
HERGÉ [1967] (1997). *Les aventures de Tintin. Les 7 boles de cristall.* Traducción de Joaquim Ventalló. Barcelona: Joventut.
HERGÉ [1961] (1996). *Las aventuras de Tintín. Las 7 bolas de cristal.* Traducción de Concepción Zendrera. Barcelona: Juventud.

H-*Castafiore* = HERGÉ (1963). *Les aventures de Tintin. Les Bijoux de la Castafiore.* Paris: Casterman.
HERGÉ (2002). *Les aventures de Tintin. Les Joies de la Castafiore.* Traducción de Casterman. S. l.: s. e.
HERGÉ [1964] (1991). *Las aventuras de Tintín. Las Joyas de la Castafiore.* Traducción de Concepción Zendrera. Barcelona: Juventud.

H-*Coke* = HERGÉ [1958] (1986). *Les aventures de Tintin. Coke en stock.* Paris: Casterman.
HERGÉ (2002). *Las aventuras de Tintin. Stock de coque.* Traducción de Casterman. S. l.: s. e.
HERGÉ [1962] (1984). *Las aventuras de Tintín. Stock de coque.* Traducción de Concepción Zendrera. Barcelona: Juventud.

H-*Congo* = HERGÉ [1946] (1974): *Les aventures de Tintin. Tintin au Congo.* Paris: Casterman.
HERGÉ [1969] (1983). *Les aventures de Tintin. Tintín al Congo.* Traducción de Joaquim Ventalló. Barcelona: Joventut.
HERGÉ (2001). *Las aventuras de Tintín. Tintín en el Congo.* Traducción de Casterman. S. l.: s. e.

H-*Crabe* = HERGÉ [1953] (1977): *Les aventures de Tintin. Le crabe aux pinces d'or.* Paris: Casterman.
HERGÉ (2005). *Les aventures de Tintin. El Cranc de les pinces d'or.* Traducción de Joaquim Ventalló. Barcelona: Joventut.
HERGÉ (2001). *Las aventuras de Tintín. El cangrejo de las pinzas de oro.* Traducción de Casterman. S. l.: s. e.
HERGÉ (1976): *Las aventuras de Tintín. El cangrejo de las pinzas de oro.* Traducción de Concepción Zendrera. Barcelona: Juventud.

H-*Lotus* = HERGÉ [1946] (1974): *Les aventures de Tintin. Le lotus bleu.* Paris: Casterman.
HERGÉ [1966] (1984). *Les aventures de Tintin. El lotus blau.* Traducción de Joaquim Ventalló. Barcelona: Joventut.

HERGÉ [1965] (1988). *Las aventuras de Tintín. El loto azul*. Traducción de Concepción Cendrera [sic]. Barcelona: Juventud.

H-*Lune* = HERGÉ (1945). *Les aventures de Tintin. On a marché sur la lune*. Paris: Casterman.
HERGÉ (1968). *Les aventures de Tintín. Hem caminat damunt la lluna*. Traducción de Joaquim Ventalló. Barcelona: Juventud.
HERGÉ (2002). *Las aventuras de Tintín. Hemos pisado la luna*. Traducción de Casterman. S. l.: s. e.
HERGÉ [1953] (1966): *Las aventuras de Tintín. Aterrizaje en la Luna*. Traducción de Concepción Zendrera. Barcelona: Juventud.

H-*Objectif* = HERGÉ [1953] (1981). *Les aventures de Tintin. Objectif Lune*. Paris: Casterman.
HERGÉ [1968] (1985). *Les aventures de Tintín. Objectiu: la lluna*. Traducción de Joaquim Ventalló. Barcelona: Joventut.
HERGÉ [1958] (1996). *Las aventuras de Tintín. Objetivo: la Luna*. Traducción de Concepción Cendrera [sic]. Barcelona: Juventud.

H-*Or noir* = HERGÉ [1950] (1977). *Les aventures de Tintin. Tintin au pays de l'or noir*. Paris: Casterman.
HERGÉ [1965] (1990). *Les aventures de Tintín. Tintín al país de l'or negre*. Traducción de Joaquim Ventalló. Barcelona: Joventut.
HERGÉ [1967] (1976). *Las aventuras de Tintín. Tintín en el país del oro negro*. Traducción de Concepción Zendrera. Barcelona: Juventud.

H-*Picaros* = HERGÉ [1976] (1977). *Les aventures de Tintin. Tintin et les Picaros*. Paris: Casterman.
HERGÉ (2002). *Tintín i els Pícaros*. Traducción de Casterman. S. l.: s. e.
HERGÉ (2002). *Tintín y los Pícaros*. Traducción de Casterman. S. l.: s. e.

H-*Sceptre* = HERGÉ [1949] (1977). *Les aventures de Tintin. Le sceptre d'Ottokar*. Paris: Casterman.
HERGÉ (2002). *Les aventures de Tintín. El ceptre d'Ottokar*. Traducción de Casterman. S. l.: s. e.
HERGÉ (1973). *Les aventures de Tintín. El ceptre d'Ottokar*. Traducción de Joaquim Ventalló. Barcelona: Joventut
HERGÉ (2001). *Las aventuras de Tintín. El cetro de Ottokar*. Traducción de Casterman. S. l.: s. e.
HERGÉ [1973] (2002). *Las aventuras de Tintín. El cetro de Ottokar*. Traducción de Concepción Zendrera. Barcelona: Juventud.

H-*Soleil* = HERGÉ [1949] (1977). *Les aventures de Tintin. Le temple du soleil*. Paris: Casterman.
HERGÉ [1965] (1981). *Les aventures de Tintín. El temple del sol*. Traducción de Joaquim Ventalló. Barcelona: Joventut.
HERGÉ [1961] (1984). *Las aventuras de Tintín. El templo del sol*. Traducción de Concepción Zendrera. Barcelona: Juventud.

H-*Tibet* = HERGÉ [1953] (1977). *Les aventures de Tintin. Tintin au Tibet*. Paris: Casterman.
HERGÉ [1965] (1984). *Les aventures de Tintín. Tintín al Tibet*. Traducción de Joaquim Ventalló. Barcelona: Joventut.
HERGÉ (2002). *Las aventuras de Tintín. Tintín en el Tibet*. Traducción de Casterman. S. l.: s. e.
HERGÉ [1962] (2006). *Las aventuras de Tintín. Tintín en el Tibet*. Traducción de Concepción Cendrera [sic]. Barcelona: Juventud.

H-*Vol 714* = HERGÉ (1968). *Les aventures de Tintin. Vol 714 pour Sydney*. Paris: Casterman.
HERGÉ (1988). *Les aventures de Tintín. Vol 714 a Sydney*. Traducción de Joaquim Ventalló. Barcelona: Joventut.
HERGÉ [1969] (1982). *Las aventuras de Tintín. Vuelo 714 para Sydney*. Traducción de Concepción Cendrera [sic]. Barcelona: Juventud.

8. Referencias bibliográficas

AUCHLIN, Antoine (1981). «Mais heu, pis bon, ben alors, volà, quoi !». *Cahiers de Linguistique française* 2. 141-159.

CADIOT, Anne; DUCROT, Oswald; FRADIN, Bernard; NGUYEN, Thanh Binh (1985). «Enfin, marqueur métalinguistique». *Journal of Pragmatics* 9/2-3. 199-239.

CASTELLÀ, Josep M.ª (2004). *Oralitat i Escriptura. Dues Cares de la complexitat del llenguatge*. Barcelona: Publicacions de l'Abadia de Montserrat.

DCF = GALLART, Esther (coord.) (1999). *Dictionnaire catalan-français, français-catalan*. Barcelona: Larousse.

DEF = GARCÍA-PELAYO, Ramón; TESTAS, Jean (1993). *Diccionario español-francés / français-espagnol*. Paris: Larousse.

DIEC = INSTITUT D'ESTUDIS CATALANS (1995). *Diccionari de la llengua catalana*. Barcelona: Enciclopèdia Catalana y Edicions 62.

DOSTIE, Gaétane (2004). *Pragmaticalisation et marqueurs discursifs: analyse sémantique et traitement lexicographique*. Bruxelles: De Boeck, Duculot.

DUCROT, Oswald; ANSCOMBRE, Jean Claude (1980). *Les mots du discours*. Paris: Minuit.

FARR, Michel (2001). *Tintin, le rêve et la réalité : L'histoire de la création des aventures de Tintin*. Bruxelles: Hergé/Moulinsart.

FORGET, Danielle (1985). «*C'est pourquoi votre fille est muette*, ou l'analyse sémantique d'un connecteur argumentatif». *Revue québécoise de linguistique* 15/1. 50-57.

GATTEGNO, Hervé (2006). «Tintin, l'aventure intérieure». *Le Monde* 24 -11-2006.

GDLE = MARTÍ, M.ª Antonia (coord.) (1996). *Gran Diccionario de la Lengua Española*. Barcelona: Larousse Planeta.

GONZÁLEZ, Montserrat (2004). *Pragmatic Discourse Markers in Oral Narrative*. Amsterdam: John Benjamins.

LUQUE, Susana; ALCOBA, Santiago (1999). «Comunicación oral y oralización». En ALCOBA, Santiago (coord.) (1999). *La oralización*. Barcelona: Ariel. 15-44.

MARÍN, M.ª Josep; CUENCA, M.ª Josep (1998). «La gramaticalització en els connectors: de l'oral a l'escrit». *Actes de l'Onzè Col·loqui Internacional de Llengua i Literatura Catalanes*. Palma de Mallorca; Barcelona: Publicacions de l'Abadia de Montserrat. 383-401.

MEYER, Michel (1982). *Logique, langage et argumentation*. Paris: Hachette Université.

NARBONA, Antonio (1986). *Sintaxis española: nuevos y viejos enfoques*. Barcelona: Ariel.

NPR = REY, Alain; REY-DEBOVE, Josette (dirs.) (2002). *Le Nouveau Petit Robert. Dictionnaire Alphabétique et analogique de la Langue française*. Paris: Société du Nouveau Littré.

PORTOLÉS, José (1989). «El conector agumentativo *pues*». *Cuadernos de filología hispánica* 8. 117-134.

PORTOLÉS, José (1998). *Marcadores del Discurso*. Barcelona: Ariel.

RAZGOULIAEVA, Anna (2002). «Combinaisons des connecteurs *mais enfin*». *Cahiers de Linguistique française* 24. 143-167.

ROSSARI, Corinne (1989). «Des apports de l'analyse contrastive à la description de certains connecteurs reformulatifs du français et de l'italien». *Cahiers de Linguistique française* 10. 193- 213.

ROSSARI, Corinne (1994). *Les opérations de reformulation. Analyse du processus et des marques dans une perspective contrastive français-italien*. Bern: Peter Lang.

ROSSARI, Corinne (2000). *Connecteurs de relation de discours: des liens entre cognition et signification*. Nancy: Presses Universitaires de Nancy.

ROULET, Eddy (1987). «Complétude interactive et connecteurs reformulatifs». *Cahiers de Linguistique française* 8. 111-138.

SIRDAIR-ISKANDAR, Christine (1983). «Voyons !». *Cahiers de Linguistique française* 5. 111-130.

ZORRAQUINO, M.ª Antonia; PORTOLÉS, José (1999). «Los marcadores del discurso». En BOSQUE, Ignacio; DELMONTE, Violeta (eds.) (1999). *Gramática descriptiva de la Lengua Española. Entre la oración y el discurso*. Vol 3. Madrid: Espasa. 4051-4213.

Jenny Brumme y Elisenda Bernal
Universitat Pompeu Fabra, Barcelona

MONÓLOGO TEATRAL Y MÍMESIS DE LA ORALIDAD*

1. El interés por estudiar la mímesis de la oralidad y su traducción

Si bien el estudio de la conversación y de otros aspectos de la oralidad no ha dejado de acaparar el interés de los investigadores, no se puede afirmar lo mismo ni sobre la investigación de la mímesis del discurso oral en los textos literarios (conocida también como «oralidad fingida», calco según el alemán «fingierte Mündlichkeit»; Goetsch 1985) ni sobre los rasgos orales usados en un texto original y su traducción. Aun así, desde los años ochenta se percibe una preocupación por describir la oralidad en la literatura y por determinar los elementos que evocan el uso oral de una lengua en un texto escrito.[1] Más reciente parece ser la exploración de la vertiente interlingüística y la traducción de los elementos orales,[2] que completa el enfoque intralingüístico de las investigaciones anteriormente mencionadas. Además, es necesario reconocer que, hasta hace poco tiempo, el análisis del lenguaje hablado a menudo ha contribuido a diluir los límites entre el estudio del lenguaje de la inmediatez comunicativa o la oralidad concepcional (es decir, textos realizados en el medio fónico y con concepción hablada) y el estudio de la mímesis de la oralidad en un texto literario.

Por estas razones, quisiéramos explorar en el presente estudio las posibilidades que ofrece el aparato teórico y metodológico elaborado para la investigación del lengua-

---

* Este estudio se ha escrito en el marco del grupo de investigación consolidado CEDIT (Centre d'Estudis de Discurs i Traducció) reconocido por la AGAUR (Agència de Gestió d'Ajuts Universitaris i de Recerca) de la Generalitat de Cataluña con número de referencia 2009 SGR 711 y del proyecto de investigación HUM2007-62745/FILO *La Oralidad Fingida: Descripción y Traducción* (OFDYT), financiado por el Ministerio de Educación y Ciencia.

[1] Cf. Cadera (2002), König (2002), Narbona (2001) y López Serena (2008).

[2] Cf. Brumme (2005 y 2008a), Brumme/Resinger (2008), Cadera/Schäpers (2007) y García Adánez (2007).

je hablado[3] al aplicarlo al análisis de textos miméticos y sus traducciones. Para ilustrarlo partimos de un texto marcadamente oralizado, *Der Kontrabaß* (*El contrabajo*), que constituye, al igual que otros textos de esta índole, un discurso elaborado, preconcebido en su oralidad, es decir, a fin de cuentas, una técnica nutrida de la observación de la realidad lingüística por el escritor.

2. *El contrabajo*, monólogo teatral

El contrabajo, del autor alemán Patrick Süskind (nacido el 26 de marzo de 1949 en Ambach, Baviera) fue concebido como drama radiofónico, emitido por primera vez en el Süddeutscher Rundfunk, la radio de Alemania del sur. La obra teatral se publicó en 1980 en la revista *Theater heute* y se estrenó el 22 de septiembre de 1981 en el Teatro Cuvilliè de Munich (Krischel 2002: 16). La primera edición en forma de libro apareció en Diogenes Verlag, la prestigiosa editorial suiza fundada en 1952 en Zúrich.

Mientras que en lengua alemana a cualquier lector o lectora cuando coge el libro en las manos le consta que se trata de un drama con un único protagonista, es decir, sabe que se enfrentará a una lectura de una obra teatral, no es el caso de la recepción en las lenguas española y catalana. En repetidas ocasiones hemos observado que, tal vez motivados por razones comerciales y sobre todo en países latinoamericanos como México o Colombia, se anunciaba *El contrabajo* como «novela corta» (Zarauz 1987) o «relato» (Eslava Gómez 2004).

Sin embargo, no es una obra teatral desconocida o, como mínimo, no lo es en España, ya que se conoce a través de la actuación de El Brujo, quien ha sido el actor que la ha llevado y la sigue llevando a escena. En Cataluña, ya fue representada en 1987 en el Teatre Lliure de Barcelona por el actor Joan Ollé (en la versión de Marcos Ordóñez, Dagmar Lüderitz, Carles Sales y Joan Ollé como colectivo de directores) y, más recientemente, el actor Dionís Guiteras del Teatre de Ponent de Granollers lo tiene en su repertorio (bajo la dirección de Jordi Guinart y Marta Carrillo). Además, las notas biográficas que ha recibido Patrick Süskind en las lenguas española y catalana siempre indican que el autor de *El perfume* se introdujo en el mundo literario con un monólogo teatral.

---

[3] Partimos de la propuesta de Peter Koch y Wulf Oesterreicher (1990; 2007).

En Italia, la presentación del texto escrito es sin duda la de una obra teatral. Así, leemos en la contraportada que se trata de un monólogo nacido como texto teatral:

> Come Grenouille, protagonista del *Profumo* – capolavoro di Süskind –, il musicista è un frustrato: sconfitto nell'animo e nel fisico. Ma non reagisce all'amarezza. Anzi, il monologo si lascia guidare da un odio-amore maniacale per il contrabbasso: il più femminile degli strumenti, così pieno di curve e bisognoso di abbracci. Una donna fa capolino di tanto in tanto, ma negli incubi più angosciosi. Non c'è spazio che per lo strumento musicale, vampiro da cui lasciarsi possedere. Nato come testo teatrale, e rappresentato con successo, *Il contrabbasso* è un sapiente, malvagio pastiche di musica e psicologia, di realismo e assurdo. Tra riso e malinconia, le battute si snodano crudeli lungo la prosa composta e scorrevole di un narratore d'eccezione. (PSIT)

Ahora bien, es importante saber delimitar el género literario al que pertenece *El contrabajo*, puesto que ante la traducción de una novela corta o relato y la traducción de un monólogo teatral se deberían adoptar actitudes distintas y, por tanto, escoger estrategias diferentes de traslación a la lengua meta. Antes de emprender la comparación, igualmente hay que insistir en el hecho de que estamos ante unas traducciones (y no ante adaptaciones o versiones, etc.), tal y como las define Julio César Santoyo en su ensayo de tipología.[4] Por consiguiente, no son textos destinados a la puesta en escena, sino que son textos traducidos para ser leídos por un público interesado.

3. El destinatario ficticio

Para mantener la atención del espectador, en el caso de la puesta en escena de este monólogo, pero también para implicar al lector, el discurso del contrabajista se apoya en elementos típicos de la conversación. Destaca, en primer lugar, el destinatario ficticio con quien el contrabajista mantiene un diálogo, también ficticio, del que sólo nos consta la intervención de uno de los dos interlocutores. Según cómo se interprete la obra, el tratamiento puede comprender tanto a un destinatario colectivo, o sea, a los espectadores de la obra en una sala de teatro, como a un interlocutor singular, es decir, al lector del libro. La situación no se concreta en ningún

---

[4] Según Santoyo, las traducciones representan «el estricto envase intertextual de una pieza dramática» (Santoyo 1989: 97), orientada a un público eminentemente lector, y se distinguen de las versiones o adaptaciones. Según el mismo autor, estas últimas pretenden «naturalizar teatro en una nueva cultura meta» (Santoyo 1989: 104).

momento y resulta, por tanto, altamente ambigua, excepto en una escena final, la única que ayuda a guiar la interpretación del tratamiento con el que el contrabajista se dirige a su interlocutor: el pronombre alemán de 3.ª persona *Sie* 'usted/ustedes' que sirve para dirigirse tanto a un interlocutor en singular como a varios interlocutores.[5]

Determinadas por el sistema lingüístico, las traducciones a las diversas lenguas pueden mantener esta ambigüedad o no. En el caso del francés y el inglés, los pronombres *vous* y *you*, respectivamente, transmiten la misma imprecisión que el alemán. En la traducción al español era necesario desambiguarlo (*usted/ustedes*) y se optó por *usted* y las formas verbales respectivas, opción que imita la catalana, que a menudo parece elaborada a partir de la española, con *vostè*, si bien en esta lengua, que dispone de un sistema ternario de pronombres *tu/vós/vostè*, en gradación ascendente en cuanto a la formalidad,[6] se hubiera podido recrear perfectamente la ambigüedad del alemán recurriendo al pronombre *vós*. Sin embargo, *vós* no es común en todo el territorio de habla catalana (no se usa en la Comunidad Valenciana) y lleva asociado un cierto matiz de artificialidad o arcaísmo, si bien es el uso recomendado para la comunicación escrita administrativa oficial (cf. Payrató 2002).

La traducción italiana, en cambio, introduce el tratamiento de 3.ª persona singular. Paralelamente al caso del catalán, el sistema tripartito de tratamiento *tu/voi/lei* ha evolucionado en el italiano actual hacia uno bipartito: *tu*, para la familiaridad, y *lei*, para la cortesía.[7]

Sin embargo, la técnica del destinatario ficticio permite introducir toda una serie de otros recursos que ayudan a evocar una conversación real en un texto escrito, como son los diferentes tipos de preguntas, los marcadores de contacto que usa el hablan-

---

[5] Casi a finales del monólogo, el contrabajista se excita y se dirige directamente a los oyentes con las siguientes palabras: «... Warum nicht!? Warum soll es mir besser gehen als Ihnen? Ja, Ihnen! Sie Buchhalter! Exportsachbearbeiter! Fotolaborantin! Sie Volljurist!...» (PS: 87). La traducción al castellano reza: «¿Y por qué no? ¿Por qué me tiene que ir mejor a mí que a usted? ¡Sí, usted! ¡Ya sea contable, encargado de un laboratorio fotográfico o un abogado hecho y derecho...!» (PSE: 57).

[6] En catalán, *tu* es el tratamiento más próximo e informal, *vós* transmite un respeto cordial, y *vostè*, una formalidad más distante.

[7] El italiano dispone también de otras formas de tratamiento, *egli/ella* y *essi/esse*, cuyo uso está restringido en la actualidad a textos escritos oficiales y reverenciales.

te para implicar al interlocutor como oyente, y la deixis del espacio ficticio representado por la habitación insonorizada donde habita el contrabajista.

4. Las preguntas

Como señaló Harald Weinrich (1993: 878), la pregunta surge de la necesidad de llenar un déficit informativo del interlocutor, pese a que posee más funciones que esta primordial y básica. Es el recurso con el que Süskind logra, desde el primer momento, ir al grano situando al lector o espectador en el tema: la relación ambivalente del contrabajista con su instrumento.

4.1 Las preguntas totales

Las preguntas a las que son posibles las respuestas *sí* o *no*, o sea, preguntas totales, se sitúan al principio del monólogo. Veamos las primeras palabras con las que se dirige el protagonista a su destinatario ficticio:

(1 a) Moment ... gleich ... – Jetzt! Hören Sie das? Da! Jetzt! Hören Sie's? Gleich kommt's nochmal, die gleiche Passage, Moment.
Jetzt! Jetzt hören Sie's! Die Bässe meine ich. Die Kontrabässe ... (PS: 7)

b) Un moment... de seguida... —Ara! Ho sent, això? Aquí! Ara! Ho sent? Es repeteix tot seguit, el mateix passatge, un moment.
Ara! Ara ho sent! Els baixos vull dir. Els contrabaixos... (PSC: 7)

c) Un momento... ora – adesso! Lo sente? Ecco! Adesso! Lo sente? Ora ritorna, lo stesso passaggio, un momento. Adesso! Adesso li sente! I bassi, intendo. I contrabbassi... (PSIT: 7)

En este fragmento situado al inicio del monólogo ya están todos los elementos que permiten imitar una situación real de habla: el hablante se encuentra en un lugar concreto, se refiere mediante la deixis a una experiencia auditiva común —en el teatro estaríamos escuchando la misma pieza musical y en el texto escrito nos ayudan las indicaciones escénicas—, se dirige al interlocutor mediante la pregunta y, como el referente no ha sido introducido con anterioridad (con la excepción del título que conocen tanto el lector como el espectador de teatro), lo va precisando. La concreción semántica que sirve para introducir el tema es ejemplar, es decir, va de lo general a lo particular: desciende de la referencia a un disco (en el texto escrito) o la música (audición en el caso de la representación teatral), a través de la referencia a un fragmento de la pieza señalado por las palabras *Passage — passatge — passaggio* hasta alcanzar la palabra genérica *Bässe — baixos — bassi* para llegar finalmente al tema *Kontrabässe — contrabaixos — contrabbassi*. Así, pues, la pregunta que dirige el contrabajista al interlocutor lo implica directamente (*Sie — vostè — Lei*) y atrae su atención sobre el instrumento abriéndole el camino hacia las explicaciones que siguen a continuación.

Este tipo de pregunta que hace referencia a la experiencia musical común se repite en varias ocasiones. Como ya hemos visto en (1), está vinculada con la deixis, presente mediante el pronombre *das* en alemán, reducido en el lenguaje hablado a *'s* (*Hören Sie's?*), marca imposible de mantener en las traducciones al catalán e italiano. La apócope del lenguaje hablado, pero de marca diatópica en (2) *Hören'S das?* en vez de *Hören Sie das?*,[8] tampoco se puede salvar en las traducciones. Si bien en catalán el pronombre no se puede apocopar ni eliminar, porque el verbo *sentir* no admite un uso absoluto, la pregunta en italiano resulta más natural sin deíctico, a medio camino entre verbo y expresión interjectiva con valor fático (Serianni 1989: § 10.36):

(2 a) ... Hören'S das? Kontra-E. Exakt 41,2 Hertz, wenn er richtig gestimmt ist. (PS: 15)
   b) ... Ho sent? Contra-Mi. Exactament 41'2 hertzs, en cas d'estar ben afinat. (PSC: 12)
   c) ... Sente? Mi grave. Essatamente 41,2 hertz, se è accordata in modo giusto. (PSIT: 12)

Estas primeras preguntas recogidas en (1) y (2) sirven más bien para atraer la atención del interlocutor y la reacción (apropiada) de éste queda implícita, mientras que en (3) el procedimiento cambia. El protagonista, ya seguro de su papel predominante en este diálogo ficticio, responde él mismo a la pregunta y, por tanto, manipula la comprensión de sus afirmaciones. Naturalmente este procedimiento va de la mano de las acotaciones. Según éstas, el protagonista ha de tocar un tono cada vez más agudo hasta que el oído humano ya no lo perciba. De ahí, la afirmación *Das hören Sie nicht mehr!* 'Esto ya no lo oye', ampliado innecesariamente en catalán por el verbo modal *poder* ('Esto ya no lo puede oír'):

(3 a) ... Hören Sie? Das hören Sie nicht mehr. Sehen Sie! Soviel steckt drin im Instrument, theoretisch-physikalisch. (PS: 18)

---

[8] El monólogo presenta una serie de rasgos dialectales característicos del alto alemán (*Oberdeutsch*) o alemán del sur de Alemania (cf. Brumme 2008b).

b) ... Ho sent? Això ja no ho pot sentir. Miri! Totes aquestes possibilitats hi ha dins l'instrument, en teoria física. (PSC: 13)[9]

c) ... Sente? Non la sente più. Vede! Quanto c'è in questo strumento, dal punto di vista teorico-fisico. (PSIT: 13-14)

Ahora bien, el fragmento (3) también sirve para ilustrar otro recurso estrechamente vinculado con el de la pregunta. Está presente en forma de *Sehen Sie! — Miri! — Vede!*, marcadores de contacto que trataremos más adelante. En esta ocasión, quisiéramos aprovechar el contexto para concretar que la función del marcador alemán *Sehen Sie!* no es deíctica, sino que es referencial, o sea, sirve para dar énfasis a lo dicho, para mostrar que el hablante tiene razón en el sentido de *Ahora ve que tenía razón con lo que decía*, tal vez mejor traducido al español por *¡Lo que decía!*, o como la traducción italiana *Vede!*, que tiene este valor referencial que mencionamos y que se distingue del *veda* imperativo.

Al mismo tiempo, este marcador nos muestra las dificultades de interpretar adecuadamente los elementos del lenguaje hablado. En las diversas traducciones, el mismo marcador recibe el tratamiento de presentativo como en inglés *See!* (PSI: 12) y en francés *Voilà!* (PSF: 16) o de elemento que busca obtener la conformidad del interlocutor, como es el caso en castellano *¿Lo ve?* (PSE: 14) y en portugués *Estão a ver!* (PSP: 14).

4.2 Las preguntas retóricas

La pregunta retórica, es decir, la pregunta de la que no se espera respuesta, ya que ésta resulta evidente, constituye, junto con otros recursos tratados en otras ocasiones,[10] uno de los ejes que ayudan a hacer avanzar o ralentizar el tema y a estructurar el monólogo. No es el recurso más frecuente, pero vuelve a emplearse en puntos estratégicos, sobre todo, en los lugares de alta densidad de información de tal forma que el monólogo deviene más ameno.

Tras la afirmación de que el contrabajo constituye el fundamento sobre el que se apoya toda la orquesta y la argumentación que sigue para sostenerla, el protagonista recurre a la pregunta retórica:

---

[9] Está claro que la traducción de *en teoria física* para el compuesto alemán *theoretisch-physikalisch* es un falso sentido.

[10] Como, por ejemplo, las digresiones temáticas y las puntualizaciones (cf. Brumme 2008b).

(4 a) Wie stünde unser Konzertmeister mit seiner Violine da, wenn er zugeben müßte, daß er ohne den Kontrabaß dastünde wie der Kaiser ohne Kleider – ein lächerliches Symbol der eigenen Unwichtigkeit und Eitelkeit? Nicht gut stünde er da. Gar nicht gut. (PS: 11-12)

b) ¿Què faria el nostre concertino amb el seu violí, si hagués d'admetre que sense el contrabaix quedaria com el rei sense corona —un símbol ridícul de la pròpia futilitat i presumpció? No, no quedaria bé. Gens ni mica. (PSC: 9)

c) Come si sentirebbe il nostro primo violino con il suo strumento, se dovesse ammettere che senza il contrabbasso se ne sta lì come l'imperatore senza i suoi vestiti – simbolo ridicolo della propria irrilevanza e vanità? Non si sentirebbe a suo agio. Proprio per niente. (PSIT: 9-10)

Vemos cómo también en este caso se combinan diversos recursos, entre los cuales, sin embargo, el principal es la pregunta que sugiere la respuesta negativa a través de la alusión al cuento *El traje nuevo del emperador* de Hans Christian Andersen,[11] aspecto intertextual eliminado en la traducción al catalán y mantenido en italiano. Si bien la respuesta negativa se impone, el protagonista insiste en la justificación de la negativa remitiendo a la futilidad y la vanidad del primer violín. Luego hace amplio uso de otro recurso muy eficaz como la repetición. Aunque el razonamiento resulta bastante complejo, los elementos fundamentales se aprecian en el siguiente esquema en grillas:[12]

(5)
		Wie	stünde	x	da?
	Nicht	gut	stünde	x	da.
Gar	nicht	gut.			

De esta forma, se ve cómo la repetición ayuda a desarrollar el tema. Se amplía a partir del núcleo verbal hacia la izquierda, hecho que no ocurre en las traducciones. La disposición en grillas delata una falta de concordancia semántica, ya que la pregunta empieza por *hacer* y en la respuesta se emplea el verbo *quedar*. *¿Què faria x? No, no quedaria bé. Gens ni mica.* Lo más apropiado habría sido *¿Cómo quedaría x? No quedaría nada bien. Nada de nada.* La traducción al italiano repite el núcleo verbal, si bien

---

[11] Puede ser que ni en catalán ni en italiano la referencia sea tan inmediata, puesto que el título, al igual que en alemán (*Des Kaisers neue Kleider*) no alude al hecho de que el emperador salga desnudo a la calle (*El vestit nou de l'emperador* e *Il vestito nuovo dell'imperatore*, respectivamente).

[12] Para el análisis en grillas o celdas, cf. López Serena (2008: 215-218).

amplía el significado a *No se sentiría nada cómodo*: *Come si sentirebbe x? Non si sentirebbe a suo agio. Proprio per niente.*

Veamos otro ejemplo de pregunta retórica. Esta vez, la respuesta negativa que el protagonista espera obtener se restringe de *una compositora* a *una única compositora*.

(6) a) ... Die Frau spielt ja in der Musik eine untergeordnete Rolle. In der schöpferischen Musikgestaltung, meine ich, in der Komposition. Spielt die Frau eine untergeordnete Rolle. Oder kennen Sie *eine* namhafte Komponistin? Eine einzige? Sehen Sie! Haben Sie darüber schon einmal nachgedacht? Darüber sollten Sie einmal nachdenken. Über das Weibliche in der Musik, schlechthin, vielleicht. (PS: 43)

b) ... A la música, la dona hi té un paper secundari. En la plasmació creativa de la música, vull dir, en la composició. La dona té un paper secundari. O coneix vostè *una* compositora notable? Una sola? Ja ho veu! Hi havia pensat alguna vegada? Doncs hi hauria de pensar. Purament sobre la feminitat en la música, potser. (PSC: 27)

c) ... Certo che nella musica la donna ha un ruolo secondario. Nella creazione musicale, intendo, nella composizione. La donna ha un ruolo secondario. Conosce forse *una* compositrice famosa? Una sola? Vede? Ci ha mai riflettuto? Dovrebbe rifletterci, una volta o l'altra. Semplicemente sul femminile nella musica, magari. (PSIT: 29)

Como en el ejemplo (6), este procedimiento se vincula con la repetición. Además, el acento enfático que recibe el artículo en alemán está marcado en cursiva y guía la comprensión del interlocutor hacia la negativa.[13] Ésta no es explícita, sino que se sobreentiende. En un diálogo real se alternarían los turnos de habla de alguna manera parecida a la siguiente:

(7) „Kennen Sie *eine* namhafte Komponistin? Eine einzige?" —¿Conoce usted una compositora famosa? ¿Una sola?
„Nein." —No.
„Sehen Sie!" —¿Lo ve?
... ...
„Haben Sie darüber schon einmal nachgedacht?" —¿Se lo había planteado alguna vez?

---

[13] Sobre la inadecuación de este recurso en las lenguas románicas, cf. Espunya (2008). Las cursivas no desempeñan esta función ni en catalán ni en italiano y son, por consiguiente, un recurso inapropiado para poner énfasis. Se podría conseguir mediante la repetición, si bien resultaría algo pesado: «¿Conoce usted alguna compositora? ¿Una sola? ¡Pues ya lo ve!».

„Nein." —No.
„Darüber sollten Sie einmal nachdenken." —Pues debería hacerlo.

La cadena establecida mediante las repeticiones necesarias por la elisión de las respuestas se ha mantenido en las dos traducciones: *Musik* — *música* — *musica* (relacionada con composición, creación, etc.), *untergeordnete Rolle* — *paper secundari* — *ruolo secundario*, *Frau* — *dona* — *donna*, que se retoma al final en *das Weibliche* — *la feminitat* — *il femminile*, y el verbo *nachdenken* — *reflexionar* — *riflettere*.

Sin embargo, otro elemento típico del lenguaje hablado no está bien resuelto en la traducción al catalán. Contribuyen a la ilusión de un lenguaje de la inmediatez comunicativa los recursos orales de modalización;[14] en nuestro caso, se trata de la partícula modal *ja* mediante la cual el protagonista suaviza su afirmación tras reflexionar unos momentos, tal y como lo manifiestan las indicaciones escénicas. La función principal de esta partícula es dar un hecho por conocido entre el hablante y el interlocutor. Si bien a menudo se evita cualquier traducción, es posible tematizarla explícitamente mediante *ya sabes que*, *como recordarás*, *si se piensa que* (cf. Beerbom 1992: 458), como ocurre en la traducción al italiano: *Certo che nella musica* 'Cierto que en la música...'. En ningún caso, la frase alemana es tan contundente como su traducción al español: *La mujer juega en la música un papel secundario* (PSE: 30), y sería mejor, por ejemplo, *Ya se sabe que en la música la mujer juega un papel secundario*.

La traducción al catalán es sin duda mejor que la española, puesto que adapta la estructura de la frase anteponiendo *a la música*. Sin embargo, hubiera podido explicitar el hecho de que el protagonista da por entendido que la mujer tiene este papel: *Ja se sap que, a la música, la dona hi juga un paper secundari*.

5. Los marcadores fáticos

Uno de los recursos que en el texto analizado se explora con máxima eficacia son los marcadores fáticos, es decir, los que usa el hablante para asegurarse de que su interlocutor lo escucha y que le sirven para mantener el contacto con él (cf. Kerbrat-Orecchioni 1990: 18; Koch/Oesterreicher 2007: 81-85). Puesto que se trata de un monólogo, es lógico que no haya marcadores de recepción, pero, como hemos

---

[14] O bien *Abtönung* (cf. Koch/Oesterreicher 2007: 95-102).

visto, el hablante anticipa o presupone algunas reacciones que esperaría obtener de un interlocutor real. Sin embargo, es difícil mantener ininterrumpidamente la atención del destinatario ficticio, sea espectador o lector, por lo que es de suma importancia evocar una situación parecida a la conversación real.

Destaca entre la multitud de recursos el marcador *Wissen Sie*, empleado catorce veces al comienzo o en el interior de la frase, con la función principal de establecer el contacto con el destinatario ficticio y atraer su atención sobre el razonamiento que sigue (Engel 1996: 52-53). A esta función básica se añaden otras tantas que hay que analizar con detenimiento para recuperar su carga semántica y verterla a la lengua meta, si es posible.

Con mayor frecuencia encontramos este marcador al comienzo de la frase, tras un punto y aparte (en el medio gráfico) y el cierre de un razonamiento (si nos fijamos en la estructura semántica del texto). En el fragmento (8), el marcador se sitúa al principio de un párrafo que indica un giro en la exposición de las ideas hacia la declaración de amor por la cantante Sarah, es decir, se sitúa en un punto neurálgico del texto a partir del cual el contrabajista deja entrever cada vez con mayor claridad cuál es su verdadero carácter. De ahí que *Wissen Sie* (literalmente, 'sabe usted'), además de tener la función fática, sea un conector que vincula el *ich kann mich noch verlieben!* 'todavía soy capaz de enamorarme' del párrafo anterior con el *verliebt* 'enamorado' de la frase siguiente. Igualmente ralentiza la introducción de la declaración de amor, gráficamente manifiesta en los puntos suspensivos, para llevarla al clímax. Se trata de un procedimiento típico de la narración oral (cf. Koch/Oesterreicher 2007: 109-116):

(8 a)   Wissen Sie ... ich *habe* mich verliebt. Oder verschaut, ich weiß es nicht. Und sie weiß es auch noch nicht. (PS: 36)

    b)   Sap?... m'*he* enamorat. O bé m'he equivocat, no ho sé. I ella tampoc no ho sap encara. (PSC: 24)[15]

    c)   Sa... mi *sono* innamorato. O invaghito, non lo so. E anche lei non lo sa ancora. (PSIT: 24)

---

[15] No deja de sorprender en este ejemplo la presencia de la doble negación *tampoc no*, puesto que cuando *tampoc* aparece en posición preverbal se suele prescindir de *no*, incluso en contextos formales, como se puede ver en los ejemplos siguientes: «Tampoc estava malament aquesta crida a la gent» (Espinàs 2009); «Tampoc han complert» (Salvà 2009); «Però tampoc la traducció de Bartrina va tenir cap transcendència» (Castellanos 2002).

La traducción al catalán por *Sap?* es correcta, a pesar de que cualquier hablante que quiere llamar la atención de su interlocutor y ralentizar la narración se serviría de: *I sap què?* Sin embargo, la traducción falla por completo porque la traductora no cae en la cuenta de la sinonimia que existe, si bien con connotación diatópicamente distinta, entre *sich verlieben* y *sich verschauen*.[16] Además, la función de las cursivas que ponen el acento enfático en el auxiliar en alemán para resaltarlo, no se da ni en catalán ni en italiano y, por tanto, se trata de un simple calco estructural de la lengua original en la lengua meta.

En el ejemplo (9), se puede apreciar cómo la función fática se combina con la de retomar el hilo de lo dicho con anterioridad. Tras dos pausas en las que se escucha música, el marcador vuelve a preparar otra confesión más del contrabajista. Igualmente se trata de un punto neurálgico de alta implicación emocional, que se refleja en la manera entrecortada de hablar. Como en la conversación real, el marcador ayuda a evocar la sensación de que el hablante necesita ganar tiempo para ordenar las ideas y disponerlas en el discurso:

(9 a) Wissen Sie, wenn man sie singen hört, dann traut man ihr das nicht zu. Zwar, sie bekommt bis jetzt nur kleinere Partien – [...] – aber wenn sie singt, [...] da drückt es mir das Herz ab [...]. (PS: 76)

b) Sap?, quan la sents cantar, no creus que en sigui capaç. Tot i que fins ara només rebi fragments petits... [...] —però quan canta ella, [...] se'm trenca el cor, [...]. (PSC: 46-47)[17]

c) Sa, a sentirla cantare non si crederebbe capace di tanto. A dire il vero finora ha avuto solo parti minori – [...] – ma quando canta, [...], mi si spezza il cuore [...]. (PSIT: 49)

Es obvio que *Wissen Sie* actúa como marcador del discurso, como activador del canal comunicativo y no es una pregunta total, como veíamos en el apartado anterior, ya que ni tan siquiera aparece con un signo de interrogación. En este sentido, la traducción al italiano es más acertada, porque incluye la forma *Sa* para llamar la atención del interlocutor y seguir con el discurso, sin la marca de pregunta. En cambio, en catalán se ha tomado la estructura alemana como una

---

[16] Como ya hemos dicho, el texto lleva rasgos dialectales, que en este caso concreto se manifiestan en el verbo *schauen* y derivados, más propios del sur de Alemania.

[17] Tal y como hemos visto en otras ocasiones, la traducción al catalán vuelve a fallar: la soprano no recibe fragmentos, sino que, hasta el momento, se le conceden papeles sólo de menor importancia.

oración interrogativa y la traducción *Sap?* tiene un valor más proposicional que textual.

Como ya hemos visto anteriormente, hay que contemplar todos los recursos capaces de contribuir a la mímesis de la oralidad en su conjunto. En el ejemplo (10), el marcador vuelve a estar relacionado con un fragmento de discurso en el que el hablante parece perder el hilo y necesita elementos de apoyo para seguir:

(10 a) Wissen Sie – das macht mir manchmal eine solche Angst, ich ... ich ... ich trau mich manchmal nicht mehr aus dem Haus, so sicher bin ich. (PS: 91)
   b) Sap?, de vegades em fa tanta por, això. Jo... jo... de vegades ja no m'atreveixo a sortir de casa de tan segur com estic. (PSC: 55)
   c) Sa, a volte questo mi dà una tale angoscia, io... io... a volte non mi azzardo neanche più a uscire di casa, con tutta la mia sicurezza. (PSIT: 58)

La sensación de que las versiones catalana e italiana han calcado la versión alemana, más que traducirla, también se refleja en la repetición del pronombre personal *ich — jo — io*, para imitar las dificultades de proseguir con la frase. En alemán, como es bien sabido, no se puede omitir el pronombre en función de sujeto como, por ejemplo, en catalán. De ahí que el sujeto se repita tres veces para completar la frase. En catalán e italiano, el pronombre no es necesario, por lo cual la vacilación (Koch/Oesterreicher 2007: 85-87) debería recobrar otra forma:

(10 d) Miri, de vegades em fa tanta por, això, que... que... que de vegades no m'atreveixo ni a sortir de casa, de tan segur com estic.
   e) Sa, a volte questo mi fa sentire una tale angoscia, che... che... che a volte non mi azzardo neanche più a uscire di casa, con tutta la mia sicurezza.

Es sintomático que el marcador, cuando aparece en el interior de la frase, cambia de función adyacente, es decir, mantiene la función de contacto como la principal, pero se le añade la de comprobar la comprensión del interlocutor. La traducción al italiano (11c) es, por consiguiente, *capisce* 'comprende', marcador que también podría funcionar en catalán *comprèn*, pero que no se ha considerado como posibilidad:

(11 a) Er steht so ... so blöd herum, wissen Sie, aber nicht wie ein Klavier. Ein Klavier ist ja ein Möbel. (PS: 34)

b) Sempre està tan... tan estúpidament pel mig, sap?, però no pas com un piano. Un piano no deixa de ser un moble. (PSC: 23)

c) Se ne sta lì in modo così... così idiota, capisce, ma non come un pianoforte. Perché un pianoforte è un mobile. (PSIT: 24)[18]

Para completar nuestras reflexiones y propuestas, quisiéramos dar un vistazo a otros marcadores empleados en el texto. Lo consideramos importante para fomentar nuestra convicción de que es necesario adaptar los marcadores de manera flexible en el contexto y texto de la lengua meta y evitar simples calcos. En el ejemplo (12), la modalización como manifestación de la subjetividad —la actitud del hablante ante lo que dice, ante lo que se ha dicho— es esencial para entender todos los elementos de la frase. La subjetividad está presente mediante elementos léxicos como *meines Erachtens* 'a mi parecer' y *meine These* 'mi hipótesis', pero también mediante la partícula modal *ja* que remite a un saber compartido y el verbo modal *müssen* en condicional, con el que se marca la suposición. En esta línea hay que situar el marcador fático *nicht wahr*, con el cual el hablante comprueba que el interlocutor comparta su opinión. Además, el contrabajista se dirige directamente al destinatario ficticio para conectar con sus conocimientos previos: *das wird Ihnen geläufig sein* 'como seguramente sabrá'.

(12 a) Und jetzt war ja Mozart Freimaurer, das wird Ihnen geläufig sein. Mozart ist schon in relativ jungen Jahren zur Freimaurerbewegung gestoßen, als Musiker, nicht wahr, und das ist meines Erachtens – und ihm selber muß das auch klar gewesen sein – ein Beweis für meine These, [...]. (PS: 65)

b) I Mozart era francmaçó, això ja li deu ser familiar. Relativament jove, Mozart ja es va afegir al moviment dels francmaçons, com a músic, no és cert?, i segons el meu parer —i per a ell també devia ser obvi— això és una prova de la meva tesi: [...]. (PSC: 40)

c) E anche Mozart era massone, come saprà. Mozart ha aderito alla massoneria già in età relativamente giovane, come musicista, voglio dire, e a mio avviso – e anche lui se ne sarà reso conto – questo conferma la mia tesi che [...]. (PSIT: 42)

La expresión *das wird Ihnen geläufig sein* aparece modalizada en la traducción al catalán con el uso del verbo *deure* como auxiliar, construcción (*deure* + infinitivo) que tiene valor de probabilidad al igual que en alemán. A pesar de que la traducción *ja li deu*

---

[18] Si bien el conector causal *perché* es una traducción acertada, también se hubiera podido traducir por: «Un pianoforte pur sempre è un mobile».

ser familiar parece un calco y habría sido más adecuado *ja ho deu saber*, coincide parcialmente con la solución italiana, en la que se introduce la forma de futuro *saprà*, como un futuro atenuativo. Es decir, tanto en catalán como en italiano, las fórmulas elegidas suavizan la afirmación o anticipan cortésmente una aserción atribuible al interlocutor.

En el ejemplo (13), se aprecia el uso de una coletilla interrogativa (*question tag*), fenómeno no muy frecuente en el monólogo de Süskind, pero que igualmente contribuye a evocar la inmediatez comunicativa, con la que se observa claramente la función fática de obtener la confirmación o saber si el interlocutor está de acuerdo con el hablante. El papel del alemán *ja?* lo desempeña tanto en catalán como en italiano el *no?*, también traducible al alemán por *nicht wahr?*, sinónimo del *ja?* y otros tantos *nicht?*, *stimmt's?*, *hab ich recht?* (Linke/Nussbaumer/Portmann 1994: 268):

(13 a) Das einzige, ja?, was es damals an Namhaften gegeben hat, das einzige – das war Bach, und der war total vergessen, weil der war Protestant, den haben ja erst wir wiederentdecken müssen. Und deshalb war die Lage für Mozart damals ja ganz unvergleichlich einfacher. (PS: 67-68)

b) L'únic, no?, que llavors hi havia de prestigiós, l'únic... aquest era Bach, i estava totalment oblidat perquè era protestant, aquest l'hem hagut de redescobrir primer nosaltres. I per aquesta raó, llavors la situació per a Mozart era incomparablement més senzilla. (PSC: 41)

c) L'unico, no?, l'unico musicista famoso che esistesse allora – era Bach, e fu completamente dimenticato, perché era protestante, abbiamo dovuto riscoprirlo noi. Quindi a quel tempo la situazione per Mozart era incomparabilmente più semplice. (PSIT: 43)

Es curioso que ambas lenguas meta coincidan en una solución «negativa», en contraste con el valor afirmativo inherente a *ja*, y más si tenemos en cuenta que ambas lenguas disponen de mecanismos paralelos. Así, en catalán, *oi?* es la partícula usada para pedir la confirmación al interlocutor de lo que se dice. Por su parte, en italiano se habría podido recurrir a *vero?*, que se usa como reclamo de confirmación al interlocutor de la afirmación que se sostiene.[19]

Junto a este elemento del lenguaje hablado, volvemos a observar la modalización mediante la partícula *ja* (*ja erst wir* y *ja einfacher*), el verbo modal *müssen* con el valor

---

[19] Otros sinónimos son, por ejemplo, para el catalán, *veritat?* o *tat?* (apócope usado dialectalmente), *eh?*, o para el italiano *non è vero?*, *eh?*, o *ecco*, como refuerzo de una afirmación.

de obligación y el adverbio como modificador del adjetivo o participio (*total vergessen y unvergleichlich einfacher*; Balzer Haus 1999: 173-174). La sintaxis desempeña un papel primordial mediante la tematización, reforzada por la repetición del sintagma *das einzige*.

Además, en alemán se recurre a una estructura que forma parte de las características histórico-idiomáticas de la lengua. Es el uso de la conjunción *weil* con el verbo en segunda posición (*weil der war Protestant*) y no en la posición final como marcaría la normativa (Duden Grammatik: 626 y 1218-1219). Este rasgo, como ya hemos dicho, es difícil de recuperar a no ser que coincidan por alguna razón las distintas lenguas en su desarrollo.

6. Rasgos universales y características histórico-idiomáticas

Partiendo de la definición del lenguaje ofrecida por Eugenio Coseriu, Koch y Oesterreicher han hecho hincapié en la necesidad de distinguir entre los rasgos universales (Koch/Oesterreicher 2007: 70), subrayando, sin embargo, que los rasgos universales «son, estrictamente considerados, sólo universales en el sentido de que están motivados por las condiciones comunicativas y las estrategias de verbalización universales en las que se fundamenta el ámbito de la comunicación inmediata y no en reglas histórico-contingentes de las lenguas» (Koch/Oesterreicher 2007: 71). En cambio, las lenguas históricas presentan también fenómenos que «se deben considerar como históricamente mutables y, en consecuencia, como contingentes», es decir, «que determinan, de manera decisiva, la configuración histórica individual de cada una de las lenguas» (Koch/Oesterreicher 2007: 186).

Esta distinción no es sólo de primordial importancia con vistas a la investigación femológica (*Gesprochene-Sprache-Forschung*),[20] sino también para la comparación interlingüística y la traducción. En cuanto a la traducción de los rasgos orales, se impone la hipótesis de que serán los rasgos universales hallados en el texto original los que encontrarán un equivalente adecuado en la lengua meta, mientras que las características histórico-idiomáticas no se podrán verter a la otra lengua porque carecen de correspondencia. Si bien nuestras propias investigaciones no permiten extraer conclusiones sobre la validez de esta tesis, es obvio que la distinción de los niveles uni-

---

[20] Cf., para femología, Cortés Rodríguez (1996) y para *Gesprochene-Sprache-Forschung*, Ágel/Hennig (2006).

versal e histórico proporciona criterios poderosos para evaluar el resultado de un proceso de traducción y reflexionar sobre las posibilidades de traslación en un determinado momento histórico.

Además, nos parece que la distinción entre los rasgos universales y las características histórico-idiomáticas ayuda a describir, con más claridad, la mímesis de la oralidad en la literatura. Puesto que una obra literaria es un texto concreto realizado en unas condiciones históricas determinadas y dentro de unas tradiciones discursivas con las que se vincula necesariamente, queda claro que tropieza con un entramado de normas, cánones, codificaciones y usos de los que difícilmente puede escapar.

Para ilustrar nuestras reflexiones quisiéramos partir de dos fenómenos observados en el texto analizado: uno se refiere a la variación intralingüística y el otro, a la relación interlingüística que se establece entre el original y los textos meta.

6.1 Ámbito sintáctico vs. ámbito morfológico

Como hemos visto, *Der Kontrabaß* recoge una serie de elementos del lenguaje hablado que pertenecen a las características histórico-idiomáticas. Mencionamos brevemente las marcas diatópicas que presenta (Brumme 2008b: 28 y 32). Otro elemento particular es el orden de las palabras en la frase subordinada con la conjunción *weil* (cf. Hennig 2006). De las cuarenta y dos ocurrencias de esta conjunción en el texto, una cuarta parte sigue la normativa según la cual el verbo se sitúa en posición final, mientras que las tres otras partes no la observan y siguen las estructuras del lenguaje hablado. Sin entrar en la discusión desarrollada en la gramaticografía alemana y la investigación del alemán sobre los distintos valores que las diferentes subordinadas podrían haber adquirido, quisiéramos ofrecer a título de ejemplo los siguientes fragmentos contrastados en la columna derecha con su versión normativa:

Der Kontrabaß	*Estándar*
(14) [...] es ist nicht wahrscheinlich, **weil** ich **bin** schon fünfunddreißig; [...]. (PS: 36)	Es ist nicht wahrscheinlich, **weil** ich schon fünfunddreißig **bin**.
(15) Bloß hilft diese Erkenntnis nicht viel, **weil**... die Psychoanalyse **ist** ja am Ende. (PS: 40)	Bloß hilft diese Erkenntnis nicht viel, **weil** die Psychoanalyse ja am Ende **ist**.

(16) Auch die größten Solisten nicht, das hängt mit der Physik zusammen, nicht mit dem Können, **weil** ein Kontrabaß **hat nicht** diese Obertöne [...]. (PS: 51)

Auch die größten Solisten nicht. Das hängt mit der Physik zusammen, nicht mit dem Können, **weil** ein Kontrabaß **nicht** diese Obertöne **hat**.

(17) Dabei ist das ein erster Solist gewesen, ich möcht jetzt den Namen nicht nennen, **weil** er **kann** wirklich nichts dafür. (PS: 53)

Dabei ist das ein erster Solist gewesen, ich möcht jetzt den Namen nicht nennen, **weil** er wirklich nichts dafür **kann**.

(18) Nach uns kommt bloß noch die Pauke, aber nur theoretisch, **weil** die Pauke **ist** allein und **sitzt** erhöht, daß sie jeder sehen kann. (PS: 57)

Nach uns kommt bloß noch die Pauke, aber nur theoretisch, **weil** die Pauke allein **ist** und erhöht **sitzt**, daß sie jeder sehen kann.

No cabe duda de que las frases de Süskind suenan muy naturales y son difícilmente imaginables en su forma estándar como parte integrante del monólogo que analizamos. Si bien hoy ya se ha estudiado y descrito el fenómeno, en 1981 cuando Süskind escribió la pieza no había ocurrido lo mismo. La pregunta es, por tanto, por qué se ha aceptado precisamente esta «violación» de la norma; en cambio, otras «violaciones» serían impensables, por ejemplo las que ocurren en el ámbito morfosintáctico.

Veamos un ejemplo. Desde hace tiempo, los lingüistas están observando el retroceso de casos como el genitivo alemán, o mejor dicho, están evidenciando cambios en las declinaciones del alemán (Glück/Sauer 1990: 54-60). Últimamente esta cuestión ha vuelto a llamar la atención a través de la columna que dirige Bastian Sick en la revista *Der Spiegel* y los libros derivados de sus actividades de *Sprachkritik* (depuración de la lengua). Uno de los artículos lleva como título «Kasus Verschwindibus» y hace alusión a la desaparición de las desinencias de algunas declinaciones, sobre todo, las desinencias de dativo y acusativo singular de los sustantivos de la llamada *n-Deklination* (*der Elefant — des Elefanten — dem Elefanten — den Elefanten; die Elefanten — der Elefanten — den Elefanten — die Elefanten*). El autor recoge una serie de testimonios sobre la caída de la desinencia *-en*, que hemos intentado clasificar según su proveniencia del lenguaje hablado o escrito (cf. Sick 2006: 64-66). Pertenece al lenguaje de la inmediatez comunicativa, o sea, a la oralidad concepcional, un solo enunciado (conversación privada), mientras que el resto se ha pronunciado en situaciones de mayor control (comunicado médico) y hasta en la comunicación pública (televisión). Esta fuerte tendencia a elidir las desinencias, muy común en el lenguaje coloquial, como afirma Sick (2006: 65), se manifiesta en los textos escritos si bien algunos de éstos se ubican en una situación de proximidad, como sería la carta privada, o imitan el lenguaje hablado, como el cómic. Los testimonios sacados de la prensa amarilla confirman el arraigo del fenómeno, que en el caso de los pronombres indefinidos *jemand* y *niemand* ya ha sido aceptado en la normativa.

¿Sería posible que Süskind hubiera reflejado este fenómeno en su obra teatral como un rasgo oral más, junto con otros como el cambio de orden en la subordinada con *weil*? La respuesta es rotundamente negativa. Veamos los ejemplos que reflejan la estricta observación de la norma en cuanto a la declinación de los sustantivos de la *n-Deklination*:

(19) [...] **auf den Dirigenten** verzichten kann, aber nicht auf den Kontrabaß. Jahrhundertelang sind Orchester ohne Dirigenten ausgekommen. (PS: 8)

(20) [...] daß sogar wir im Staatsorchester gelegentlich vollständig **am Dirigenten** vorbeispielen. (PS: 9)

(21) Das Traumstück **für einen Kontrabassisten**, Schubert ... (PS: 55)

(22) [...] mit Carlo Maria Giulini als Gastdirigent und **dem Ministerpräsidenten** in der ersten Reihe [...]. (PS: 47)

(23) Da schaut alles, was nicht **auf den Pianisten** schaut, auf die Pauke [...]. (PS: 57)

Sería impensable que en vez de *für einen Kontrabassisten* (21), en la boca del protagonista apareciera *für einen Kontrabassist*, construcción imaginable en el lenguaje poco controlado como el que simula el monólogo. Se podría objetar naturalmente que resultaría poco probable que este tipo de «errores» ocurriera en un hombre que ostenta un elevado nivel de formación como el contrabajista. Asimismo, un dominio imperfecto del lenguaje se suele asociar con personas poco inteligentes y de baja clase social, como afirman Helmut Glück y Wolfgang Werner Sauer.[21] Estos autores aseveran igualmen-

---

[21] Cf. «Sehr viel strikter wird auf die Einhaltung der Standardnormen im Bereich der geschriebenen Sprachform geachtet. Ihre Verletzung gilt immer noch bei vielen als Zeichen von beschränkter Intelligenz, Charakterlosigkeit oder sozialer Deklassiertheit» (Glück/Sauer 1990: 30-31).

te que el seguimiento de las normas, en este caso, morfosintácticas se observaría con mayor rigidez en la modalidad escrita de la lengua que en la hablada. Se trata claramente de elementos vetados por las tradiciones discursivas y de codificación.

En este contexto, no es de extrañar que la pérdida de la desinencia del complemento indirecto sólo se aprecie en el pronombre indefinido *niemand* (ejemplo 24). En este caso no hay problema alguno para que pueda incorporarse en un texto escrito, ya que está aceptado en la norma codificada.

(24)   Es ist auch sonst niemand etwas aufgefallen. (PS: 79)

Todo este recorrido lleva a la suposición de que la infracción de las normas sintácticas será mejor tolerada que la de las normas morfosintácticas o gramaticales. Esta observación coincide con las hipótesis formuladas por Antonio Narbona (2001) y Araceli López Serena (2008) relativas a los textos literarios escritos en castellano.

6.2 La correlación entre las normas

Esta última observación suscita la pregunta sobre la posibilidad de recrear este tipo de elementos en la lengua meta. En el caso de las normas morfológicas no se impone la necesidad de una respuesta, pero sí en cuanto a las normas sintácticas. Veamos las traducciones que corresponden a los ejemplos (14-18):

(14 a)   [...] es ist nicht wahrscheinlich, weil ich bin schon fünfunddreißig; [...]. (PS: 36)
    b)   [...] no és probable, perquè ja tinc trenta-cinc anys; [...]. (PSC: 24)
    c)   [...] non è probabile, perché ho già trentacinque anni, [...]. (PSIT: 25)

(15 a)   Bloß hilft diese Erkenntnis nicht viel, weil... die Psychoanalyse ist ja am Ende. (PS: 40)
    b)   Però saber-ho tampoc no ajuda gaire, perquè... la psicoanàlisi està ben acabada. (PSC: 26)
    c)   Solo che questo riconoscimento non serve a molto, perché... perché comunque la psicoanalisi è alla fine. (PSIT: 27)

(16 a)   Auch die größten Solisten nicht, das hängt mit der Physik zusammen, nicht mit dem Können, weil ein Kontrabaß hat nicht diese Obertöne [...]. (PS: 51)
    b)   Els grans solistes tampoc, això depèn de la física, no és qüestió de poder perquè un contrabaix no té aquests tons harmònics, [...]. (PSC: 32)
    c)   Neppure i più grandi solisti, questo dipende dalla fisica, non dalla capacità, perché un contrabasso non ha questi armonici, [...]. (PSIT: 34)

(17 a) Dabei ist das ein erster Solist gewesen, ich möcht jetzt den Namen nicht nennen, weil er kann wirklich nichts dafür. (PS: 53)
   b) I això que toca un solista de primera, prefereixo no anomenar-lo perquè, de debò, ell no en té la culpa. (PSC: 33)
   c) Questo poi è stato un primo solista, adesso non vorrei nominarlo, perché in verità lui no ne ha colpa. (PSIT: 35)

(18 a) Nach uns kommt bloß noch die Pauke, aber nur theoretisch, weil die Pauke ist allein und sitzt erhöht, daß sie jeder sehen kann. (PS: 57)
   b) Darrera nostre només ve la timbala, però tan sols en teoria perquè la timbala està sola i es col·loca en alçada, de manera que tothom la pugui veure. (PSC: 35)
   c) Dopo di noi c'è ancora soltanto il timpano, ma solo in teoria, perché il timpano è solo e ha un posto più in alto, in modo che tutti possano vederlo. (PSIT: 37)

Como era de esperar, se ha traducido en todos los casos la conjunción *weil* por la conjunción más común *perquè* y *perché*, respectivamente. La sintaxis marcada no se refleja en las lenguas meta, puesto que no hay nada equivalente. La pausa, obligatoria tras poner el verbo en segunda posición tras el *weil* y representada por los puntos suspensivos en (15a), ha sido calcada tanto en catalán como en italiano como si de un anacoluto se tratara.

La elección en catalán y en italiano de la conjunción *perquè* o *perché* es razonable, puesto que se trata de la más habitual. En la lengua oral espontánea hay una reducción considerable de los nexos de unión, al menos en comparación con el uso que se hace en registros escritos. En este sentido, nos parece adecuada la solución adoptada, si bien se podría haber recurrido al uso expandido de *que* y *che*, que autores como Lluís Payrató (2002) o Lucca Serianni (1989) recogen como característicos de la lengua coloquial, y que habría ayudado a realzar la relajación en el habla del protagonista, como vemos en los ejemplos siguientes:

(14 d) [...] no és probable, que ja tinc trenta-cinc anys; [...].
    e) [...] non è probabile, che ho già trentacinque anni, [...].

(17 d) I això que toca un solista de primera, prefereixo no anomenar-lo, que, de debò, ell no en té la culpa.
    e) Questo poi è stato un primo solista, adesso non vorrei nominarlo, che in verità lui no ne ha colpa.

7. A modo de conclusión

Creemos que ha quedado patente la necesidad de profundizar en el estudio de la oralidad en cuanto mímesis de la realidad hablada de una lengua en el texto literario escrito. Por un lado, hay que describir con mayor claridad cuáles son los recursos que un escritor o una corriente literaria pueden incorporar para evocar la espontaneidad y la naturalidad del lenguaje empleado por sus protagonistas.

Siguiendo esta pregunta, hemos insistido en el ámbito textual y pragmático, que parece permitir más fácilmente la introducción de aspectos miméticos. En segundo lugar, es el ámbito sintáctico el que se presta a esta finalidad, mientras que la incorporación de rasgos morfosintácticos, que conllevan a menudo connotaciones diastráticas, suele estar vetado en la modalidad escrita.

En todo caso, la distinción entre los rasgos universales y las características histórico-idiomáticas ha probado su validez tanto en el análisis intralingüístico como en la comparación de las traducciones, es decir, el estudio interlingüístico.

Sin embargo, igualmente hemos constatado que las traducciones no observan en la medida de lo posible las correspondencias que les ofrecería la exploración de los rasgos universales. Tampoco llevan al límite aquellas posibilidades que comprende la evolución paralela de los sistemas lingüísticos, o sea, las coincidencias entre las características histórico-idiomáticas, por lo que aplanan la traducción, fenómeno sobre el que Gideon Toury (1995: 268) ya había llamado la atención.

Si bien, en última instancia, las soluciones en la lengua meta no dejan de ser personales, dependiendo en alto grado de la competencia traductora, se inscriben en un radio más amplio de las normas que rigen la lengua (codificación, estándar, uso) y, en particular, la lengua literaria y la traducción. En este sentido, habría que investigar con mayor detenimiento la influencia que ejercen las actitudes lingüísticas en el trasvase de elementos hablados a una lengua meta. En cuanto al catalán, es de suponer que cualquier innovación chocará con un sistema más bien blindado, justificado por (el discurso de) la defensa del sistema autóctono ante su aniquilación por recursos ajenos. El alemán cuenta, en cambio, con una norma más flexible en lo que concierne al ámbito sintáctico y, aunque no lo hemos tratado aquí, al fónico. No obstante, la modalidad escrita resiste considerablemente ante cambios en el ámbito morfosintáctico, relacionados en general con un nivel diastrático bajo.

La palabra escrita y la oral se influencian de un modo bidireccional y continuo: el texto de *Der Kontrabaß* intenta incorporar las dudas, la redundancia, la improvisación del oral, pero también es un reflejo de cómo el oral cotidiano bebe, de modo más o menos consciente, de la lengua escrita.

8. Corpus

PS = SÜSKIND, Patrick [1981] (1996). *Der Kontrabaß.* Zürich: Diogenes.
PSC = SÜSKIND, Patrick (1987). *El contrabaix.* Traducción de Carme Gala. Barcelona: Columna.
PSE = SÜSKIND, Patrick (1986). *El contrabajo.* Traducción de Pilar Giralt Gorina. Barcelona: Seix Barral.
PSF = SÜSKIND, Patrick (1989). *La contrebasse.* Traducción de Bernard Lortholary. Paris: Fayard.
PSI = SÜSKIND, Patrick (1997). *The Double-Bass.* Traducción de Michael Hofmann. London: Bloomsbury.
PSIT = SÜSKIND, Patrick (2006). *Il contrabbasso.* Traducción de Giovanna Agabio. Milano: TEADUE.
PSP = SÜSKIND, Patrick [1987] (1997). *O Contrabaixo.* Traducción de Anabela Mendes. 2.ª ed. Algés: DIFEL.

9. Referencias bibliográficas

ÁGEL, Vilmos; HENNIG, Mathilde (eds.) (2006). *Grammatik aus Nähe und Distanz: Theorie und Praxis am Beispiel von Nähetexten, 1650-2000.* Tübingen: Max Niemeyer.
BALZER HAUS, Berit (1999). *Gramática funcional del alemán.* Madrid: Ediciones de la Torre.
BEERBOM, Christiane (1992). *Modalpartikeln als Übersetzungsproblem. Eine kontrastive Studie zum Sprachenpaar Deutsch-Spanisch.* Frankfurt: Peter Lang.
BRUMME, Jenny (2005). «Sprechen im Raum. Zur Übersetzung fingierter Mündlichkeit». En CICHON, Peter; CZERNILOFSKY, Barbara; TANZMEISTER, Robert; HÖNIGSPERGER, Astrid (eds.) (2005). *Entgrenzungen. Für eine Soziologie der Kommunikation.* Festschrift für Georg Kremnitz zum 60. Geburtstag. Wien: Praesens. 239-251.
BRUMME, Jenny (ed.) (2008a). *La oralidad fingida: descripción y traducción. Teatro, cómic y medios audiovisuales.* Con la colaboración de Hildegard Resinger y Amaia Zaballa. Madrid: Iberoamericana; Frankfurt: Vervuert.
BRUMME, Jenny (2008b). «Traducir la oralidad teatral. Las traducciones al castellano, catalán, francés y euskera de *Der Kontrabaß* de Patrick Süskind». En BRUMME, Jenny (ed.) (2008). *La oralidad fingida: descripción y traducción. Teatro, cómic y medios audiovisuales.* Con la colaboración de Hildegard Resinger y Amaia Zaballa. Madrid: Iberoamericana; Frankfurt: Vervuert. 21-64.
BRUMME, Jenny; RESINGER, Hildegard (eds.) (2008). *La oralidad fingida: obras literarias. Descripción y traducción.* Con la colaboración de Amaia Zaballa. Madrid: Iberoamericana; Frankfurt: Vervuert.
CADERA, Susanne M. (2002). *Dargestellte Mündlichkeit in Romanen von Mario Vargas Llosa.* Genève: Droz.

CADERA, Susanne M.; SCHÄPERS, Andrea (2007). «La oralidad fingida en la narración literaria. Análisis y traducción al alemán de *El príncipe destronado* de Miguel Delibes». En ELENA, Pilar; ROISS, Silvia; FORTEA, Carlos (eds.) (2007). *Puente entre dos mundos: Últimas tendencias en la investigación traductológica alemán-español.* Salamanca: Ediciones Universidad de Salamanca. DVD. 44-56.

CASTELLANOS, Carles (2002). «Les traduccions a Catalunya». En FEDERACIÓ GALEUSCA (ed.) (2002). *XIX Encontre d'Escriptors Gallecs, Bascos i Catalans. Ponències.* Barcelona: Associació d'Escriptors en Llengua Catalana. URL: <http://www.escriptors.cat/?q=galeusca_cronologia_ponencies_2002_traduccionsacatalunya>; fecha de consulta: 11-12-2009.

CORTÉS RODRÍGUEZ, Luis (1996). «Panorama de los estudios femológicos en España». En KOTSCHI, Thomas; OESTERREICHER, Wulf; ZIMMERMANN, Klaus (eds.) (1996). *El español hablado y la cultura oral en España e Hispanoamérica.* Frankfurt: Vervuert; Madrid: Iberoamericana. 551-585.

DUDEN GRAMMATIK = DUDENREDAKATION (ed.) (2006). *Duden. Die Grammatik, Unentbehrlich für richtiges Deutsch.* Nach den Regeln der neuen deutschen Rechtschreibung 2006 überarbeiteter Neudruck der 7., völlig neu erarbeiteten und erweiterten Auflage. Mannheim; Leipzig; Wien; Zürich: Duden.

ENGEL, Ulrich [1988] (1996). *Deutsche Grammatik*. 3.ª ed. corregida. Heidelberg: Groos.

ESLAVA GÓMEZ, Euclides (2004). «Süskind, Patrick. *El contrabajo*. Seix Barral. Barcelona 1999. 62 Págs.». En OFICINA DE ASESORÍA BIBLIOGRÁFICA DE LA UNIVERSIDAD DE LA SABANA (ed.) [1979-]. *Reseñas bibliográficas y boletín.* Chía (Colombia): Universidad de La Sabana. URL: <http://biblioteca.unisabana.edu.co/abc/archivos/contrabajo.pdf>; fecha de consulta: 2-2-2009.

ESPINÀS, Josep M.ª (2009). «Quan la Caputxeta era blava». *El Periódico* 15-2-2009.

ESPUNYA, Anna (2008). «El reflejo del acento enfático en las traducciones española y catalana de *Stupid White Men*». En BRUMME, Jenny; RESINGER, Hildegard (eds.) (2008). *La oralidad fingida: obras literarias. Descripción y traducción.* Con la colaboración de Amaia Zaballa. Madrid: Iberoamericana; Frankfurt: Vervuert. 59-77.

GARCÍA ADÁÑEZ, Isabel (2007). «Problemas y propuestas para la traducción de giros dialectales y peculiaridades del habla en *Buddenbrooks* de Thomas Mann». En ELENA, Pilar; ROISS, Silvia; FORTEA, Carlos (eds.) (2007). *Puente entre dos mundos: Últimas tendencias en la investigación traductológica alemán-español.* Salamanca: Ediciones Universidad de Salamanca. DVD. 147-158.

GLÜCK, Helmut; SAUER, Wolfgang Werner (1990). *Gegenwartsdeutsch.* Stuttgart: Metzler.

GOETSCH, Paul (1985). «Fingierte Mündlichkeit in der Erzählkunst entwickelter Schriftkulturen». *Poetica* 17. 202-218.

HENNIG, Mathilde (2006). *Grammatik der gesprochenen Sprache in Theorie und Praxis.* Kassel: Kassel University Press. URL: <https://kobra.bibliothek.uni-kassel.de/handle/urn:nbn:de:hebis:34-200609 1914576>; fecha de consulta: 7-2-2009.

KERBRAT-ORECCHIONI, Catherine (1990). *Les interactions verbales.* Vol I. Paris: Armand Colin.

KOCH, Peter; OESTERREICHER, Wulf (1990). *Gesprochene Sprache in der Romania: Französisch, Italienisch, Spanisch.* Tübingen: Max Niemeyer.

KOCH, Peter; OESTERREICHER, Wulf (2007). *Lengua hablada en la Romania: español, francés, italiano.* Traducción de Araceli López Serena. Madrid: Gredos.

KÖNIG, Brigitte (2002). *Speech Appeal: Metasprache und fingierte Mündlichkeit im Werk von Mario Vargas Llosa.* Tübingen: Gunter Narr.

KRISCHEL, Volker (2002). *Patrick Süskind 'Der Kontrabaß'.* Hollfeld: Bange.

LINKE, Angelika; NUSSBAUMER, Markus; PORTMANN, Paul R. (1994). *Studienbuch Linguistik.* 2.ª ed. Tübingen: Max Niemeyer.

LÓPEZ SERENA, Araceli (2007). *Oralidad y escrituralidad en la recreación literaria del español.* Madrid: Gredos.

NARBONA, Antonio (2001). «Diálogo literario y escritura(lidad)-oralidad». En EBERENZ, Rolf (coord.) (2001). *Diálogo y oralidad en la narrativa hispánica moderna. Perspectivas literarias y lingüísticas.* Madrid: Verbum. 189-208.

PAYRATÓ, Lluís (2002). «L'enunciació i la modalitat oracional». En SOLÀ, Joan; LLORET, Maria-Rosa; MASCARÓ, Joan; PÉREZ-SALDANYA, Manuel (eds.) (2002). *Gramàtica del català contemporani.* Vol. 3. Barcelona: Empúries. 1139-1220.

SALVÀ, Nancho (2009). «Un merescut Ós d'Or a *La teta asustada* salva la cara a la Berlinale». *El Periódico* 15-2-2009.

SANTOYO, Julio César (1989). «Traducciones y adaptaciones teatrales: ensayo de una tipología». *Cuadernos de Teatro Clásico* 4. 96-107.

SERIANNI, Luca (1989). *Grammatica italiana. Italiano comune e lingua letteraria.* Torino: UTET.

SICK, Bastian (2006). «Kasus Verschwindibus». En SICK, Bastian (2006). *Der Dativ ist dem Genitiv sein Tod. Neues aus dem Irrgarten der deutschen Sprache. Folge 2.* 11.ª ed. Köln: KiWi.

TOURY, Gideon (1995). *Descriptive Translation Studies and beyond.* Amsterdam: John Benjamins.

WEINRICH, Harald (1993). *Textgrammatik der deutschen Sprache.* Mannheim: Duden.

ZARAUZ, Héctor L. (1987). «Patrick Süskind, *El Contrabajo*». *Estudios. Filosofía-historia-letras.* URL: <http://biblioteca.itam.mx/estudios/estudio/estudio10/sec_38.html>; fecha de consulta: 22-11-2007.

Sybille Große

Universidad de Potsdam / Universidad de Leipzig

BIENVENUE CHEZ LES CH'TIS: ESTRATEGIAS DE FICCIONALIZACIÓN DEL CONTACTO DE LENGUAS Y DESCRIPCIÓN LINGÜÍSTICA

1. Introducción

En febrero de 2008 llegó a los cines franceses una comedia que ha tenido un éxito sin igual en la historia del cine francés: *Bienvenue chez les Ch'tis*. Es una película que juega con identidades culturales, estereotipos y prejuicios, transportando visiblemente al mismo tiempo un importante saber lingüístico. Antes de entrar en el análisis y a fin de dar una impresión muy general del contenido de esa película, vamos a resumirla en pocas palabras.

El empleado de correos Philippe Abrams, que vive en el sur de Francia, es trasladado forzosamente por razones disciplinarias a Bergues (pronunciado [bœrk] = *beurk*!), en el norte de Francia, donde viven los famosos «Ch'tis». Por miedo a esas «bandas poco civilizadas» él deja a su familia en el sur y viaja solo. Apenas llegado al norte Philippe Abrams se da cuenta de que los Chtis son muy simpáticos, pero hablan una variedad lingüística bastante peculiar. Philippe Abrams no debería haberse quedado tan sorprendido con estas peculiaridades lingüísticas porque el tío de su mujer Julie ya le había preparado, antes de su partida, para el uso de la lengua así como para la vida dura en esta zona de Francia.

(1 a)   Philippe : j' dois partir dans le Nord-Pas-de-Calais /une mutation et Julie m'a dit que vous connaissez bien la région près de Lille
         Oncle : en 1934 ma mère a couché avec un cheutemi
         Philippe : qu'est-ce que vous dites ?
         Oncle : en 1934 ma mère a couché avec un cheutemi
         Philippe : un chatemi
         Oncle : non pas pas un chat un cheutemi / un cheutemi s'appelle comme ça là ohh les femmes les enfants les cheutemi eh euh
         Philippe : des cheutemis

> Oncle : même même les animaux c'est cheutemi les chiens c'est cheutemi les chats c'est chat c'est cheutemi les vaches, les poulets, les veaux c'est c'est cheutemi et la langue aussi c'est du cheutemi / ils font des o [o] à la place des a [a] // des k [k] à la place des ch [ʃ] et les ch [ʃ] ils les font ils les font ils les font/ mais à la place du s [s] et puis voilà voilà // et quand tu crois tout comprendre tu apprends que serpillière ça se dit wassingue eh bof (DB: 12:58-13.52)

En la película hay muchos puntos de gran interés que se ofrecen para el análisis lingüístico. En el presente estudio nos vamos a centrar en los dos siguientes: la reconstrucción del contacto de lenguas en un contexto ficcional y las estrategias de su traducción.

2. La relación entre la ficcionalidad y el contacto de lenguas

En los últimos años la ficcionalidad se ha examinado en lingüística sobre todo en los contextos siguientes para:

— contrastar la «ficcionalidad» y la «realidad» presentando divergencias entre diálogos «naturales» y diálogos «ficcionales» (por ejemplo Henne 1984),

— situar la ficcionalidad entre los conceptos de «oralidad» y «escripturalidad» (véase el gran proyecto de investigación de la universidad de Friburgo y los trabajos de Blank 1991, Cadera 2002, König 2002),

— poner de relieve la activación de diversos sistemas de signos en los diferentes tipos de textos ficcionales (teatro, novela, película, pieza radiofónica, etc.) (Betten 1994; Roumois-Hasler 1982).

El problema de la definición de «ficcionalidad» se ha formulado innumerables veces. Georg Ernst Weidacher diferencia en su estudio lingüístico entre «ficcional», «facticio» y «ficticio» (Weidacher 2007: 38-39). Según él, los textos son ficcionales cuando crean «mundos de textos paralelos» y cuando son elaborados en un modo particular de presentación y comprensión (Weidacher 2007: 38).

La película francesa *Bienvenue chez les Ch'tis* representa también en este sentido un texto ficcional que juega en su empleo lingüístico con la «realidad/factualidad lingüística», una «realidad» que no está en primer lugar caracterizada por un empleo de estructuras lingüísticas típicas del lenguaje de la inmediatez comunicativa (Koch/Oesterreicher 1990), pero que problematiza más la situación de contacto de lenguas o, por lo menos, variedades. Trabajos lingüísticos que analicen la representación de situaciones de contacto de lenguas en textos ficcionales son en general muy escasos; una excepción es indudablemente el valioso trabajo de Susanne Cadera (2002), que muestra que el lenguaje empleado por Mario Vargas Llosa en la novela *El hablador* a fin de caracterizar a los hablantes de Machiguenga forma parte del proceso de ficcionalización y no corresponde a las estructuras y a los procesos discursivos utilizados comúnmente por esos hablantes.[1] Así también en los textos ficcionales la representación del contacto lingüístico asume claramente una función creativa y narrativa. Puesto que las situaciones de contacto lingüístico son de gran complejidad y muy dinámicas es importante saber cómo los autores emprenden nivelaciones posibles en su «reconstrucción ficcional».

A fin de motivar el análisis de ese tipo de nivelaciones y sus estrategias con mayor claridad, veamos un segundo ejemplo de la película. El nuevo jefe de sucursal en Bergues, Philippe Abrams, puede constatar poco después de su llegada que todos los habitantes de Bergues hablan verdaderamente chti. Pero que todos hablen chti y en todas las situaciones —como ha sugerido igualmente el tío de Julie en su «introducción intercultural» al comienzo de la película— debe ser evidentemente considerado como una estrategia de ficcionalización. Esa impresión confirma también Alain Dawson: «*Bienvenue chez les Chtis* se déroule dans un Nord imaginaire où tout le monde parlerait la langue régionale – ce qui, on s'en doute, est loin d'être une réalité» (Dawson 2008: 4). Según la encuesta demográfica en Francia de 1999 del *Instituto Nacional de Estadística y Estudios Económicos* (INSEE), el uso del picardo está ampliamente difundido entre las profesiones intelectuales y los ejecutivos (*cadres*) así como entre los obreros, mientras que, en general, no más de un cuarto de la población en la región picarda se da por aludida en esa lengua (Blot/Eloy/Rouault 2004). Se usa preferentemente en contextos informales y de proximidad (Dawson 2008: 4).[2] En cambio, en la película se emplea el chti en todas las situaciones, lo que sorprende cuando se imagina el diálogo que se desarrolla entre un recién llegado jefe de sucursal de correos con sus nuevos empleados y que debería caracterizarse cla-

---

[1] La idea de Vargas Llosa al ficcionalizar esa lengua indígena no era copiarla fielmente, sino convencer a los lectores de ese mundo lingüístico (Cadera 2002: 190).

[2] Julie Auger analiza las diferencias de uso en relación a los medios de comunicación (oral y escrito) y constata que el picardo escrito tiene como fuente principal el picardo hablado; sin embargo, algunos de los rasgos típicos de la morfosintaxis, como el redoblamiento del sujeto, no goza de la misma difusión (Auger 2003: 24-25).

ramente como un diálogo de distancia (véase también Dawson 2008: 4). Este tipo de nivelación en el campo de proximidad y de distancia se incluye entre las estrategias típicas de ficcionalizacíon en la película analizada.

Ya hemos utilizado, por otro lado, dos denominaciones, «chti» y «picardo», para caracterizar la situación lingüística en la película y en el norte de Francia de manera que resulta necesario explicar ese uso.

3. La relación entre «chti» y «picardo»

Hace unos años la denominación «chti» no tenía tanta divulgación como hoy. El uso de las denominaciones «chti» y «picardo» puede ser caracterizado como buen ejemplo de la superposición de empleos lingüísticos y profanos así como su influencia mutua. Como la diferencia entre esas dos variedades no está claramente definida ni entre sus hablantes ni para los franceses, también la película suscita esa pregunta en una de sus escenas, en la cual Dany Boon, director y protagonista de la película, evalúa la relación de la manera siguiente: «au début quand on commence à parler le chti ou le picard hein – on est cousins avec les Picards – il faut juste rajouter [...]». (DB: 39:52-39:57)

La historia de la denominación «chti» está bastante bien documentada, sobre todo en los trabajos del lingüista Fernand Carton (véase también Bril 2008; Dawson 2008).

Ningún autor, ningún dialectólogo y ninguno de los científicos que se han ocupado de los «patois», los dialectos y las hablas en Francia, había encontrado nunca esa denominación antes de 1914 (Carton 2006: 139). Más tarde, se encuentran muchas ocurrencias para *chti* y para la forma *chtimi* así como sus variantes (*timi, s'timi, chetimi, ch'timie, ch tismis*).[3] Igualmente numerosas son las explicaciones etimológicas, de manera que se considera *chti*, por ejemplo, como desarrollo de la estructura interrogativa *Ch'ti-mi – Est-ce moi?* Tal explicación parece poco probable porque dicha estructura no tenía gran difusión, generalmente se prefiere más una estructura de tipo *Ch'est mi? / Ch'est jou mi?* (Carton 2006: 139). Para Carton es más probable que se trate de una fusión o de un *blend* de las formas *che — ce, le; ti — toi* y *mi — moi*; una

---

[3] Pero adquirió fama en primer lugar con la novela de *Croix de bois* (1919) de Roland Dorgelès (Carton 2006: 139).

estructura que era de uso común en la Primera Guerra Mundial para designar peyorativamente a los soldados del Norte de Francia (Carton 2003: 126).

Hace ya unas décadas que esa denominación de «chti» ha perdido su función estigmatizante. Hoy en día es bastante elástica cuando debe indicar el origen geográfico de los hablantes entre «el Norte de París» y «el *département du Nord*» (sin la ciudad de Dunkerque, donde se habla flamenco) (Carton 2006: 140). En la última forma de uso los hablantes de chti se diferencian bien de los hablantes de picardo; por el contrario, en la primera el picardo y el chti se equiparan. «Picardo» es también la denominación históricamente más antigua, las primeras menciones ya datan de los siglos XII y XIII (Eloy 1997: 58; Berger 2003: 12). En la Edad Media el picardo tenía una gran tradición escrita, la *scripta* picarda (Eloy 1997: 55-57), pero esa tradición fue poco a poco dominada por la lengua francesa hasta que se perdió en el siglo XVI.[4] El picardo desaparece bastante temprano en la escritura mientras que continúa hablándose en todas las partes de la región picarda (*La Picardie*) hasta la Revolución Francesa. Después su uso oral deja de ser tan general: el picardo acaba siendo empleado en menos situaciones comunicativas y por menos tipos de hablantes.

> Depuis le XIXe siècle, l'école et la caserne ont fait reculer la pratique dialectale. Dans les années 80, la majorité des natifs emploie un français marqué régionalement à des degrés divers. (Carton 1990: 609)

La situación actual del picardo es más difusa, lo cual está relacionado también con el hecho de que la distinción entre hablantes que hablan francés y otros que hablan picardo (o los dos) es más difícil porque existe un gran número de diferentes variedades como el *français régional* que cuentan a su vez con variedades locales:

— francés común,

— francés regional,

— francés dialectal (local),

— francés local de pueblo (según Carton 1990: 610).

> Il y a en effet continuité entre français régional, français tout court et patois ancien. (Carton/Poulet 2006: 6)

---

[4] Desde el siglo XVII se encuentran textos literarios escritos en picardo, pero sobre todo satíricos y burlescos (Eloy 1997: 91-96).

Por eso, Carton prefiere hablar de «hablas picardas» y rechaza la simple denominación «picardo» (Carton 1990: 606).[5] El francés local hablado en la región de *Nord-Picardie* se llama generalmente en el norte «chti» y en el sur «picardo».[6]

Aunque la relación entre el picardo y el chti sea ambigua y no esté claro si los estudiosos los utilizan como sinónimos o no, en la literatura existen muchas descripciones de sus rasgos lingüísticos típicos. En este estudio el chti representa una variedad de las hablas picardas que se habla en general en el *Nord-Pas-de-Calais*.

4. La variedad picarda en el contexto ficcional de la película

La caracterización del chti en la película tiene lugar a dos niveles: el lingüístico y el metalingüístico. A nivel metalingüístico empieza con las palabras introductorias del tío de Julie. Este integra en su introducción tres características muy «famosas» que se encuentran en la mayoría de las descripciones del picardo (ejemplo 1):

(1) Ils font des [o] à la place des [a] /   [o] < [a]
     des [k] à la place des [ʃ],   [k] < [ʃ]
     et les [ʃ] il les font / mais à la place du [s]   [ʃ] < [s]

La palatalización de la consonante sibilante /s/ en posición inicial —que se encuentra así en oposición a la articulación francesa actual— ya fue descrita por Louis Vermesse en 1861:

> Les mots français commençant par *ch*, le patois n'admet que le *c*, et dans les mots français commençant par *c*, le patois introduit un *h*. Ceci n'est pas général, mais on le rencontre très-souvent. Ainsi *chalit* fait *calit*, et *cinq* fait *chinq*. (Vermesse [1861] 1973: 23-24)

Carton (1990) y Louis-Fernand Flutre (1977) analizan y describen con más profundidad el desarrollo del consonantismo latín en el picardo antiguo, medio y actual en sus posiciones diferentes y constatan que la palatalización no se limita a la posición inicial:

---

[5] El picardo o las hablas picardas forman parte de las 75 «langues régionales» de Francia como el catalán, el vasco, el bretón o el alsaciano.

[6] «Traditionnellement, le chtimi est utilisé pour désigner plus particulièrement le parler du Nord-Pas-de-Calais (à l'exception de l'arrondissement de Dunkerque, où, si l'on parle un patois, c'est le flamand), tandis que l'on dira que les Picards patoisants parlent le franc picard, ou picard, tout court» (Bril 2008: 12; cf. también Clanché 2002 y Duriez 2009).

s devant *i* en hiatus de l'ancien picard ne reste pas *s* [...], mais il se combine avec *i* devenu *yod* pour donner *ch*: *laicher* 'laisser'. (Carton 1990: 608)

Esa evolución en la pronunciación se combina entonces con el desarrollo de *k*, que en posición inicial y seguida de /e/ o /i/ cambia a [ʃ].

k- initial suivi de *e* ou *i* aboutit à *ch*, de même que *ky* et *ty*: CERA > *chire*; GLACIA > *glache*, CANTIONE > canchon. (Carton 1990: 608)

La consonante que corresponde en francés a una constrictiva sorda [ʃ], que se encuentra en posición inicial o final, pasa a pronunciarse como [k].

À l'inverse, on trouvera le son « ch » français prononcé comme un « k », l'exemple le plus parlant étant celui de « chanson », qui devient une « canchon » chez les chtis. (Bril 2008: 36)

El atlas lingüístico picardo muestra que ese cambio tiene gran difusión en los alrededores de Bergues porque para las palabras *vache* et *chat* la pronunciación testimoniada en este atlas es exclusivamente [vak] y [ka][7] (Carton/Lebegue 1989: mapas 162, 191).

Estos dos tipos de cambios van a ser también una rica fuente para nuevas homonimias entre el francés y el chti que se establecen en el transcurso de los diálogos, sobre todo en la primera parte de la película, donde Philippe Abrams intenta entender a sus nuevos colegas y vecinos. Así, ese nuevo directivo de correos no puede creer poco después de su llegada que la habitación de su predecesor que va a visitar no contenga «muebles», y que la explicación sea bastante extraña porque tiene que ver con «perros»:

(2 a) Philippe : Bailleul attendez / il n'y a pas de meubles / où sont les meubles? / hein? I n'en ont pas? / c'est pas meublé?
Antoine : ah ben l'anchien directeur il est parti avec hein
Philippe : mais pourquoi il est parti avec les meubles?
Antoine : parch'que ch'est p't-être les chiens
Philippe : quels chiens?
Antoine : les meubles
Philippe : j'comprends pas là...
Antoine : les meubles ch'est les chiens
Philippe : les meubles chez les chiens qu'est-ce que les chiens foutent avec les meubles? Pourquoi donner ses meubles à des chiens?
Antoine : mais non / les chiens, pas les kiens / Il a pas donné à des kiens / les meubles

---

[7] La pronunciación de la vocal muestra en efecto más variedad y oscila entre /a/ abierta y cerrada.

il est parti avec
Philippe : mais pourquoi vous dites qu'il les a donnés?
Antoine : ch'ai jamais dit cha
Philippe : pas de chats vous m'avez dit des chiens
Antoine : ah non
Philippe : si vous m'avez dit les meubles sont chez les chiens
Antoine : ah d'accord /non / j'ai dit les meubles chez les chiens
Philippe : ah oui / ce que je vous dis
Antoine : les chiens à lui
Philippe : Ah! les siens / pas les chiens! les siens!
Antoine : Oui / les chiens / c'est cha
Philippe : les chiens, les chats… putain / mais tout le monde parle comme vous, ici?
(DB: 21:34-22:20)

Ni siquiera con ayuda de Antoine consigue Philippe descodificar la homonimia de [ʃjɛ̃] entre el francés *chien* 'perro' y el chti *sien* 'suyo', el pronombre posesivo (véase también Baudisch 2009: 43). Antoine tiene que volver a explicar una vez más el problema de la posesión de los muebles con una estructura más marcada: *les chiens à lui* 'los suyos de él'.

Esas alternancias en el consonantismo del chti son repetidas varias veces en las explicaciones metalingüísticas de los protagonistas y usadas de manera «dogmática» en toda la película, porque se transforman así en verdaderos signos de reconocimiento de la variedad chti en el contexto ficcional.

Comparado con este, el cambio en el vocalismo —igualmente ejemplificado al inicio por el tío con la alteración de [o] < [a]— recibe menos atención durante la película. Parece que ese cambio no está tan fijado y ofrece más variación, como lo testimonia el atlas lingüístico (Carton/Lebegue 1989: mapa 191; 267) así como Flutre (1977: 17-26) y Carton, por lo cual es menos apto para el reconocimiento inequívoco de esa variedad:

> Le picard présente une large variation du timbre de *a* surtout en position finale : ‚bras' se dit *brâ, brô, breû*. Dans le Pas-de-Calais beaucoup de *a* brefs tendent vers *eu*. (Carton 1990: 608)

Se puede constatar en la película que se realiza unas veces una [o] o [œ] por un /a/ pero no se menciona esa alternancia a nivel metalingüístico. No son mencionados tampoco otros rasgos del consonantismo y vocalismo picardos como la no palatalización de /l/ y /n/ en posición final, la desonorización de las consonantes sonoras finales o la diptongación de la *e* acentuada (Carton 1990: 608-609).

La nivelación de la variación fonética del chti en el proceso de ficcionalización es bastante nítida: este tipo de variación se simplifica y se reduce a unos rasgos llamativos que se repiten sin cesar para que se memoricen como signos de referencia y reconocimiento.

En una situación de contacto de lenguas o variedades, las diferencias léxicas se captan en general muy fácilmente. Por eso la película juega también con ese nivel lingüístico y así las explicaciones de léxico no son necesarias. Eso se hace sobre todo visible en una escena que se podría caracterizar como prototípica de un «curso de lenguas» (véase también Brons 2009: 85). Se trata de una escena que tiene lugar en un restaurante de la ciudad vieja de Lille, donde Philippe invita a todos los colegas de Correos de Bergues por su ayuda a la hora de «organizar» unos muebles. En esta escena no sólo se abordan diferencias lingüísticas entre el francés y el chti, sino también diferencias culturales. Empieza con una introducción a la cocina regional: *chicon aux gratins* (gratin de endivia), *tarte au maroilles* (maroilles es el queso típico de la región), *carbonade* (estofado de ternera y cebolla cocinado en cerveza). Todas las especificidades culturales y dificultades lingüísticas son ilustradas por los protagonistas mismos, que tienen diferentes funciones. Annabelle, la única mujer empleada de Correos, asume la función de mediadora y mantiene ese papel durante toda la película. A diferencia de otros protagonistas no habla exclusivamente chti y cambia en algunos momentos a la lengua francesa para que Philippe pueda entenderla.

En el transcurso de esa escena todos los invitados hacen referencia a un vocabulario coloquial y vulgar, en primer lugar a unas palabras tabú y soeces, y discuten o descubren las diferencias entre el chti, el francés estándar y otras variedades regionales del francés:

	Chti	*Variante dada por los protagonistas*	*Castellano*
(3)	vin di diousse	putain	ostia, jolines, puta
(4)	biloute[8]	petite quéquette	pilila
(5)	du brun	merde	mierda

---

[8] Bril (2008: 87) menciona que *biloute* es prestado del lenguaje especial de la minería: «Biloute: boudin d'argile utilisé autrefois pour bourrer les mines avant le tir (par analogie avec "biloute", le sexe masculin)».

| (6) | boubourse | con = couilliosti (para la variedad hablada en la región de Marseille) | idiota |
| (7) | milliard | bordel (también bazar; Bril 2008: 55) | follón |

Las listas de palabras, glosarios y diccionarios de vocabulario picardo tienen una gran tradición en la lingüística, también profana, sobre todo a mediados del siglo XIX. Se puede constatar también un cierto renacimiento del interés por descripciones generales y léxicas surgido después del estreno y del éxito de la película (véase por ejemplo Bril 2008, el *Ch'ti Dico* (CHD) o el *Dictionnaire du parler picard* (DPP)). Es evidente que todos los lexemas chti no tienen la misma vitalidad ni la misma frecuencia de uso en las diferentes variedades. Por eso Carton y Poulet (2006: 7) distinguen tres tipos: lexemas que no tienen una forma equivalente en francés y cuyas ocasiones de empleo son mínimas (por ejemplo *gaffut*) o bastante frecuentes (por ejemplo *flamique*); lexemas de gran vitalidad que se caracterizan por un uso mayor que sus formas equivalentes en francés (por ejemplo *wassingue,* el ejemplo de mencionado del tío Julie), y lexemas antiguos, arcaísmos, que se emplean con función emotiva (por ejemplo *souhaiter le bon an*).

En toda la película es frecuente el uso de lexemas del chti o picardo. La intercomprensión está además garantizada y desarrollada por diversas estrategias como la perífrasis o la explicación explícita y por el contexto situacional, de manera que habitualmente no dan lugar a malentendidos forzados o verdaderos conflictos lingüísticos.

Se integra muy bien en la idea principal de esa escena de curso lingüístico que también Philippe, como alumno muy motivado, exponga su saber recién adquirido haciendo una observación a una particularidad del chti:

(8) Philippe : j'ai remarqué aussi eh on dit pas eh mon on dit ti / non eh non non on dit pas moi on dit mi on dit pas toi on dit ti
Les autres : voilà ch'est cha

Philippe comprende así intuitivamente un rasgo morfológico muy difundido en esta región:[9]

---

[9] *Mi* tiene en el chti también otra función, la de marcador de negación en conjunto con *nes. Je n'le sais mi = je ne le sais pas* (Bril 2008: 38).

mi et *ti* correspondent à ‚moi' et ‚toi' dans les fonctions de complément prépositionnel et de sujet étoffé. On considère cette double forme comme une des principales marques picardes bien qu'elle se retrouve en wallon et en lorrain. (Carton 1990: 609)

Cuando Philippe, como buen alumno, al terminar esa escena y esa lección del curso de lengua, tiene que poner en práctica sus profundos conocimientos lingüísticos de chti y pedir para todo el grupo, Antoine insiste en que Philippe no utilice la forma del francés estándar del condicional presente *on voudrait*, sino la del chti *in voudrot*. Para Antoine, el hablante de chti, esa diferencia en el paradigma verbal entre el chti y el francés estándar tiene evidentemente gran importancia.[10]

Los empleados de Correos y hablantes de chti están orgullosos del aprendizaje de su alumno aun cuando Philippe no tiene un éxito evidente ya que el camarero, de origen parisino, no entiende nada.

No tenemos la posibilidad, en el marco de este artículo, de analizar más escenas y pasamos, por lo tanto, a resumir algunos puntos de la representación de la variación lingüística y del contacto de lenguas en esta película:

— En general los habitantes de Bergues hablan chti en casi todas las situaciones, pero lo hablan en diferentes variedades: mientras la madre de Antoine habla una variedad de chti que se puede clasificar como una variedad local del pueblo (véase la clasificación de Carton), Annabelle habla una variedad que es mucho más próxima a un francés regional.

— La mayoría de los hablantes de chti muestra en algunas situaciones también su competencia en el francés estándar o regional.

— La delimitación entre los hablantes de chti y los de francés estándar se realiza sobre todo por algunas características típicas de la pronunciación y algunas peculiaridades léxicas.

— A fin de asegurar la comprensión entre Philippe, el hablante de un francés más estándar, y los hablantes de chti, las explicaciones metalingüísticas y las paráfrasis desempeñan un papel importante.

— Los hablantes de chti cambian sin problemas de variedad cuando constatan problemas de entendimiento por parte de Philippe, pero, en general, cuando hablan

---

[10] Ese cambio coincide con un cambio fonético en la realización de las diptongos nasales del chti (véase Carton 1990: 609 y también Brons 2009: 94).

francés estándar es para explicar un rasgo típico cultural o lingüístico; este cambio de variedad tiene pues casi siempre una función didáctica.

— En el transcurso de la película Philippe acepta el papel de alumno y se esfuerza por aprender y hablar chti a fin de integrarse y de ser aceptado por los habitantes y clientes de Bergues, pero este proceso de aprendizaje se caracteriza por una gran reflexividad y pierde así toda su intuición y naturalidad.

— La realidad lingüística refleja de manera adecuada que la integración en una comunidad se apoya en la integración lingüística.

— Lo que en general no transmite la película es la dinámica de situaciones de contacto y la evaluación de la situación comunicativa y discursiva para la selección de la(s) variedad(es) adecuada(s) (véase la no consideración de divergencias entre las variedades de la inmediatez comunicativa y de distancia ya mencionada al inicio del trabajo).

— La película parece —por las nivelaciones obvias en la representación de contacto de lenguas o, mejor, variedades en esa parte de Francia— dar la imagen de introducción a la variación lingüística y cultural.

Estas nivelaciones, que resultan de la selección forzada de sólo algunos rasgos lingüísticos típicos a fin de caracterizar la variedad de chti y el contacto de variedades lingüísticas, acercan las estrategias de ficcionalización del contacto de lenguas a aquellas de oralización en contextos ficcionales. Se puede demostrar que los rasgos lingüísticos utilizados en la película se encuentran en descripciones de las variedades picardas o chti y por ello podrían ser de utilidad no sólo en la película sino también en la realidad lingüística de signos de reconocimiento de esas variedades. Sin embargo, las situaciones de contacto, en general, experimentan una clara ficcionalización por comprender contacto de lenguas o variedades en un esquema unidimensional que casi no integra las dimensiones discursivas y pragmáticas y se centra exageradamente en las características de pronunciación y de léxico.

5. El doblaje al alemán

La presentación de la situación de contacto entre los hablantes de francés y de chti tiene que recibir un doblaje adecuado. Pero ¿qué se considera «adecuado» en este caso? La historia de la película está incluida en un contexto francés, así que los espectadores ya van a constatar en todo caso una diferencia lingüística después del doblaje (véase Albrecht 2005: 234). La neutralización de la situación de contacto que se constata en ejemplos de traducción literaria no es pertinente porque la situación de contacto de lenguas o variedades así como de culturas es constitutiva de esta película francesa.[11] Otras posibilidades de transformación que se ofrecen son la traducción a una variedad diastrática o ideolectal o la creación de una lengua artificial, lo que supone un proceso altamente creativo. La autora del doblaje al alemán, Beate Klöckner, se decidió por este último procedimiento. Y con razón se le concedió el premio alemán de doblaje en la categoría de «guión» en 2008 (Kurtz 2009). La autora misma explicó su decisión en una entrevista con un periódico alemán:

> WELT ONLINE: Warum hat man für den nordfranzösischen Dialekt der Sch'tis nicht einfach einen deutschen Dialekt genommen?
> Klöckner: Weil das eine französische Eigenheit ist. Es gibt das Sch'ti ja. Es wäre nicht komisch, wenn die Sch'tis jetzt ostfriesisch geredet hätten. (Heine 2008)[12]

La autora del doblaje ha encontrado pues un modelo en el que enriquece los diálogos en alemán también con rasgos lingüísticos del chti para que no se pierdan estas características tan presentes en la versión original.

> WELT ONLINE: Sie haben aber nicht nur die Wörter übersetzt, sondern auch die Struktur übernommen.
> Klöckner: Ich verdrehe natürlich wie im „Sch'ti" die Buchstaben S und Sch. Aber viel konsequenter als im Original. Die haben das nämlich manchmal vergessen. Sie haben nicht damit gerechnet, dass der Film so ein Erfolg wird, sonst hätten sie sehr viel sorgfältiger gesprochen. Im Original sagt Dany Boon ganz oft korrekt „Post" statt „Poscht". Wo ist da das Sch'ti? So etwas muss ich im Deutschen vermeiden. Sonst heißt es: Jetzt hat die Klöckner das Sch'ti vergessen! (Heine 2008)[13]

---

[11] Hay casos de neutralización diatópica también en esta película: el hijo de Philippe Abrams, el tío de Julie y un agente de tráfico, que hablan diferentes variedades del francés, utilizan en la versión alemana alemán estándar (Brons 2009: 75).

[12] Nuestra traducción: «WELT ONLINE: ¿Por qué no tomó un dialecto alemán para doblar el dialecto de los Schtis? Klöckner: Porque es una peculiaridad francesa. Los chtis existen. No sería gracioso que los chtis hubiesen hablado en frisón oriental».

[13] Nuestra traducción: «WELT ONLINE: No tradujo sólo las palabras sino que adoptó también la estructura. Köckner: Como en el chti, trueco, por supuesto, las letras; empleo la s por la sch [ʃ]. Pero lo hago de manera más consecuente que el original. Es que allí lo olvidaron a veces. No pensaron en que esa película tendría un éxito tan grande; si no, hubiesen hablado con mucho más cuidado. En el original, Dany Boon emplea a menudo la pronunciación correcta

La escena de la introducción lingüística y cultural por parte del tío de Julie que ya hemos visto en la versión original se transforma en alemán de la siguiente manera:

(1 b)   Philippe: eh / also ich muss ins Nord-Pas-de-Calais ziehen / eine Versetzung und Julie hat gesagt Sie kennen die Gegend um Lille gut
Onkel: oh ja 1934 hat meine Mutter mit einem Schüttemi geschlafen
Philippe: wie war das?
Onkel: ich sage 1934 hat meine Mutter mit einem Schüttemi geschlafen
Philippe: einem Schüttelmich?
Onkel: nein kein kein Schüttel Schüttelmich einem Schüttemi ein Schüttemi so heißt alles da oben Frauen Männer Kinder alles Schüttemi da
Philippe: Schüttemi?
Onkel: selbst selbst die Tiere sind Schüttemi Hunde sind Schüttemi die Katzen Katzen sind Schü Schüttemi Kühe Kälber Hühner alles Schü Schüttemi und die Sprache ist auch Schüttemi / die sagen o [o] statt a [a] und s [s] anstelle von sch [ʃ] aber sch [ʃ] können sie können sie das sagen sie statt s [s] das sind Irre Irre / und glaubst du endlich du verstehst alles erfährst du dass Putzlappen / Wischnippel genannt wird also buhh (DBA: 12:58-13.52)

Como podemos ver en la escena siguiente la pronunciación chti tiene su equivalente en la versión alemana preferentemente en el uso de más fricativas (*Bus > Busch*; *seinen > scheinen*, etc.):

(2 b)   Philippe: Bailleul warten Sie / es gibt keine Möbel / wo sind die Möbel he? was soll das? / gibt's keine Möbel?
Antoine: na ja Ihr Vorgänger hat schie mitgenommen he?
Philippe: wie? er hat die Möbel mitgenommen?
Antoine: na er hat schie in' Busch gebracht
Philippe: in welchen Busch?
Antoine: na in scheinen
Philippe: wie jetzt die Möbel in Scheinen?
Antoine: die Möbel in schein' Busch
Philippe: die Möbel im Busch was macht er mit den Möbeln im Busch? die nimmt man doch nicht mit in'en Urwald
Antoine: aber nein nischt in den Urwald in' Busch er hat schie eben mitgenommen

---

de "Post" [s] en vez de "Poscht" [ʃ]. ¿Pues qué pasa entonces con el chti? Hay que evitar tales inconsecuencias en la versión alemana. Si no, la gente diría: ¡Pues, mira, ahora se le ha descuidado el chti!».

Philippe: Urwald oder Busch ist dasselbe
Antoine: ach finden Sie?
Philippe: es war ja wohl kein Fliederbusch
Antoine: eh nein
Philippe: na also dann sind die Möbel jetzt im Urwald
Antoine: oh nein nein ach wasch nein die Möbel sind im Busch
Philippe: meine Rede junger Mann
Antoine: ich red vom Omnibusch
Philippe: alles klar im Bus sehr gut im Bus
Antoine: wohin sonst scho ischts
Philippe: in Scheinen im Busch oh Mann reden hier alle so?
Antoine: na ja Schti ist eben Schti manche sprechen auch normal hier scho ischt dasch aber ich würde eher schagen fascht kaum einer (DBA: 21:34-:22:55)

Las sibilantes (consonantes fricativas y consonantes africadas) cambian en la versión alemana «no marcada» y chti según ese esquema y se realizan casi siempre como sibilantes sordas:

sonido «no marcado»	sonido chti alemán
[s]	[ʃ] = Busch, scheinen, schie, scho, musch, verpaschen
[z]	[ʃ] = alscho
[ts]	[tʃ] = jetsch
[st]	[ʃt] = ischt, Poscht
[ç]	[s] = is, nis(t)
[ʃ]	[s] = bestellen

La autora del doblaje se concentra también —como ya es el caso en la versión original— en marcar el chti solamente con unos rasgos para no entorpecer la recepción y comprensión de los espectadores (Brons 2009: 80-81).

Pero Klöckner cambia también las vocales, sobre todo aquellas que se encuentran delante de las sibilantes: así el pronombre interrogativo alemán *was?* se transforma en *wasch?* o *wusch?* (véase también Brons 2009: 80). En nuestra opinión, hay dos posibilidades de explicación de este cambio. Como hemos visto en el apartado anterior, la pronunciación de las vocales /a/ y /o/ varía también en las regiones donde se habla chti y en algunas variedades diatópicas alemanas; por ejemplo, ese cambio es común en bávaro. Klöckner consigue así introducir a los espectadores en un mundo lingüístico que parece menos extranjero e imaginativo.

Además la autora del doblaje utiliza otros medios lingüísticos para poner de relieve la confusión en esa escena de la llegada a la habitación. Juega con la homofonía de *scheinen*, que significa en la versión chti del alemán 'su' —marcador de posesión— y en alemán estándar 'billete de banco'. Y añade también un tipo de polisemia que no existía en el original. Se trata de la polisemia de *Busch* que corresponde a 'arbusto' y a 'selva virgen' (véase también Brons 2009: 82). Klöckner activa así otra escena diferente a la del original, que queda fuera del contexto situacional pero que funciona muy bien porque mantiene en todo momento la confusión provocada por la homofonía en la versión original.[14]

La autora del doblaje inventa también palabras sin salirse de los límites del sistema lingüístico alemán y del chti alemán elaborado por ella. Así, los tacos en chti de la escena del «curso de lengua» ya mencionada y el *wassingue* de la escena introductoria se ven transformados en las siguientes expresiones:

	Chti de la versión original	*Chti de la versión alemana*
(3a/b)	vin di diousse	Gottverdaulicher
(5a/b)	du brun	Schisstrack
(6a/b)	boubourse	Blödbommel
(7a/b)	milliard	Braunkack
(9a/b)	wassingue	Wischnippel

La base de esa transformación reside muchas veces en la polisemia de las formas chti y francesa, por ejemplo *vin di diousse!* corresponde a *putain!* '¡caramba!, ¡maldita sea!' — *verdammt!*. Klöckner conserva el significado de *diousse* 'dios' y lo fusiona con la forma *ver-*,[15] pero altera *verdammt* en *verdaulicher*, que no existe así en el sistema alemán (véase también Brons 2009: 91). Si bien esta forma no existe en alemán, Klöckner sigue perfectamente los principios de la creación de palabras. Para el insulto *du brun*, Klöckner utiliza una forma sinónima y emparentada con la traducción de *merde* en alemán *beschissen* — *vertrackt* que se usa en los mismos contextos situacionales (también Brons 2009: 91). Como Klöckner fusiona *Schiss* y *Track*, esta composición se transforma en una forma pleonástica, que es mucho más expresiva.

---

[14] Brons menciona también la buena sincronización de esa escena a pesar de que la escena cambiase fundamentalmente (Brons 2009: 82).

[15] Parece interesante poner de relieve que *ver-* existe como prefijo en alemán, a pesar de eso ni en *verdammen* ni en *verdauen* es un prefijo, sino una parte integrante de la base.

Boubourse conserva el concepto de 'idiota' o 'imbécil' existente también en la forma del francés estándar, pero se le añade la forma *bommel* que suena bien y hace ligeramente alusión a *Bommel* 'pompón'. Pero también para lexemas del chti no connotados como «vulgares», como *wassingue,* la autora del doblaje encuentra soluciones convincentes y divertidas relacionando en este caso la base alemana *Wisch* 'trapo' con *Nippel*, que quiere decir 'boquilla'. En estas invenciones se refleja la extraordinaria creatividad de Klöckner, que sabe jugar de manera casi perfecta con las estructuras originales.

6. Conclusión

La autora del doblaje al alemán reconoce y conserva el gran valor de la situación de contacto de lenguas y culturas. Es altamente consciente de la importancia de la variedad chti para el funcionamiento de la película y por ello decide no representarla como una variedad diatópica cualquiera del alemán. Elige la construcción de una lengua artificial por lo que otorga al chti una posición similar a la del francés. Al igual que los autores del guión original de la película, también Beate Klöckner consigue configurar la variedad alemana del chti a través de algunos rasgos que retoman características comunes del chti, como el cambio de las sibilantes. El hecho de que Klöckner entre en un nivel de ficcionalidad distinto al de la versión original con la creación de una lengua artificial no es relevante. Su versión del chti alemán funciona perfectamente en este contexto puesto que los espectadores de la versión alemana van a percibir, como los de la versión original, el potencial «real» conflictivo pero también gracioso de las situaciones de contacto de lenguas, variedades y culturas.

7. Corpus

DB = BOON, Dany (2008). *Bienvenue chez les Ch'tis*. Hirsch-Pathe Renn Production.

DBA = BOON, Dany (2009). *Willkommen bei den Sch'tis*, nach einer Synchronfassung von Beate Klöckner, Hirsch-Pathe Renn Production.

8. Referencias bibliográficas

ALBRECHT, Jörn (2005). *Übersetzung und Linguistik*. Tübingen: Gunter Narr.
AUGER, Julie (2003). «Picard parlé, picard écrit: comment s'influencent-ils l'un et l'autre». *Bien dire et bien aprandre – Revue de Médiévistique* 21. 17-32.
BAUDISCH, Alix (2009). *Französische Fallstudien zur Filmsynchronisation. Eine linguistische Analyse von "Le Diner de Cons" und "Bienvenue chez les Ch'tis"*. Trabajo [inédito] final de máster. Freiburg: Universität Freiburg.

BERGER, Roger (2003). «Allocution d'ouverture». *Bien dire et bien aprandre – Revue de Médiévistique* 21. 7-13.

BETTEN, Anne (1994). «Analyse literarischer Dialoge». En FRITZ, Gerd; HUNDSNURSCHER, Franz (eds.) (1994). *Handbuch der Dialoganalyse*. Tübingen: Max Niemeyer. 519-544.

BLANK, Andreas (1991). *Literarisierung von Mündlichkeit: Louis-Ferdinand Céline und Raymond Queneau*. Tübingen: Gunter Narr.

BLOT, Denis; ELOY, Jean-Michel; ROUAULT, Thomas (2004). «La richesse linguistique du nord de la France». *INSEE Picardie Relais* 125. URL: <http://insee.fr/fr/insee_regions/picardie/themes/ipa/ipa125/ipa125.pdf>; fecha de consulta: 3-12-2009.

BRIL, Laurence (2008). *Le parler chti*. Riom: De Borée.

BRONS, Kathleen (2009). *Dialekt als Synchronisationsproblem am Beispiel des französischen Spielfilms "Bienvenue chez les Ch'tis"*. Trabajo [inédito] final de máster. Leipzig: Universität Leipzig.

CADERA, Susanne M. (2002). *Dargestellte Mündlichkeit in Romanen von Mario Vargas Llosa*. Genève: Librairie Droz.

CARTON, Fernand (1990). «Areallinguistik I B – Nördliche Dialekte, Picardie». En HOLTUS, Günter; METZELTIN, Michael; SCHMITT, Christian (eds.) (1990). *Lexikon der Romanistischen Linguistik*. Vol. V/I, *Le français*. Tübingen: Niemeyer. 605-615.

CARTON, Fernand (2003). «Ancien picard, picard moderne: quelle continuité?». *Bien dire et bien aprandre – Revue de Médiévistique* 21. 123-136.

CARTON, Fernand (2006). «Chtimi». En CARTON, Fernand; POULET, Denise (2006). *Le parler du Nord Pas-de-Calais*. Paris: Christine Bonneton. 139-140.

CARTON, Fernand; LEBEGUE, Maurice (1989). *Atlas linguistique et ethnographique Picard*. Vol. 1, *La vie rurale*. Paris: CRNS.

CARTON, Fernand; LEBEGUE, Maurice (1997). *Atlas linguistique et ethnographique Picard*. Vol. 2, *Le temps, la maison, l'homme; animaux et plantes sauvages; morphologie*. Paris: CRNS.

CARTON, Fernand; POULET, Denise (2006). *Le parler du Nord-Pas-de-Calais*. Paris: Christine Bonneton.

CHD = MICHEL LAFON (ed.) (2008). *Ch'ti Dico, français – ch'ti/ch'ti – français*. Neuilly-sur-Seine: Michel Lafon.

CLANCHÉ, François (2002). «Langues régionales, langues étrangères: de l'héritage à la pratique». *INSEE Première* 830. URL: <http://www.insee.fr/fr/ffc/docs_ffc/IP830.pdf>; fecha de consulta: 4-12-2009.

DAWSON, Alain (2008). «"Bienvenue chez les Ch'tis": la langue opaque». *Langues et cité* 12. 4.

DPP = DAIRE, Louis-François [1755] (2008). *Dictionnaire du parler picard*. La Rochelle: La Découvrance.

DURIEZ, Isabelle (2009). «Parlons sérieusement: le ch'ti, c'est quoi ?». *Le Courrier de L'Unesco* 2. URL: <http://portal.unesco.org/fr/ev.php-URL_ID=44551&URL_DO=DO_TOPIC&URL_SECTION=201.html>; fecha de consulta: 13-11-2009.

ELOY, Jean-Michel (1997). *La constitution du picard: une approche de la notion de langue*. Louvain-la-Neuve: Peeters.

FLUTRE, Louis-Fernand (1977). *Du moyen picard au picard moderne*. Amiens: Musée de Picardie.
HEINE, Matthias (2008). «So erfindet man einen deutschen Dialekt». *Welt online* 29-10-2008. URL: <http://www.welt.de/kultur/article2645685/So-erfindet-man-einen-neuen-deutschen-Dialekt.html>; fecha de consulta: 18-10-2009.
HENNE, Helmut (1984). «Gegensprechanlagen: Literarische Dialoge (Botho Strauß) und linguistische Gesprächsanalyse». En CHERUBIM, Dieter; HENNE, Helmut; REHBOCK, Helmut (eds.) (1984). *Gespräche zwischen Alltag und Literatur*. Tübingen: Max Niemeyer. 1-19.
KOCH, Peter; OESTEREICHER, Wulf (1990). *Gesprochene Sprache in der Romania. Französisch, Italienisch, Spanisch*. Tübingen: Max Niemeyer.
KÖNIG, Brigitte (2002). *Speech Appeal: Metasprache und fingierte Mündlichkeit im Werk von Mario Vargas Llosa*. Tübingen: Gunter Narr.
KURTZ, Andreas (2009). «Oma ist die Beste». *Berliner Zeitung* 3-4-2009. URL: <http://www.berlinonline.de/berliner-zeitung/archiv/.bin/dump.fcgi/2009/0403/berlin/0061/index.html>; fecha de consulta: 18-11-2009.
ROUMOIS-HASLER, Ursula (1982). *Dramatischer Dialog und Alltagsdialog im wissenschaftlichen Vergleich*. Bern: Peter Lang.
VERMESSE, Louis [1861] (1973). *Vocabulaire du patois lillois*. Marseille: Laffitte Reprints.
WEIDACHER, Georg Ernst (2007). *Fiktionale Texte – Fiktive Welten: Fiktionalität aus textlinguistischer Sicht*. Tübingen: Gunter Narr.

Patrick Zabalbeascoa

Universitat Pompeu Fabra, Barcelona

LA ORALIDAD PERDIDA: O CUANDO EL TEXTO ESCRITO ES MÁS ORAL QUE EL AUDIOVISUAL. EL CASO DE *TRAINSPOTTING**

1. Introducción

No existe una definición unánime de lo que constituye literatura, pero una característica parece innegablemente presente en cualquier obra literaria y ésta es la calidad de la expresión, incluyendo una gran sensibilidad por el lenguaje y un alto nivel de la explotación de recursos estilísticos y retóricos.[1] Desde este punto de vista, el cine y el texto audiovisual en general también pueden albergar —o considerarse— una obra literaria, tanto si sólo consideramos sus elementos de expresión verbal como si incluimos en nuestra concepción de lenguaje el lenguaje cinematográfico, y por extensión, el semiótico en su conjunto. Así que una obra literaria puede suscitar discrepancias sobre la veracidad, manipulación o ficción de lo relatado, sobre la originalidad de sus elementos o su grado de intertextualidad, sobre el significado de su mensaje o los niveles y posibilidades de interpretación que pueda tener; sobre sus intenciones, su ideología, etc. Lo que no se puede discutir es la calidad de los recursos de expresión, una vez se ha decidido que la obra constituye literatura. La literatura es, pues, una celebración del lenguaje, es la cima de la capacidad expresiva del

---

[*] Este estudio se ha escrito en el marco del grupo de investigación consolidado CEDIT (Centre d'Estudis de Discurs i Traducció) reconocido por la AGAUR (Agència de Gestió d'Ajuts Universitaris i de Recerca) de la Generalitat de Cataluña con número de referencia 2009 SGR 711 y del proyecto de investigación HUM2007-62745/FILO *La Oralidad Fingida: Descripción y Traducción* (OFDYT), financiado por el Ministerio de Educación y Ciencia.

[1] No es el objeto de este estudio enumerar y calibrar un listado de diferentes definiciones de literatura. A modo de ejemplo citamos sólo parte de la definición que ofrece *The New Encyclopaedia Britannica* en su 15.ª edición: «The name is often applied to those imaginative works of poetry and prose distinguished by the intentions of their authors and the excellence of their execution» (NEB: vol. 7, 398).

ser humano (junto con las otras artes). No hay divorcio, por tanto entre lengua y literatura, la literatura es lengua; y también es arte, por supuesto. Una parte significativa de la literatura rompe esquemas y normas lingüísticas, pero romper esquemas (siempre subjetivos y sujetos a gustos más o menos acotables) y determinadas normas lingüísticas no conlleva que la obra literaria tenga ningún error desde el punto de vista de omisiones o incapacidad del escritor literario (a diferencia de otros escritores) de expresar lo que quiere decir de la manera que lo quiere decir; sus transgresiones no se producen por ignorancia de las normas supuestamente violentadas. El escritor literario conoce perfectamente las normas ortográficas, sintácticas, etc. y como las conoce y las domina, decide hasta qué punto le sirven.

Una preocupación frecuente entre autores literarios es el reflejo o la recreación en sus obras de diversas formas de expresión lingüística de las comunidades lingüísticas de las que forman parte, incluyendo las variedades orales y coloquiales. El grado de su éxito se mide por su gran credibilidad y por casos como el que sintetiza Araceli López Serena (2007: 192), cuando dice que desde los primeros estudios estilísticos sobre el español coloquial, la literatura realista ha disfrutado de una condición de corpus privilegiado para el análisis de dicha modalidad de uso. El problema reside en que la literatura tiene ciertas limitaciones a la hora de reflejar con toda fidelidad la lengua «común», sobre todo la de circunstancias de comunicación real. Por un lado, ya hemos dicho que la literatura se diferencia de otras manifestaciones lingüísticas en la medida en que está en un nivel superior, ya que representa lo mejor de la lengua, aún cuando lo que se pretende es recrear lo peor (supuestamente) de la misma. Un reflejo literario de un supuesto subestándar (como en el caso de *Trainspotting*) no conlleva que ni la obra literaria, ni su calidad expresiva sean subestándar. Hay cuadros (de las artes plásticas) que incluyen trozos sucios y rotos de tela y de periódico, pero el conjunto final se considera artístico, no basura reciclable.

Otras limitaciones aparecen por la necesidad de adaptarse a las circunstancias de (re)presentación, difusión y perduración de la obra literaria. La literatura (oral) en verso, por ejemplo, aparece como una técnica de recitación y de facilitación de su memorización y puesta en escena, o representación, lo cual ayudaba a transmitir la literatura de una generación a otra. Por otra parte, si consideramos que los hablantes comunes son simples aficionados de la lengua, podríamos decir que el conjunto de técnicas al que recurren los que usan la lengua de manera profesional es la retórica.[2] Así que los recursos retóricos se encuentran más frecuentemente y mejor explotados en textos literarios que en otras manifestaciones lingüísticas. La idea que pretendemos desarrollar aquí es que las técnicas retóricas que se utilizan en algunas obras literarias como la novela *Trainspotting* de Irvine Welsh para mimetizar una determinada variante oral, sorprendentemente tienen más visos de oralidad que las técnicas retóricas a las que se recurre en sus adaptaciones cinematográficas y al traducirse.

2. La oralidad escrita y cinematográfica

La literatura escrita no necesita rimar, ni incluir otros recursos típicos de la llamada tradición oral, y así es como se da origen a la prosa y se desarrolla ésta, a partir de un conjunto de características propias de este medio, produciéndose un distanciamiento con la oralidad:

> [T]his is not to imply that there will be one clearly defined 'written' variety; what emerges is a new range of functional variation, which leads to the emergence of configurations of semantic and lexico-grammatical patterns that then come to be recognised as characteristic of writing. (Halliday 1985: 45)

Sin embargo, la literatura escrita (tanto en prosa como en verso) no pierde su aspiración a reflejar la lengua, y la lengua es fundamentalmente oral. Por lo tanto, la prosa incluye diálogos combinados con pasajes narrativos o recurre a rasgos de pretendida oralidad, aún sin los diálogos, en pasajes de diversos tipos, como pueda ser el monólogo interior, o simplemente registros coloquiales dentro de pasajes descriptivos o narrativos, que manifiestan ecos de cosas que hemos oído o podríamos haber oído (Alsina 2008: 16-17):

> El estudio del español coloquial ha estado, desde sus comienzos, estrechamente vinculado a los textos literarios [...] que pretendían conferir a sus diálogos un cierto aire de habla viva. Pero tal vínculo se ha ido redefiniendo con el paso del tiempo. (López Serena 2007: 191)

---

[2] Igual que en el caso de la definición de literatura no se trata aquí de valorar diferentes acepciones de lo que se entiende por retórica. Vuelve a bastar una breve cita de la *New Encyclopaedia Britannica*: «Progressive thinkers of the post-structuralist school, who see language as a cultural structure which preexists and conditions the individual, would have rhetoric examine not only language but other forms of discourse in culture related to language, such as motion pictures, television, advertising, financial markets, political parties, education systems, and so forth, which are rhetorical by nature, that is, instituted to persuade and to effect particular results» (NEB: vol. 10, 20).

Antes de la llegada de diversos sistemas de grabación, reproducción y difusión de sonido la literatura escrita cumplía —y no ha dejado de cumplir, aunque ya no de manera tan exclusiva— un papel impagable de conservación de algunas maneras de hablar, como vemos en la anterior cita de López Serena (2007) y el resto de su capítulo dedicado a la mímesis de la oralidad en la narrativa española de la posguerra. Las obras literarias se convierten así en documentos históricos de la evolución de la lengua y de la variación lingüística, complementando así tratados y estudios de vocación científica y lingüística, en la medida que cualquier estudio histórico de la oralidad de épocas pasadas, anteriores a (o al margen de) los estudios de grabación sistemática, sólo puede ser especulativo a través de manifestaciones indirectas, entre las que se podría incluir las obras literarias escritas con mayor vocación de recreación fidedigna de la oralidad de su propia época.

En la medida en que un autor, como el caso de Irvine Welsh con *Trainspotting*, intenta reflejar en su obra distintas maneras de hablar, y pretende caracterizar a sus personajes por la manera en que hablan, y tiene un propósito declarado de recuperación o conservación de una variante lingüística que corra cierto peligro de caer en el olvido (en este caso una variante popular de Edimburgo), aporta datos muy interesantes para que podamos saber más sobre determinados aspectos de la lengua oral, ya sean dialectos, sociolectos o rasgos de distintos tipos de discurso o interacción oral. Estas características quedan visiblemente reducidas en la transformación de la obra escrita en producto audiovisual, una circunstancia que queda patente en las diferencias tan grandes que existen entre los ejemplos (2) y (3a), que aparecen más abajo. El objetivo del presente trabajo es analizar la importancia del dialecto de Edimburgo y su papel en la obra literaria y las diferencias con la obra cinematográfica y sus respectivas traducciones. Para ello, en parte, aludimos al objetivo del autor de la obra literaria. Según dice éste, tiene un componente reivindicativo nacionalista, destacando el modo de vivir real en Escocia, y para ello recurre a una oralidad lo más «real» posible también. El mismo Welsh parece indicar que se ve a sí mismo realizando una labor de reflejo sociolingüístico y dialectal. En la medida en que faltan estudios lingüísticos caracterizadores de este dialecto, o tienen una escasa difusión, el autor realiza una cierta contribución, por muy matizable que sea.

Obviamente, la oralidad que aparece reflejada en las obras literarias no tiene el mismo valor sociolingüístico que las transcripciones de grabaciones realizadas de muestras de oralidad plenamente espontáneas o realizadas en contextos de comunicación oral real, como por ejemplo una reunión o una conferencia. Las transcripciones de grabaciones de auténticas conversaciones espontáneas coloquiales suelen resultar muy complicadas de entender y de seguir cuando las sacamos de su contexto visual original (aún disponiendo de la imagen) si no contamos con cierta información adicional sobre los interlocutores, la relación que tienen entre ellos, sus intenciones, etc.:

> Rather than oppose orality and literacy, it seems more rewarding to study how the written text re-enacts, transforms or plays with oral forms, what it keeps of orality, what it cannot use or what it discards. Strictly speaking, there is no orality whatsoever in a written text. The written text sometimes mimes orality. It creates the illusion of orality, a pretence which is the result of conventions. Thus, it should be called written orality or quasi-orality. Written orality is obviously a fabrication. It is not necessarily part of the reality effect as we know it in fiction. Indeed, it may also concern non-fictional texts which use quotation marks, for instance. However written orality certainly contributes to the reality effect in fiction since it places conversations in the present moment of reading. This certainly contributes to a certain extent to the power of persuasion of written orality. But the forms and types of written orality vary a lot. (Lepaludier 2006: 2)

Así se entiende que las conversaciones que leemos en las obras literarias escritas no suelen ser más que estilizaciones, abstracciones, o aproximaciones a lo que sería la versión real (Lepaludier 2006) de lo que sería esa misma conversación si se hubiera llevado a cabo con interlocutores de carne y hueso, condicionado todo ello por el conjunto de la obra literaria que se pretende crear. Para ilustrar esto basta con ver la recreación de diversas formas dialectales por parte de Mark Twain, entre muchos otros, realizadas en una época anterior a la publicación de propuestas científicas y sistemáticas de signos de representación fonética (la IPA data de 1897, y *Huckleberry Finn* de 1884). Además, como los escritores no utilizan sistemas de transcripción fonológica ni fonética reconocidos por los lingüistas o los lexicógrafos, recurren a representaciones de sonidos jugando con el léxico, la puntuación y la ortotipografía, y no sólo para reflejar una determinada manera de hablar sino probablemente también para cumplir con otras funciones o características de la obra literaria, como podría ser la de divertir o sorprender. En el caso de *Trainspotting* el objetivo principal (siempre discutible cuando se trata de obras literarias susceptibles de múltiples interpretaciones) es la denuncia de la situación de las drogas y otros problemas de la sociedad escocesa, creando un fuerte contraste con visiones más románticas y estereotipadas del país.

Algo parecido a todo esto, que es característico de la literatura escrita, ocurre también en la producción de obras cinematográficas, y en sus traducciones, y no es de extrañar ya que hemos defendido más arriba que una película podría considerarse literatura si logra un reconocimiento de la calidad de su expresión artística, en diferentes niveles semióticos (por ejemplo plástico/fotográfico y musical), incluido el lingüístico. El argumento del presente estudio es que podría parecer lógico o incluso automático que la misma naturaleza audiovisual de la obra cinematográfica la convierte en un modo de expresión que puede reflejar la lengua oral más fielmente o con mayor riqueza expresiva, dado que se pueden oír las palabras habladas e incluso pueden ir acompañadas del necesario soporte de elementos paralingüísticos y no verbales que completan el sentido con el que se pueden interpretar. Siguiendo la lógica de la afirmación anterior de Lepaludier, de que no existe oralidad en un texto escrito, hay que decir que sí existe la oralidad en el cine sonoro dado que los espectadores pueden oír voces, diálogos, discursos, monólogos, etc. Sin embargo, incluso en el cine, y aún pudiendo escuchar voces que enuncian las palabras y las frases en un acto real de oralidad según los parámetros de fonética articulatoria, acústica y perceptiva, lo que resulta fingido, simulado, ilusorio, es la (pretensión de) espontaneidad, la fidelidad sociolingüística, discursiva y conversacional, en parte por lo ya apuntado; es decir, que la realidad con demasiada frecuencia podría resultar anodina y exasperante para un espectador o lector, y requiere de una recreación, una sublimación, una selección, o una manipulación, para ser digerida por lectores y espectadores. En esta línea, podríamos defender la idea de que se puede marcar una diferencia entre realidad y realismo, y a lo que se apunta en la obra literaria es al realismo, a la credibilidad, a la verosimilitud, incluso si llega a haber discrepancias entre el estereotipo «creíble» y la realidad, que podría ser sorprendente y hasta «increíble» o difícil de entender o apreciar.

El modo de expresión audiovisual permite no sólo ver a los interlocutores y su entorno, lo cual ayuda a dar sentido a lo que dicen, sino que también permite prescindir de las convenciones escritas de las transcripciones o representaciones grafémicas de la oralidad más propias de las novelas, (si exceptuamos las convenciones de la subtitulación y de los guiones escritos a los que tienen que dar vida oral los actores y actrices) para pasar a escucharlas directamente, incluyendo todo el aparato paralingüístico y suprasegmental de la entonación, el tono, el volumen, la velocidad, el acento, el timbre y el tipo de voz, etc., junto con la visión del lenguaje corporal y gestual y otros elementos no verbales (cuando el hablante entra en pantalla). Estos rasgos, que en la literatura escrita sólo se pueden reflejar de manera indirecta (Poyatos 1997: 20-24), con descripciones verbales o recurriendo a la tipografía o a la puntuación, por ejemplo, en el cine y en la televisión se pueden, uno pensaría, escuchar —y apreciar— directamente. Y es posible que suceda así en algunas ocasiones. En cambio, en obras donde la propuesta artística del escritor más claramente incluye la creación o recreación de una o varias formas determinadas de hablar, como en los casos de *Trainspotting* o *A Clockwork Orange* (*La naranja mecánica*, en su versión española), sorprende constatar que la obra escrita puede llegar a incluir más marcas de oralidad y dibujar un retrato más completo, por muy indirecta que sea la técnica, de una determinada manera de hablar, dialecto o sociolecto, que la que encontramos en sus adaptaciones cinematográficas. Por otra parte, sorprende, hasta cierto punto, dado el número de casos similares, que ni la traducción escrita ni las versiones en español de la adaptación para el cine hayan puesto especial esmero en reflejar de alguna manera la propuesta lingüística del autor del texto inglés. En el caso concreto de *A Clockwork Orange* (AB), el autor de la novela nos propone toda una variante lingüística creada sólo para la ocasión de la creación artístico-literaria de esta obra, un argot muy completo, llamado *nadsat*, con unos 287 términos específicos, cuyo número y densidad quedan notablemente reducidos (77 términos diferentes) en la adaptación cinematográfica de Stanley Kubrick (SK) de 1971. En el caso de *Trainspotting*, por el contrario, no se trata de un argot inventado sino supuestamente del fiel reflejo de un dialecto de Edimburgo, mezclado con algunos términos propios de la jerga de los consumidores y traficantes de estupefacientes. Lo que comparten las dos novelas con respecto a sus adaptaciones para la pantalla es que la inmediatez comunicativa (siguiendo la propuesta de Koch/Oesterreicher 2007: 21-42) es mucho más completa y efectiva en sus versiones escritas, lo que aumenta la sensación de oralidad.

Ejemplo de *A Clockwork Orange*:

(1)   Well, what they sold there was milk plus something else. They had no licence for selling liquor, but there was no law yet against prodding some of the new veshches which they used to put into the old moloko, so you could peet it with vellocet or synthemesc or drencrom or one or two other veshches which would give you a nice quiet horrorshow... (AB: 1)

En el caso de la adaptación para el cine me atrevo a aventurar algunas causas de esta pérdida de oralidad que parece más lograda en la obra escrita. En los casos de *Trainspotting* y de *A Clockwork Orange*, obras en las que se han detectado ciertos paralelismos, la intención de cada autor de proponernos un modelo de lengua alternativo (ejemplos 1 y 2) queda patente desde el primer momento y se sostiene a lo largo de la obra escrita. Al principio resulta ciertamente complicado descifrar algunos de los significados de vocablos o representaciones fonéticas muy alejadas de formas más estándares de la lengua (inglesa en este caso). *Trainspotting* propone al lector una variante del inglés que supuestamente hablan algunos sectores de la zona de Edimburgo, en Escocia. Los personajes principales que hablan esta variante son de allí, son jóvenes y están atrapados en el mundo de las drogas, ya sea como consumidores, traficantes o porque se relacionan con alguien así. Su habla intenta reflejar su distanciamiento con otros sectores de la sociedad, sobre todo con la metrópolis pero también con estereotipos más románticos de la vida en Edimburgo. En el caso de *A Clockwork Orange*, su autor Anthony Burgess propone un argot pretendidamente oral y creado específicamente para la ocasión, más o menos de Londres, en Inglaterra, pero con la clara intención de conseguir una cierta atemporalidad con su argot inventado, siendo consciente Burgess de la rápida caducidad de muchos argots reales. En ambas obras, aunque nos centraremos más en *Trainspotting*, la lengua es uno de los temas de la obra literaria, uno de sus ejes principales. Alguien podría pensar que sus respectivas adaptaciones al cine se producen en parte para dar mayor realce precisamente a esta característica, y sin embargo no sucede así.

Existen por lo menos dos filtros de convenciones que a menudo se han descrito como causantes de pérdida de naturalidad expresiva y credibilidad (por ejemplo Marzà Ibáñez/Chaume 2009). A veces, aunque no siempre, se asocia la pérdida del efecto de oralidad a la pérdida de naturalidad y credibilidad, de manera que credibilidad casi llega a confundirse con oralidad. Esto se debe al hecho de que los diálogos de los guiones para largometrajes de ficción, aparte de otros requisitos y características, son escritos para ser hablados como si no se hubieran escrito, mientras que en las novelas son escritos para ser leídos como si fueran oídos (siguiendo el modelo de Gregory/Carroll 1978, véase la Figura 1). Estos filtros, descritos ampliamente en la bibliografía especializada (por ejemplo, Gambier/Gottlieb 2001 y Díaz-Cintas 2008), son: las convenciones del guionismo y las convenciones de la traducción de una cultura determinada, y además las de las diferentes formas de traducción audiovisual, principalmente el doblaje (traducción, grabación y voces intérpretes) y la subtitulación (traducción y modos de proyección). Hasta ahora, sin embargo, el énfasis de este tipo de estudios (por ejemplo, Marzà Ibáñez/Chaume 2009) ha recaído en que el cine hablado, los doblajes y el subtitulado resultan menos creíbles o naturales en sus rasgos de oralidad con respecto al discurso oral de los hablantes reales, para el primer caso, y con respecto a la versión original de la película para el caso del doblaje y la subtitulación. El presente estudio pretende poner el acento en que estas formas audiovisuales pueden llegar incluso a reflejar menos rasgos de oralidad, o rasgos más desdibujados, si las comparamos con las obras escritas de las que a menudo proceden.

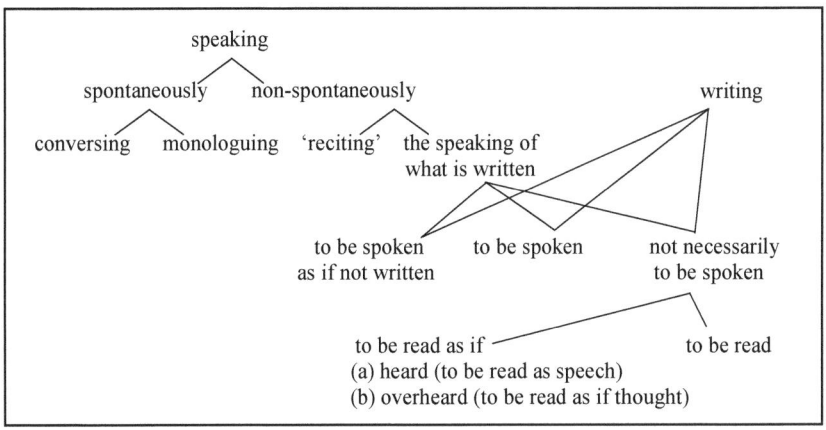

Figura 1. Comunicación verbal oral y escrita según Gregory y Carroll (1978: 48)

Parece que una de las causas restrictivas propia de los largometrajes más típicos podría ser el tiempo de exposición por parte del espectador de la sala de cine a estas propuestas más o menos complicadas. El lector del libro tiene la ventaja sobre el espectador de la película de disponer de más tiempo (es decir, páginas) para irse acostumbrando a las dificultades lingüísticas y ortotipográficas, y el tiempo que invierte en familiarizarse con ellas lo aprovecha en páginas sucesivas cuando se repiten los mismos rasgos una y otra vez. El espectador de un típico largometraje sólo dispone de unos 90 o 100 minutos para asimilar cualquier complicación y realizar las necesarias deducciones y conjeturas, sin saber en cada momento de la película qué es lo que vendrá a continuación, si lo que no entiende ahora tendrá sentido más tarde y de qué modo. El lector puede adecuar la velocidad de su lectura a su capacidad de asimilación; puede volver atrás y releer pasajes o palabras difíciles, puede consultar el glosario de la edición que lo tenga, etc. Al espectador que está sentado en un cine no se le permiten este tipo de recursos de asimilación e interpretación. La película se proyecta a una velocidad fija sin posibilidad de rebobinarse al gusto de cada espectador; a diferencia del caso del DVD casero, por ejemplo.

Otro factor podría hallarse en el perfil del público destinatario. En el caso del cine, salvo casos declaradamente minoritarios, se suele buscar un público lo más amplio posible, y los productores y distribuidores suelen entender eso en términos de facilidad de asimilación y disfrute inmediato de la propuesta cinematográfica; si además de cumplir estos requisitos se logra una obra artística, pues mejor, pero no se suelen sacrificar unas mínimas garantías de taquilla, que por lo menos puedan cubrir la inversión inicial. Así que los riesgos que se toman en el cine sólo se toman si son riesgos de cara a lograr más taquilla. Un libro puede tardar mucho más que una película en convertirse en un éxito; en un caso podemos estar hablando de meses, o incluso años, en el caso del cine suele ser cosa de días, o un par de semanas. Además, hay que tener en cuenta los mecanismos de censura y las clasificaciones que se otorgan a las películas según las edades para las que se permite o recomienda, lo cual puede reducir todavía más los ingresos en taquilla.

Otra razón, tampoco muy alejada de la voluntad de alcanzar un público amplio, la encontramos en las convenciones narrativas del cine, según las cuales el público suele esperar ver una historia que tiene un principio, un nudo y un desenlace más o menos claros, aunque no se tenga por qué seguir una narración lineal, ni cronológica. *Pulp Fiction*, por ejemplo, no es nada difícil de seguir aunque se estructura según diferentes hilos argumentales, en distintos momentos y lugares. El autor del libro de *Trainspotting* confiesa que incluso en el caso del libro se sintió más o menos obligado a cerrar su novela con un episodio más narrativo de finalización y cierre, a pesar de que un aspecto importante de su técnica consiste precisamente en relatos aparentemente sueltos sin una línea argumental clara, dando prioridad precisamente a la caracterización de los personajes por encima de la estructura narrativa, algo que queda invertido en la adaptación para el cine en lengua inglesa.

Cada personaje de la novela tiene un modo de expresión característico, recurriendo al monólogo interior. El personaje de Sick Boy, por ejemplo, recrea diálogos imaginarios con el famoso actor Sean Connery (en la película este rasgo se simplifica, y sólo habla de él no con él, y le imita). Pero lo que nos interesa especialmente son los capítulos en los que se da voz al personaje de Mark Renton en los que destaca una especie de transcripción fonética de su modo de hablar, retratando su dialecto específico de Edimburgo. Esta característica queda subrayada, si cabe, dada su evidente dificultad para el lector, por otros capítulos escritos en un inglés británico mucho más estándar y familiar. Un rasgo que distingue la película del libro en el que se basa es la existencia de una trama que se desarrolla linealmente y de manera coherente, un tipo de cambio frecuente en las adaptaciones cinematográficas, que suelen buscar personajes más planos pero historias más redondas y con un final claro, y a poder ser no demasiado deprimente (con algunas honrosas excepciones) y con la matización de que «deprimente» no es lo mismo que triste o dramático. La estructura de un largometraje típico a menudo se parece más a la de un relato corto, y de hecho muchas adaptaciones cinematográficas provienen de cuentos cortos o episodios de novelas estructuradas por relatos semiindependientes. La novela *Trainspotting* comparte muchas de estas características, aunque en este caso la película no se ha basado en un solo relato, sino en la obra en su conjunto.

3. Ejemplos y análisis

A continuación presento un par de ejemplos de lo dicho hasta ahora y un somero análisis de los mismos que sirva para seguir desarrollando el argumento de nuestro estudio.[3]

El primer ejemplo se extrae de la primera página del libro en inglés y su traducción al español.

(2)	—Aw, ah sais. Ah wanted the radge tae jist fuck off ootay ma visage, tae go oan his ain, n jist leave us wi Jean-Claude. (IW: 1)	"Aah", digo yo. Sólo quería que el mamón se fuera a tomar por culo donde no le viera, que se fuese solo, y me dejara a mí con Jean-Claude. (IWE: 1)

A su vez, el segundo ejemplo reproduce el discurso de los primeros minutos de la película mediante la *voz en off* de Renton, el protagonista y narrador. Entre corche-

---

[3] Véase también la crítica de la traducción francesa (Cartoni 2000).

tes, pequeños fragmentos omitidos de otros personajes, y entre paréntesis algunas palabras omitidas del mismo Renton.

(3 a) Choose life. Choose a job. Choose a career. Choose a family. Choose a fucking big television. Choose washing machines, cars, compact disc players, and electrical tin openers. Choose good health, low cholesterol and dental insurance. Choose fixed-interest mortgage repayments. Choose a starter home. Choose your friends. Choose leisure wear and matching luggage. Choose a three piece suite on hire purchase in a range of fucking fabrics. Choose DIY and wondering who the fuck you are on a Sunday morning. Choose sitting on that couch watching mind-numbing spirit-crushing game shows, stuffing fucking junk food into your mouth. Choose rotting away at the end of it all, pissing your last in a miserable home, nothing more than an embarrassment to the selfish, fucked-up brats you have spawned to replace yourselves. Choose your future. Choose life. But why would I want to do a thing like that? I chose not to choose life: I chose something else. And the reasons? There are no reasons. Who needs reasons when you've got heroin? [...] People think it's all about misery and desperation and death and all that shite,[4] which is not to be ignored, [...] but what they forget is the pleasure of it. [...] Otherwise we wouldn't do it. [...]. After all, we're not fucking stupid, well, at least we're not that fucking stupid. Take the best orgasm you ever had, multiply it by a thousand and you're still nowhere near it. [Alison: That beats any meat injection. It beats any fucking cock in the world.] When you're on junk you have only one worry: scoring. When you're off it you are suddenly obliged to worry about all (...) the things that really don't matter when you've got a sincere and truthful junk habit. [...] The principal drawback is that you have to endure all manner of cunts telling you that... [Begbie: No way would I poison my body with that shite].[5] (DB: 00:00-03:06)

Versión doblada:

(3 b) Elige la vida. Elige un empleo. Elige una carrera. Elige una familia. Elige un televisor grande que te cagas. Elige lavadoras, coches, equipos de compact disc y abrelatas eléctricos. Elige la salud, colesterol bajo y seguros dentales; elige pagar hipotecas a interés fijo. Elige un piso piloto; elige a tus amigos. Elige ropa deportiva y maletas a juego. Elige pagar a plazos un traje de marca en una amplia gama de putos tejidos. Elige el bricolaje y preguntarte quien coño eres los domingos por la mañana. Elige sentarte en el sofá a ver teleconcursos que embotan la mente y aplastan el espíritu mientras llenas tu boca de puta comida basura. Elige pudrirte de viejo cagándote y meándote encima en un asilo

---

[4] Rasgo del escocés.

[5] Mientras dice esto se le ve fumando y bebiendo alcohol.

miserable siendo una carga para los niñatos egoístas y hechos polvo que has engendrado para reemplazarte. Elige tu futuro. Elige la vida. ¿Pero por qué iba yo a querer hacer algo así? Yo elegí no elegir la vida. Yo elegí otra cosa. ¿Y las razones? No hay razones. ¿Quién necesita razones cuando tienes heroína? [...] La gente se cree que esto no es más que miseria y desesperación y muerte y toda esa mierda que no hay que olvidar, pero lo que olvida es el placer que supone. [...] De lo contrario no lo haríamos [...] Después de todo no somos gilipollas, joder. Bueno, al menos no tan gilipollas. Coge el mejor orgasmo que hayas tenido, multiplícalo por mil y ni siquiera andarás cerca. [Alison: Este polvo es mejor que cualquier otro. Y supera la mejor puta polla del mundo.] Cuando estás enganchado tienes una única preocupación: pillar. Y cuando te desenganchas de pronto tienes que preocuparte de un montón de otras mierdas (...) de todas las cosas que en realidad no importan cuando estás auténtica y sinceramente enganchado al caballo. El mayor inconveniente es que tienes que aguantar a todo tipo de capullos diciéndote: [Begbie: Jamás envenenaría mi organismo con esa mierda]. (DBE: 00:00-03:06)

El ejemplo (2) es ilustrativo de la manera en que Irvine Welsh propone una especie de transcripción fonética del acento de Edimburgo, combinado con otros rasgos léxicos y morfosintácticos para dar mayor realismo e impacto a su propuesta de oralidad. El fragmento que corresponde a la traducción publicada también es bastante representativo de cómo se ha tratado este elemento de la novela. El dialecto ha quedado reflejado como sociolecto, y este sociolecto se limita en gran medida a sazonar un lenguaje bastante estándar con algunas palabras malsonantes. La traducción de la novela no refleja, por lo tanto, una parte de la reivindicación nacionalista escocesa que pretendía Irvine Welsh.

Como se ve en el ejemplo (3a), la película inglesa también renuncia en buena medida a reflejar fielmente todos los rasgos dialectales que aparecen en el libro, de tal manera que los espectadores saben que la obra se sitúa en Edimburgo y que sus personajes son de allí, simplemente por un ligero acento escocés, alguna palabra suelta (*shite* 'mierda' es la más frecuente), y por referencias explícitas, pero nada mínimamente comparable al impacto que causa la lectura de la primera página de la novela, y cuya técnica se sostiene a lo largo de muchas más páginas. Lo que impacta es ver cómo la propuesta coherente de oralidad de la novela (escrita para ser leída en voz baja como si se escuchara hablar un escocés vulgar) queda convertida, tanto en la traducción del libro como en su adaptación para la pantalla en inglés en algo que sólo se percibe como oral por intuición y por la presencia de algún vulgarismo o palabrota en la versión española, y por el sonido de la voz que pronuncia las palabras en la película inglesa. La película puede suplir la falta de naturaleza propiamente oral de su guión con la presencia de imágenes de los personajes, para mostrar su comportamiento y sus reacciones, junto con la gracia interpretativa de los actores al enunciar las palabras de su papel, ya sea como voz narradora o de un personaje que simultáneamente se ve en pantalla.

El ejemplo (3a) también ayuda a ver qué tácticas han utilizado el guionista y el director, John Hodge y Danny Boyle, para dar mayor credibilidad artística a su obra, dentro de las convenciones propias de la producción de largometrajes, aunque sólo se «ve» en parte aquí porque de hecho nos faltan las imágenes y el sonido que acompañan las primeras palabras de la película. Por un lado, han renunciado prácticamente a todos los rasgos dialectales del escocés, probablemente para no comprometer demasiado la taquilla, aunque la cinta adquirió gran notoriedad en Estados Unidos por lo difícil que parece que resultaba para muchos espectadores americanos seguir el leve acento escocés. Por otro, han explotado todo lo que han podido un grandísimo sentido de la ironía que se percibe en muchas aparentes contradicciones o paradojas entre lo que dice la voz en *off* y lo que vemos en pantalla. Por ejemplo, cuando se habla de «elegir» los *compact disc* se ve claramente al mismo tiempo que éstos han sido robados en una tienda. O se habla de elegir una televisión muy grande, dando a entender en ese momento probablemente un aparato de pantalla plana de muchas pulgadas, pero unos minutos más tarde se ve la televisión del mismo narrador, el protagonista Mark Renton, y la TV es todo lo contrario, antigua y muy pequeña. Y así sucesivamente, las imágenes se encargan de desmentir el valor literal de lo que nos dice el narrador o algunos personajes.

La ironía no se limita, sin embargo, a este recurso de desmentir con las imágenes lo que dicen los personajes, sino que sin salirnos del plano verbal hay ironías patentes, y aquí, a falta de una oralidad más genuinamente coloquial se ha optado por una apropiación y una mezcla de distintos tipos de discurso. En el fragmento del ejemplo (3a) se detecta un discurso de publicidad institucional contra las drogas: *choose life* era un popular slogan equivalente a lo que en España fue en su día *Di no a las drogas*. Pero es que el discurso encierra una burla irónica del discurso típico de la política defendida por y encarnada en la persona de la Primera Ministra, Margaret Thatcher, en la que *choose* era un término clave de defensa de los valores del capitalismo y del consumismo (desde *television* hasta *electric tin openers*) y su identificación con valores democráticos (en el comunismo totalitario no se puede elegir la marca del coche ni el modelo de televisión), así como el declive del sistema de educación y sanidad universal y gratuito (aludidos irónicamente con *choose a career* y *choose good health* en el ejemplo 3a). El discurso es denso, más retórico que oral-coloquial, y lleno de alusiones y críticas al gobierno y a otras dinámicas sociales de la década de los ochenta en Gran Bretaña. En ese sentido no estamos ante un oral espontáneo, ni siquiera pretendidamente espontáneo; se trata de un discurso muy calculado, un producto de la retórica, con una repetición machacona pero calculada de la palabra clave: *choose*. Algunos errores de interpretación (por ejemplo, *three piece suite* es un tresillo) y de reformulación (*llenas tu boca, después de todo no somos gilipollas, coge el mejor orgasmo*, etc.) en la traducción de este discurso hacen que pierda, no sólo la mínima credibilidad oral, sino también, y de manera más importante, su brillantez retórica en la versión castellana.

Las voces y las interpretaciones de las versiones dobladas a menudo tampoco ayudan mucho a dar credibilidad al tipo de oralidad reflejada en las versiones originales, ya que en la profesión de actor para doblaje se suelen buscar unos tipos de voz muy concretos y a veces carecen de amplitud de registros interpretativos. Cabe decir que éste es un rasgo frecuente de muchos doblajes. Se pierde la ilusión que precisamente se pretende crear con el doblaje (la de que la voz que oímos sale realmente de la boca que vemos) en casos como éste cuyo personaje tiene un aspecto de rudo y joven desempleado pero su voz doblada es melodiosa, como la de un tenor aproximándose a su sexta o séptima década de vida cuya interpretación (dicción) nos recuerda excesivamente a un actor de teatro clásico o a un anuncio televisivo de seguros de vida. Por el contrario, el método inventado de transcripción literaria escrita no nos permite oír directamente la voz del personaje pero sí permite que podamos reconstruir un constructo de una buena parte de su variante lingüística en nuestra mente, y la lectura nos ofrece la posibilidad, en el caso de que así quisiéramos, de intentar articular algunas de las expresiones que nos puedan resultar más sorprendentes o curiosas. Así pues, parece que se puede concluir que en el caso de la novela *Trainspotting*, lo que se ha escrito para ser leído en voz baja como si se estuviera oyendo (según la Figura 1) puede llegar a funcionar mucho mejor en la línea pretendida por el autor, que asume las limitaciones del medio, y las sabe explotar también, que en el caso de su adaptación cinematográfica, que pretende grabar un sonido que emana de las voces de unos intérpretes que leen o recitan unas palabras como si éstas no se hubieran escrito previamente. Creemos que el modelo de Gregory y Carroll (Figura 1) no queda invalidado por ocasionales lecturas en voz alta de fragmentos de novelas, incluida *Trainspotting* por el propio autor, ni siquiera por el caso de los audio-libros, que sin duda merecen su propio estudio de oralidad ya que a lo mejor no están restringidos por las mismas convenciones del doblaje o del guionismo.

Existe la posibilidad de que algunos lectores no seamos capaces de reproducir en nuestra cabeza (leyendo como si oyéramos) el acento de Edimburgo tal como se nos presenta en la novela, por una falta de familiaridad con esta variante, o por no poder imaginarse cómo deben interpretarse las grafías que propone el autor (apóstrofes, guiones largos y cortos, ortografía no normativa, uso retórico y artístico de mayúsculas, palabras repartidas por la página para crear un cierto impacto visual, cursivas, guiones, puntos suspensivos, etc.); aún así, podemos disfrutar de una estética literaria basada en cambiar normas ortográficas, léxicas, morfosintácticas y de puntuación, que sigue encajando en lo que más arriba hemos exigido como corrección y calidad de expresión. La propuesta artístico-literaria de la versión inglesa de la película se basa mucho más en la combinación de distintos discursos verbales, reconocibles por el espectador: como los de la propaganda política, la publicidad institucional, el comercio, las recetas de cocina, las críticas de cine, y, por supuesto, las jergas de la delincuencia relacionada con el consumo y tráfico de estupefacientes. Luego combina estos discursos, propios del plano verbal, con otros elementos comunicativos y expresivos que llegan al espectador en planos no verbales (musical, icónico, fotográfico) para crear un conjunto que suele combinarse de manera chocante para producir ironía. En este nivel, el de la producción de la ironía, la obra cinematográfica sí que conserva un componente esencial de la novela, aunque ha recurrido a los mimbres propios del modo audiovisual de expresión y creación de sentido.

En principio, esto debería facilitar la labor del traductor para la versión doblada, ya que el reflejo de un dialecto escocés —más propio del libro— ha quedado compensado de alguna manera por la ironía y el humor, basados en parte en la mezcolanza de registros y discursos variados, y de imágenes que parecen contradecirse muchas veces con el sentido de las palabras o la literalidad de la interpretación de las palabras. Alison compara positivamente las drogas con el sexo, pero la expresión de su rostro admite varias interpretaciones, no todas favorables. Y cuando se dice *take your best orgasm* el sentido no es de cogerlo realmente sino de recordarlo, de tomarlo como punto de comparación. El caso de Begbie es todavía más claro, ya que condena las drogas como una manera de intoxicación (ejemplo 3a) pero vemos cómo está fumando tabaco y bebiendo alcohol al mismo tiempo, y desde luego sus actos (es un psicópata inculto) y su personalidad no encajan con alguien que de manera creíble usaría la palabra *organismo* para referirse al cuerpo. Son otros personajes (Renton y Sick Boy) los que se apropian de otros discursos, mostrándose verbalmente muy competentes, perspicaces y creativos, a pesar de otros muchos defectos que puedan tener. Esta propuesta cinematográfica se ve ampliada con relaciones paradójicas, o por lo menos sorprendentes, entre la imagen y la música, incidiendo todavía más en esta estrategia irónica y burlona de creación de sentido. Un ejemplo claro lo encontramos en unas imágenes especialmente duras de la vida de un toxicómano acompañadas de música clásica para ballet.

4. Conclusión

Aunque se producen otros cambios entre la novela y la película de *Trainspotting* en lengua inglesa, que son frecuentes en las adaptaciones cinematográficas de obras literarias escritas, como puedan ser omisiones de detalles y hechos, una reducción del número de personajes, acciones o palabras atribuidas a personajes diferentes a los originales, etc. (Igareda González 2008), probablemente el cambio más notable, sobre todo desde el campo de estudio de representaciones de la oralidad, pretendida o real, sea precisamente la caracterización del lenguaje, de la variación lingüística, que comparten como uno de sus temas tanto la película como el libro; pero optan por realizar esta caracterización de manera distinta. En el libro se trata más de una caracterización dialectal y en la película se explota una combinación irónica de distintos tipos de discurso. En ambos casos se explotan los recursos paralingüísticos y no verbales que son propios de cada medio para conseguir estos objetivos. En el libro vemos cómo el autor nos intenta provocar transgrediendo muchas convenciones ortotipográficas de la comunicación escrita y normas gramaticales, en una propuesta que, en su conjunto, no es sólo una cuestión de oralidad, sino de transgresión, de subversión, de provocación, para ayudar al mensaje de crítica y crear su propia estética. En este sentido, un rasgo que podría considerarse de oralidad pero también de creación estética desenfadada, despreocupada por unas normas que se podrían considerar hipócritas, que sólo benefician a unos, es la presentación de los capítulos sin ningún tipo de señal o palabra formal como «capítulo 3», simplemente un poco de espacio entre el fin de un capítulo y el principio del siguiente.

La película sí que se parece a la novela en este sentido: explota los recursos paralingüísticos y no verbales propios de su medio de comunicación para venir a decir más o menos lo mismo. Mientras oímos una bellísima y conocidísima pieza de ópera clásica vemos unas imágenes que podrían considerarse repugnantes y la suma de ambas cosas nos hace reflexionar sobre algunas paradojas sociales, igual que cuando unos personajes a los que nos gustaría encasillar como drogadictos incapaces de aportar nada a la sociedad nos sorprenden desplegando un rico repertorio de distintos tipos de discurso (comercial, político, cinéfilo, laboral, literario, etc.).

En las respectivas traducciones también sorprende que la del doblaje no aprovecha tanto como podría una cierta situación ventajosa respecto de la versión publicada en papel, que consiste en no tener que reflejar una profusión de ejemplos de una variante muy concreta del inglés, como es el escocés joven y un tanto marginal de Edimburgo. En el doblaje bastaba con reflejar la combinación irónica de distintos tipos de discurso para caracterizar plenamente a los personajes y dar sentido al mensaje crítico de la película, y a la película como tragicomedia, tanto por lo que tiene de retrato alternativo de una ciudad y un país demasiadas veces pintados para los turistas de color de rosa con cuadros escoceses y gaitas, siguiendo precisamente la intención original del autor, como por los paralelismos que al público de lengua española pueda interesarle encontrar entre los diversos mensajes y retratos de la película con situaciones, discursos y sectores de la población de su entorno más inmediato, y las hipocresías y contradicciones de los discursos políticos, comerciales, campañas televisivas, etc. y cómo chocan con las realidades de otras personas de la sociedad que dicen representar, pero que no tienen voz, y a los que Welsh y Boyle dan la posibilidad de tenerla aunque sea desde la oralidad fingida.

5. Corpus

DB = BOYLE, Danny (dir.) (1996). *Trainspotting*. United Kingdom: Channel Four Films.

DBE = BOYLE, Danny (dir.) (1996). *Trainspotting*. [Doblado en español] DVD. Madrid: PolyGram Ibérica.

IW = WELSH, Irvine (1994). *Trainspotting*. London: Minerva.

IWE = WELSH, Irvine [1996] (1997). *Trainspotting*. Traducción de Federico Corriente. Barcelona: Anagrama.

AB = BURGESS, Anthony (1962). *A Clockwork Orange*. London: Heineman.

SK = KUBRICK, Stanley (dir.) (1971). *A Clockwork Orange*. United Kingdom: Warner Bros.

6. Referencias bibliográficas

ALSINA, Victòria (2008). «El tratamiento del discurso indirecto libre en las traducciones españolas y catalana de *Mansfield Park* de Jane Austin». En BRUMME, Jenny y RESINGER, Hildegard (eds.) (2008). *La oralidad fingida: obras literarias. Descripción y traducción.* Madrid: Iberoamerica; Frankfurt: Vervuert. 15-32.

CARTONI, Bruno (2000). *Critique de la traduction française de* Trainspotting *de Irvin Welsh. Traduire l'oralité.* Mémoire présenté à l'École de traduction et d'interprétation pour l'obtention du diplôme de traducteur. Directeur de mémoire: Jean-Claude Gémar. Genève: Université de Genève. URL: <http://www.issco.unige.ch/en/staff/bruno/licence.htm>; fecha de consulta: 14-6-2009.

DÍAZ-CINTAS, Jorge (ed.) (2008). *The Didactics of Audiovisual Translation.* Amsterdam: John Benjamins.

GAMBIER, Yves; GOTTLIEB, Henrik (eds.) (2001). *(Multi) Media Translation: Concepts, Practices and Research.* Amsterdam; Philadelphia: John Benjamins.

GREGORY, Michael; CARROLL, Susanne (1978). *Language and Situation. Language Varieties and their Social Contexts.* London: Routledge & Kegan Paul.

HALLIDAY, M. [Michael] A.K. (1985). *Spoken and Written Language.* Oxford: Oxford University Press.

IGAREDA GONZÁLEZ, Paula (2008). *Adaptaciones cinematográficas de obras latinoamericanas y su traducción.* Tesis doctoral. Barcelona: Universitat Pompeu Fabra.

KOCH, Peter; OESTERREICHER, Wulf (2007). *Lengua hablada en la Romania: español, francés, italiano.* Traducción de Araceli López Serena. Madrid: Gredos.

LEPALUDIER, Laurent (2006). «What is this voice I read? Problematics of orality in the short story». En: *Journal of the Short Story in English* 47. Special Issue: *Orality.* URL: <http://jsse.revues.org/index799.html>; fecha de consulta: 16-6-2009.

LÓPEZ SERENA, Araceli (2007). *Oralidad y escrituralidad en la recreación literaria del español coloquial.* Madrid: Gredos.

MARZÀ IBÁÑEZ, Anna; CHAUME, Frederic (2009). «The language of dubbing: present facts and future perspectives». En FREDDI, Maria; PAVESI, Maria (eds.) (2009). *Analysing Audiovisual Dialogue. Linguistic and Translational Insights.* Bologna: CLUEB. 31-39.

NEB = GOETZ, Philip (ed.) (1989). *New Encyclopaedia Britannica. Micropaedia: Ready Reference.* 15.ª ed. Chicago: Encyclopaedia Britannica.

POYATOS, Fernando (1997). «Aspects, problems and challenges of nonverbal communication in literary translation». En: POYATOS, Fernando (ed.) (1997). *Nonverbal Communication and Translation.* Amsterdam; Philadelphia: John Benjamins. 17-31.

Cristina Varga

Universidad Babeș-Bolyai, Cluj-Napoca / Universitat Pompeu Fabra, Barcelona

12:08 AL ESTE DE BUCAREST. LA ORALIDAD FINGIDA EN LA TRADUCCIÓN DEL CINE RUMANO AL ESPAÑOL

1. Introducción

La subtitulación de películas constituye un reto para cualquier traductor o traductora ya que, a diferencia de la traducción literaria, la traducción audiovisual supone un constante contacto entre la lengua hablada y la lengua escrita a través del discurso multimedia típico de la película de cine. El traductor debe manejar el lenguaje oral de la lengua de partida en todos sus matices, además de ser capaz de transponerlo en el código escrito en forma de subtítulos. Estos últimos reflejan no sólo la competencia lingüística del traductor sino también su habilidad de recrear la lengua hablada del original en el texto meta e influyen, por tanto, considerablemente en la recepción de la obra por parte del espectador.

Para concretar estas afirmaciones, nos proponemos estudiar en el presente artículo, desde una perspectiva multidisciplinaria, la subtitulación de los diálogos cinematográficos de la película rumana de ficción *12:08 al Este de Bucarest*, contrastando pues el código oral en el que se presenta la película original con el código escrito, es decir, su subtitulación en español. Puesto que las características histórico-idiomáticas de la oralidad (cf. Koch/Oesterreicher 2007: 24-25) suscitan, con toda probabilidad, una serie de dificultades de traducción, procederemos a identificar aquellas de las que está teñido el rumano hablado en la película. Para cada rasgo de la oralidad identificado en el discurso original rumano, comprobaremos la presencia o ausencia de la marca de la oralidad equivalente en la traducción española, sin olvidar las particularidades de la subtitulación que condicionan a menudo la solución en el texto meta (Ivarsson 1992; Karamitroglou 1998).

2. El texto audiovisual y la ficción de la oralidad

Partimos de la hipótesis de que el discurso cinematográfico se fundamenta en el *texto audiovisual*, un modo de comunicación distinto de las modalidades tradicionales oral y escrita, como afirma Patrick Zabalbeascoa (2003: 308-309). Según este autor, el texto audiovisual se define por dos coordenadas principales: el tipo de comunicación (verbal/no verbal) y las modalidades (audio/visual). El equilibrio entre la comunicación y la modalidad de comunicación permite identificar una tipología discursiva del texto audiovisual y proporciona el criterio esencial para la clasificación de éste. El modelo propuesto por Zabalbeascoa (2003: 309)[1] distingue entre componentes visuales y auditivos y entre componentes verbales y no verbales y permite aislar, por consiguiente, la información verbal, objeto de la actividad traductora, de la música y los efectos especiales de una película:

	Audio	*Visual*
Verbal	Palabras escuchadas	Palabras leídas
No verbal	Música y efectos especiales	Imagen y fotografía

En nuestro caso concreto, el material audiovisual que vamos a analizar cumple con los componentes +Verbal / +Audio, dado que la película carece casi de música y los efectos especiales no existen. Asimismo, el aspecto visual tiene un papel secundario por insinuar más bien la puesta en escena. Como es característico de la cinematografía rumana, la película se construye a través de las modalidades discursivas, lo que la transforma en un material de análisis privilegiado para estudiar los rasgos de oralidad.

Tras haber definido, a grandes rasgos, el texto audiovisual quisiéramos introducir brevemente el modelo propuesto por Peter Koch y Wulf Oesterreicher al que ya hemos aludido. A nuestro parecer, su distinción entre el *medio*[2] y la *concepción*[3] (Koch/Oesterreicher 2007: 30-34) a partir de la que se establecen cuatro modalidades fundamentales que caracterizan los diferentes tipos textuales se adapta muy bien a la naturaleza heterogénea del texto audiovisual. Para señalar los polos extre-

---

[1] La traducción es nuestra.

[2] El medio por el cual se transmite el mensaje: fónico o gráfico. Corresponde a discurso escrito y discurso oral.

[3] Coincide con el modo de organización discursiva de un texto según la intención del sujeto productor: hablada o escrita.

mos que constituye la combinación del medio fónico y la concepción hablada, por un lado, y la combinación del medio gráfico y la concepción escrita, por el otro, estos autores introducen las denominaciones de lenguaje de la inmediatez comunicativa y de lenguaje de distancia, respectivamente. Puesto que la noción de concepción pone énfasis en la *intencionalidad* inherente a la hora de crear la impresión de autenticidad mediante los rasgos de oralidad en una obra, por ejemplo, de teatro, una novela o una película, el modelo de Koch y Oesterreicher (2007) permite realizar una clasificación tipológica a partir de los elementos básicos mencionados: medio, concepción e intencionalidad, además de analizar la estructura interna del texto audiovisual en relación con la oralidad.

Pese a que hasta la actualidad se haya aplicado más bien al análisis de textos con rasgos orales realizados en el medio escrito, la distinción entre el lenguaje de la inmediatez comunicativa y el lenguaje de distancia puede dar cuenta de las diferentes metamorfosis que experimenta el texto audiovisual durante el proceso de la creación de una película. De este modo, el texto audiovisual tiene, al principio, sólo una dimensión (textual) que representa el núcleo del futuro material audiovisual (película). En su forma original como guión se puede clasificar, según Koch y Oesterreicher, como texto escrito de concepción hablada, texto que durante el proceso del rodaje cambiará varias veces de contenido y forma.[4] Después del rodaje, la película que es el resultado del *script* tiene todas las características de un texto audiovisual (Zabalbeascoa 2003: 309). Sin embargo, se trata en esta fase de un texto oral de concepción hablada. Pero las metamorfosis del texto audiovisual no acaban aquí. La demanda de películas traducidas del mercado internacional impone un nuevo cambio y el texto audiovisual se transforma, otra vez, a través de la traducción en un nuevo tipo textual. Según el tipo de traducción audiovisual que se le aplica, el resultado es diferente. Si la película se subtitula o se le aplica *captioning* el resultado final sería un texto escrito de concepción hablada. Si se trata de doblaje, audiodescripción o *voice-over*, el texto sería un texto oral de concepción hablada.

Sobre la base de estos razonamientos, nos proponemos analizar la dinámica de la transformación del texto oral de concepción hablada que representa la película en un texto escrito de concepción hablada que representa la subtitulación de la pelícu-

---

[4] Durante el rodaje de una película se usan diferentes tipos de guión o *script*: *script* de preproducción, *script* de producción y *script* de posproducción.

la, teniendo en cuenta la presencia o ausencia de los rasgos histórico-idiomáticos de la oralidad entre las dos versiones textuales.

3. El proceso de la subtitulación

La comparación entre las dos versiones nos confirmará o invalidará la hipótesis según la cual en el proceso de subtitulación se suelen omitir la mayoría de las marcas de oralidad, puesto que los subtituladores las consideran más bien modalidades expresivas o retóricas que ayudan a situar a un personaje en un contexto sociocultural o que caracterizan una situación sin aportar nueva información. En otras palabras, durante el proceso de subtitulación, debido a las limitaciones impuestas por parte del medio audiovisual (tiempo, espacio, número de caracteres y líneas, etc.), el subtitulador presta más atención al contenido del mensaje que a su forma. Sin embargo, donde las limitaciones le permiten, el subtitulador tiene en cuenta la fidelidad de la traducción e incluye rasgos de oralidad de la lengua meta.

Vista la gran complejidad del texto audiovisual y el hecho de que generalmente se considera como un conjunto inseparable formado por audio, video y texto (Karamitroglou 1998; Díaz-Cintas/Orero/Remael 2007) no resulta habitual, por un lado, analizar sólo un aspecto del material audiovisual. Por otro lado, la ficción de la oralidad se realiza a través de la comunicación verbal (cf. Zabalbeascoa 2003: 308-309). Por tanto, antes de empezar el análisis, nos vemos obligados a introducir una serie de distinciones operativas:

a) Puesto que el objetivo de la investigación es analizar la subtitulación de una película, lo que implica una recodificación semiótica (*semiotic recoding*) del mensaje multimedia a un solo tipo de código, el *texto*, nos vamos a centrar, a continuación, sólo en el componente verbal del material audiovisual (incluyendo los aspectos fonético-auditivos del texto hablado) que consideramos el más importante para nuestro análisis.

b) Los aspectos no verbales de la película pueden respaldar el análisis de la *oralidad fingida*,[5] teniendo en cuenta que sirven de contexto extralingüístico de la comunicación y pueden facilitar la interpretación del uso de las modalidades expresivas por parte del autor.

---

[5] Para la definición, cf. Brumme (2008).

c) En una película, el componente textual es el único componente que experimenta una traducción, lo que implica no sólo el traslado del sentido, o sea, de lo que se dice, sino también la manera en que se dice, es decir, una reconstrucción de los rasgos de oralidad.

En estos términos, podemos considerar que el modelo propuesto por Koch y Oesterreicher (2007) constituye un modelo operativo en lo que concierne al análisis del texto audiovisual en el entorno cinematográfico porque permite observar los múltiples recursos expresivos que el autor puede usar con el fin de crear la ilusión de oralidad: espontaneidad, interactividad y autenticidad, rasgos considerados muy propios del discurso cinematográfico.

La plasmación de lo oral en las películas llega hasta tal punto que a nivel discursivo, prácticamente todos los recursos retóricos y expresivos que se usan en la literatura y el teatro están al alcance del productor de cine que, además de los recursos discursivos, cuenta con la ventaja de poder crear una ilusión completa de la realidad.

Finalmente hay que señalar que, durante los últimos años, el guión de una película, igual que el texto de una obra de teatro, puede estar sujeto a modificaciones durante el proceso de producción, por lo que una película puede también presentarse al público en diferentes versiones (con escenas eliminadas en la versión inicial, versiones para coleccionistas, etc.). A continuación, nos proponemos analizar sólo el texto que aparece en la película, sin consultar ninguno de los guiones utilizados en el proceso de producción. La versión de la película es la versión DVD.

4. Una película inteligente, sutil y sarcástica

Los premios ganados en los festivales de cine en la última década por películas rumanas han confirmado la existencia de una nueva generación de cineastas en ese país. Caracterizadas por un realismo casi documental y un estilo narrativo directo, las películas rumanas presentan una serie de características comunes y destacan en el contexto general de la cinematografía europea. Uno de los más aclamados representantes de la nueva generación de cineastas rumanos es Corneliu Porumboiu. Más conocido por sus cortometrajes *Gone with the Wine* (2002), *A Trip to the City* (2003) y *Liviu's Dream* (2003), llega a la fama con una pequeña joya cinematográfica, el largometraje *12:08 al Este de Bucarest*, distinguido con el premio Camera d'Or en Cannes en 2006.

Combinando inteligencia, sutileza, ironía y altas dosis de sarcasmo, Porumboiu demuestra una gran capacidad de expresión y manejo del lenguaje cinematográfico. Tratando el tema de la revolución anticomunista en Rumanía en 1989 a través del filtro de la memoria colectiva, que muestra la realidad pura y dura, desprovista del simbolismo y la ideología política que altera los acontecimientos, el director presenta una crítica irónica de la sociedad posrevolucionaria en Rumanía.

La estructura de la obra sigue dos pasos: el primero sirve de introducción al segundo, que es la parte más importante de la película, en la que el debate sobre el tema de la revolución en una pequeña ciudad de provincias alcanza el punto culminante. En esa primera parte, el director introduce a los tres «héroes» de la película, personajes típicos de la sociedad poscomunista: el dueño de un canal de televisión local que, junto con un operador de cámara y una presentadora, forma todo el personal y se encarga de realizar todos los programas de la cadena de televisión; el pensionista Pişcoci, inmortalizado en la memoria colectiva de la urbe como Papa Noel en las fiestas navideñas del pasado comunista, y el profesor de historia, un personaje muy controvertido, cuyo aspecto exterior de alcohólico lleno de deudas nos hace dudar de su calidad de testigo de los acontecimientos de la revolución. El personaje central, Jderescu, dueño del canal de televisión, propone como manera de celebrar los dieciséis años de la revolución rumana un debate sobre si en la ciudad de provincias anónima donde viven hubo revolución o no. Por lo tanto, invita en su programa a dos personas que él considera importantes para la ocasión, pero en el último momento se ve obligado a cambiar sus planes. Uno de los invitados no confirma su participación en el programa y por ello acaba invitando al pensionista Pişcoci para que exponga su opinión.

En la primera parte de la película, la oralidad se refleja en los diálogos mientras que en la segunda parte el debate televisivo constituye la puesta en escena de toda comunicación, un género discursivo que da mucho juego a la oralidad, pero desde un punto de vista diferente.

Al tener un alto grado de autenticidad gracias a su carácter oral, el lenguaje de la película presenta un gran reto para el traductor que se ve obligado a menudo a recurrir a equivalentes funcionales o equivalentes culturales en la traducción de los diálogos en la lengua meta. Sin embargo, una de las grandes dificultades es reconstruir a través de la traducción la ironía y el sarcasmo que destacan en la película, tanto en los diálogos familiares como en el debate televisivo, lenguaje que cubre una gran variedad de matices y registros, desde el estándar hasta el registro vulgar y argótico.

El final de la película es ambiguo. Entre tantas opiniones no se sabe exactamente si hubo o no revolución en la urbe ya que los invitados en el debate y los telespectadores que intervienen por teléfono resultan ser personajes de poca confianza. El debate televisivo de la puesta en escena de Porumboiu, como de hecho todos los acontecimientos relacionados con la revolución rumana, quedan en un indeciso *A fost sau nu a fost?*, título original de la película; es decir, *¿Ha ocurrido o no ha ocurrido?*

La crítica cinematográfica considera generalmente que el toque de genialidad del director en esta película reside en el uso de recursos muy sencillos para contar una historia compleja.

Al igual que las películas rumanas que se han presentado a festivales de cine, *12:08 al Este de Bucarest* ha sido subtitulada en inglés. Tras ser premiada y alcanzar la fama en 2006, la película se ha distribuido en versión DVD y se ha subtitulado en francés, español, sueco y noruego. La distribución de la película en francés y en español cuenta también con la versión doblada.

5. Características histórico-idiomáticas de la oralidad

Los cambios sociales y políticos instaurados después de la revolución anticomunista en Rumanía se reflejan en múltiples cambios en el rumano tanto a nivel léxico, por el uso masivo de préstamos neológicos, como a nivel estilístico, donde se registra una expansión del registro oral y familiar en géneros discursivos que pertenecen a campos como la política, la prensa, la televisión, etc.[6] El nivel individual de la lengua (cf. Coseriu 1995: 53) se ve, por lo tanto, muy afectado por estos nuevos cambios. Ya no se valora el uso normativo del rumano sino la creación lingüística, la improvisación y la innovación lingüísticas a toda costa. Cada vez más se critica a los medios de comunicación rumanos, especialmente a los canales de televisión, por fomentar el uso inadecuado de la lengua (Nicula 2008).

Tras observar los cambios mayores en el uso del rumano después de 1989, Dumitru Draica afirma:

---

[6] Para la variación estilística del rumano, cf. Câmpeanu (1997), Caracostea (2000), Coteanu (1990), DSL, Graur (1968), Iordan (1975; 1977) e Irimia (1986; 1997; 1999).

> Limba română din ultimii ani, de după Decembrie 1989, a fost supusă unor schimbări permanente, adesea fiind simplificată, traumatizată de vorbitorii ei, nici chiar limba oamenilor instruiți nu a mai fost atât de corectă, frumoasă, armonioasă. Ne-a fost dat în acești ultimi ani să auzim la radio, să vedem la televiziune, să citim în zeci de ziare și reviste fel de fel de mostre de limbă, care de care mai interesante, cele mai multe neconforme cu normele limbii. (Draica 2007)

En el mismo contexto, Rodica Zafiu habla de un cambio estilístico en el uso del rumano, de una apertura sin precedentes hacia la oralidad familiar en el lenguaje periodístico posterior a 1989, como rasgo fundamental:

> Faptul că presa românească de după decembrie 1989 a marcat o ruptură stilistică față de „limba de lemn" printr-o deschidere spectaculoasă față de oralitatea familiară și chiar argotică e una dintre trăsaturile sale fundamentale. (Zafiu 2001: 46)

La cinematografía rumana experimenta asimismo un cambio radical después de 1989. Los profundos cambios sociales que transforman el país tras la revolución anticomunista se reflejan en las producciones cinematográficas recientes e influyen en su estructura, su temática y las modalidades de expresión artística. Los cambios más visibles afectan la temática y el discurso cinematográfico. Si los diálogos en las películas clásicas rumanas se parecen más bien a una obra de teatro en cuanto al lenguaje, en las producciones cinematográficas posteriores a 1989 se puede observar una aproximación al lenguaje familiar del rumano contemporáneo. Del mismo modo, en sus producciones cinematográficas, los cineastas de la nueva generación usan todo un abanico de modalidades expresivas del lenguaje oral, desde un registro neutro hasta el argot.[7]

La película *12:08 al Este de Bucarest* confirma, como todas las películas de nueva generación, el uso de un lenguaje familiar-argótico que crea un efecto impactante pero también una fuerte sensación de autenticidad. Veamos, a continuación, en qué se concreta la coloquialidad de *12:08 al Este de Bucarest*.

5.1 Fonética coloquial

El uso de un lenguaje informal por parte de los personajes de *12:08 al Este de Bucarest* se caracteriza en el ámbito fónico por una pronunciación coloquial con características regionales y también por una articulación más relajada que tiene como resul-

---

[7] Para la descripción del rumano hablado, cf. entre otras obras la de Ionescu-Ruxandoiu (1995).

tados directos la pérdida de sonidos, el cambio de entonación o el cambio de acentuación de las sílabas.

Comparado con la mayoría de las películas producidas antes de 1989 cuya entonación dominante era la neutral-enunciativa, en *12:08 al Este de Bucarest* se constata la presencia constante de las entonaciones típicas que se encuentran en las situaciones de interacción comunicativa: *la interrogativa, la apelativa* y *la exclamativa*, lo que contribuye a la dinamización de los diálogos y a la construcción de la dimensión afectiva de la comunicación. En rumano, la entonación no cumple una función fonológica, puesto que su papel en el discurso oral es exclusivamente afectivo. A través de la entonación se expresan las reacciones del hablante y constituyen marcas estilísticas de la oralidad.

Un aspecto esencial de la fonética general del rumano es que no conoce la cantidad vocálica y que, por tanto, una pronunciación más alargada de una vocal no cambia el sentido de una palabra, como por ejemplo en inglés. Sin embargo, la pronunciación alargada de una vocal en este contexto representa un énfasis o la implicación afectiva del sujeto hablante, como en el caso de *12:08 al Este de Bucarest*:

(1)   Dl. Vasilache, tot eu, Virgil sunt. **Haideți**, dom'le, spuneți-mi exact dacă puteți sau nu puteți veni la emisiune. Haideți, vă rog, aștept răspunsul dvs., **vă rog frumos**.

Una pronunciación alargada de la interjección *haideți* como [haaaideți] 'veeeenga', y de la expresión *vă rog frumos* como [rooog] 'le rueeego amablemente', sirven como marco de intensidad ilocutiva.

> Vorbirea obiectivă a românilor nu cunoaște deosebiri cantitative între sunete indiferent de contextele în care ele apar. Totuși, sub imperiul afectului, putem lungi sau repeta anumite vocale sau consoane, ca urmare a unei maxime concentrări de energie [n.n. articulatorie] într-o anumită zonă a cuvântului. (Irimia 1999: 86)

En cuanto a los otros fenómenos fonéticos que constituyen marcas de oralidad en rumano, en la película hemos hallado tan solo el fenómeno de la disimilación consonántica de la oclusiva sonora *g* con la fricativa sonora *j* como en el ejemplo (2):

(2)   Da' mulți mai sunteți cu **corijența**, mă!

Según el DEX, *corigență* significa «examen dat de un corigent» y se acepta como variante la segunda, más oral de *corijență* (DEX: 227). La primera se recomienda para textos escritos mientras que la segunda se usa en la lengua hablada.

Uno de los fenómenos más presentes en el registro oral del rumano es la pérdida de la consonante final del artículo definido en el caso de los sustantivos masculinos y neutros *-l* como en los siguientes ejemplos:

(3) Pe **dracu'** ai emoții! Tot **timpu'** faci așa.
(4) Nimeni, nici **dracu'**!
(5) Toți au băut ca porcii toată noaptea în **baru'** de la **parteru'** blocului.
(6) Ca tot **creștinu'**.
(7) **Șefu'** da' dacă nu merge trepiedele eu ce să fac?

Su pérdida no afecta, según Zafiu (2001: 271), al contenido, ya que la vocal temática *u* toma la función de la consonante perdida. El fenómeno está tan extendido que la mayoría de los lingüistas recomiendan la grafía sin *-l* final en el caso de textos escritos con un pronunciado carácter oral. Es el caso de Alexandru Graur (1976: 73), quien afirma que la desaparición del artículo definido *-l* como marca oral enriquece la expresividad de un texto escrito y, por tanto, puede aceptarse. Actualmente, en el rumano estándar existen diferentes casos en los que se admite la desaparición del artículo definido.[8]

La presencia de variedades fonéticas regionales constituye otro recurso que enriquece la expresividad de la oralidad de la película desde el punto de vista fonético. Aunque todos los personajes hablen en un registro familiar-argótico, se puede observar fácilmente que existe una diferencia entre los personajes principales y los personajes episódicos. Si los primeros conservan una pronunciación estándar, los personajes episódicos, como la mujer del dueño del canal de televisión, los chavales que encuentra Pișcoci en frente de su bloque o la gente que participa por teléfono en el debate sobre la revolución, se caracterizan por rasgos regional-dialectales. Algunos ejemplos de pronunciación regional[9] son los siguientes:

---

[8] Para más detalles, véase Mioara Avram (1997: 91-92).

[9] La pronunciación según variaciones regionales específicas pertenece al dialecto moldavo aunque algunos de los rasgos fonéticos se pueden encontrar también en otras regiones de Rumanía.

(8) L-ai găsît?
(9) Uiti!
(10) Da' unde umblă dom'le?
(11) Las' că-i găseşti tu pân' la urmă.
(12) Bună seara, că-i seară de-acu'.

Los ejemplos citados representan variaciones fonéticas regionales que aportan autenticidad a la comunicación. Los fenómenos fonéticos hallados aquí son: la alternancia fonética como en *L-ai găsît?* (8), donde la vocal *i* de la forma estándar *L-ai găsit?* pasa a *î*, o como en el caso de *Uiti!* (9), donde la vocal *e* de la forma estándar *Uite!* se transforma en *i*.

Además, se aprecia otro fenómeno fonético específico de las variedades dialectales del rumano que es la *síncope*, fenómeno de pérdida de un sonido o de una sílaba en el interior de la palabra: *Da' unde umblă dom'le?* (10), comparado con la forma estándar: *Da' unde umblă domnule?*

También se puede observar la apócope consonántica como en el caso de *Da' unde umblă dom'le?* donde en la primera palabra se ha producido la apócope de la *r* final, comparado con la forma estándar *Dar unde umblă domnule?* o en el caso de *acu'* (12), apócope de la *m* final de la palabra *acum*. El mismo fenómeno, sólo que se trata de una apócope vocálica, se encuentra en el caso de *las'* (11) y *pân'* (11) cuyas formas estándar son *lasă* y *până*.

Un fenómeno que se sitúa entre el ámbito fonético y el léxico-semántico es la *etimología popular* que consiste en una interpretación errónea de un signo lingüístico nuevo en relación con otros signos ya conocidos por el hablante (cf. Coseriu 1995: 81-82). El resultado suele ser cómico dado que, a partir de una semejanza fonética, lo que se quiere decir y lo que realmente se dice son dos cosas completamente diferentes. En *12:08 al Este de Bucarest* existe un caso de etimología popular:[10]

(13) —Ăsta-i ăla care are ferma Bejan şi fii.   —Tiene una granja, "Bejan e hijos".
—Firmă, firmă...   —Que es una empresa.
—Păi, firmă... fermă...   —Granja, empresa...

---

[10] La traducción de (13) es nuestra.

En el ejemplo (13), la confusión de los dos conceptos es resultado de la confusión fonética entre la *e* y la *i*. El rumano *firmă* 'empresa' está pronunciado como *fermă* 'granja'. Además, de la respuesta final del personaje Pișcoci, *Păi, firmă... fermă...*, resulta que para el personaje no hay ninguna diferencia entre las dos.

El inventario de los fenómenos de oralidad encontrados en la película *12:08 al Este de Bucarest* permite afirmar que la oralidad fingida en la película se construye sobre una base fonética sólida; dicho de otro modo, los personajes se perfilan a través del lenguaje empezando por el nivel más básico, el fonético.

5.2 Morfosintaxis familiar-argótica

El rumano dispone de una gran variedad de lenguajes predominantemente orales que pueden servir como recursos para imitar la oralidad en una obra cinematográfica. Según Zafiu, el lenguaje argótico:

> se caracterizează în primul rând prin lexic, în vreme ce la nivel sintactic prezintă trăsăturile generale ale limbajelor predominant orale: o sintaxă populară simplă, cu discontinuități, elipse și redundanțe. (Zafiu 2001: 223)

La misma autora precisa más adelante que, a nivel sintáctico, existe toda una serie de particularidades comunes que caracterizan el lenguaje familiar y el lenguaje argótico como, por ejemplo, algunas construcciones verbales específicas y el uso de ciertas preposiciones.

Puesto que en la película los personajes desarrollan un discurso familiar-argótico, vamos a centrarnos, en primer lugar, en aquellos verbos que, además de tener la forma estándar, presentan una forma oral alternativa a la escrita, impuesta por el uso. Es el caso del verbo *a fi* 'ser, estar' en rumano. En nuestros ejemplos, se documenta la forma oral *-i* (14) para la forma verbal de la 3.ª persona del singular *este* y las variantes *-s* (15) y *îs* (16) para la 3.ª persona del plural:[11]

	12:08 al Este de Bucarest	*Estándar*
(14)	Ce-**i** cu dihania asta aici?	Ce **este** cu dihania asta aici?

---

[11] Cf. DEX: «[Forme gramaticale: prez. ind. *sunt* (fam. și pop. *îs*, prescurtat *-s*), *ești* (pr. *iești*), *este* (pr. *ieste*, prescurtat *e, îi, i*), *suntem* (acc. *și: suntém*); imperf. *eram* (pr. *ieram*); perf. s. *fui* (reg. *fusei*); m.m. ca perf. *fusesem*; conjunctiv *să fiu*; imper. pers. 2 sg. *fii* (negativ *nu fi*); part. *fost*]» (DEX: 377).

| (15) | Care că-s doi? | Care că **sunt** doi? |
| (16) | Șosetele și chiloții **îs** pi fotoliu. | Șosetele și chiloții **sunt** pe fotoliu. |

Un aspecto esencial del discurso familiar son las construcciones verbales de tipo perífrasis verbal o de tipo verbo + preposición. Las construcciones muy expresivas presentan la desventaja de no tener un contenido semántico bien establecido. En función del contexto en que se actualizan, pueden tener varios significados. Formas como *a duce pe* 'engatusar a' (17), *a face pe* 'disfrazarse de' (18), *a face cu* 'pasar (el tiempo) con' (19), *a-și face treaba cu* 'trabajar con' (20), *a ști de* 'conocer como' (21) son construcciones ambiguas fuera del contexto comunicativo. Las estructuras de tipo verbo + preposición están descritas en Zafiu (2001: 227-228):

(17) Nu mă **duci** tu **pe** mine cu pocnitorile tale.
(18) N-ai vrea să **faci** matale **pe** Moș Crăciun la mine sâmbătă?
(19) Păi cum, tu ai zis că-l **faci cu** nevastă-ta.
(20) E veche săraca, da' **îmi fac treaba** cu ea.
(21) Tot orașu-i **știe** de bețivani!

Otra construcción morfosintáctica de la oralidad está formada por verbo + pronombre neutro o verbo + preposición (Zafiu 2001: 228). En la película tenemos el ejemplo de la estructura: *a o lua de*, que en este contexto tiene el sentido de *empezar*:

| (22) | S-o iau de dimineață? | ¿Empiezo a contar lo que ha pasado desde la mañana? |

Una estructura muy habitual en el rumano hablado pero, de momento, no documentada en la bibliografía de especialidad es la construcción verbo + conjunción *și* + pronombre personal dativo. El hecho de poner énfasis en el enunciador a través de una modalidad discursiva ilocutiva tiene una función estilística.

| (23) | Îmi dai și mie sacou' ăla? | ¿Me das la americana (aquella)? |
| (24) | Dă și mie mătura aceea de acolo. | ¡Dame la escoba (aquella de allí)![12] |

---

[12] La traducción de (23) y (24) es nuestra.

Igualmente muy habitual en el lenguaje oral y regional-dialectal del rumano es la falta de concordancia gramatical entre el sujeto y el predicado de una frase. El uso de tal estructura, atestada como modalidad del cómico en la literatura rumana en los textos de Vasile Alecsandri (1821-1890) e Ion Luca Caragiale (1852-1912), no sólo caracteriza el personaje desde un punto de vista social sino también geográfico. Es típica de las zonas del sur de Rumanía y es especialmente característica del lenguaje oral de la capital, Bucarest.

(25) Șefu' da' dacă nu merge trepiedele eu ce să fac?

Las gramáticas y los estudios de lingüística rumana (Iordan 1943; Graur 1966; Avram 1997) documentan ampliamente la generalización del uso del artículo *lu'* / *lui*, del sustantivo masculino, antepuesto a sustantivos comunes. La normativa de la lengua considera incorrecto su uso con sustantivos que no sean atípicos. En nuestro caso, tenemos un ejemplo de uso del articulo *lui* con un sustantivo femenino que además designa un miembro de la familia (*hija*), un uso que, según Zafiu (2001: 231), se considera como marca del habla inculta.

(26) Auzi, spune-i **lui fie-ta** să se mai dea și cu sania.

La presencia de la forma popular de los pronombres demostrativos, como por ejemplo *ăla* en (27) y *aia* en (28), es otro rasgo de la oralidad encontrado en la película:

(27) Unde e dicționarul ăla?
(28) Adu' și mie cartea aia de telefoane.

Aia usado como adverbio tiene el sentido de *después*:

(29) Vin după aia la dvs.

En la película también se encuentran ejemplos que ilustran el uso erróneo del adverbio *mai*:

(30) Mai vrei să mai îmi spui ceva?

El error radica en la repetición del adverbio *mai* en las dos posiciones que normalmente puede ocupar en la frase; además, el segundo *mai* siempre debería posponerse al pronombre *îmi*. Las dos formas correctas serían: *Vrei să îmi mai spui ceva?* o *Mai vrei să îmi spui ceva?*

Otra forma característica del lenguaje popular y del lenguaje familiar-argótico es el uso de la forma arcaica del genitivo acabada en *-ii* y no en *-ei* como en el rumano contemporáneo. Unas de las pocas formas que quedan en uso en el rumano hablado es la forma *mamii* en lugar de *mamei*.

(31)   Dumnezeul mamii voastre!

De las estructuras sintácticas mencionadas por Zafiu (2001) en su análisis de las marcas de oralidad que caracterizan el lenguaje de la prensa, algunas se pueden encontrar también en el discurso cinematográfico. Este es el caso de la frase consecutiva que cumple la función de un superlativo (Zafiu 2001: 237), una modalidad de expresar la intensidad de una acción o una característica. La construcción introducida por *de*, muy presente en textos literarios con un profundo carácter oral, como los escritos por Ion Creangă, fue descrita por primera vez por Gheorghe I. Tohăneanu (1969: 59-64).

(32)   Minți de-ngheață apele!

A partir del modelo anterior proponemos, ya que no hemos encontrado en la bibliografía consultada ninguna descripción de la estructura sintáctica introducida por *dacă*, denominarla *frase condicional con función de negación*. Se trata de una estructura bastante corriente en el rumano actual:

(33)   Dacă ăsta-i roșu, eu mă duc și mă spânzur.

La tautología, tal y como la ha descrito Graur (1962), representa otra marca de oralidad. El procedimiento consiste en repetir la misma unidad léxica en la posición de sujeto y del nombre predicativo. Posee una función claramente apreciativa:

(34)   De arătos e arătos…

El análisis morfosintáctico del lenguaje de la película *12:08 al Este de Bucarest* permite concluir que estamos en presencia de un lenguaje oral construido a través de estructuras morfosintácticas de una gran diversidad y riqueza expresivas. Teniendo en cuenta que en el mismo discurso se combinan modalidades expresivas actuales con modalidades expresivas clásicas,[13] podemos constatar que, lejos de ser pobre en estructuras lingüísticas, el lenguaje familiar constituye un excelente recurso de la expresividad y autenticidad del idioma. Mucho más espontáneo, imprevisible e individualizado que cualquiera de los estilos formales.

5.3 Léxico coloquial

El léxico coloquial de la película es rico en expresiones que forman parte del vocabulario cotidiano. El uso de verbos como *a zice* 'decir', *a se duce* 'quitarse', *a băga* 'meter', *a amărî* 'molestar', *a da în cap* 'matar', *a face treabă* 'trabajar', *a suna* 'sonar', *a lua* 'coger/tomar', *a pute* 'apestar', etc. aporta más expresividad a la lengua, puesto que representan alternativas orales a las expresiones estándar. En este conjunto destaca el uso del verbo *a da* que a lo largo de la película actualiza diferentes contenidos semánticos:

(35) Au început să dea salarul jos? *a da salarul* 'dar el sueldo'
(36) Da' de ce să îmi dai un claxon? *a da un claxon* 'dar un pitido (coche)'
(37) Ce să vă dau, mă? *a da un subiect* 'dar un tema (examen)'
(38) Nene, când daţi desene animate? *a da un program* 'hacer un programa (tele)'
(39) Dă-o dracului de pălărie! *a da dracului ceva* 'al diablo con algo'

Las formas nominales como *dom'le, fie-ta, jumate, mîţîită, corijenţa, gioarsa, puiule, nea, nene, pocnitori, figuri*; adjectivales como *sălbatici, căcănar, comunist, imbécil*; pronominales como *mata, matale, io*; adverbiales como *acu', aceea de acolo*; forman un conjunto léxico complejo y expresivo, y dan la impresión de una lengua sencilla y cercana.

Junto con otras interjecciones más corrientes, hay que mencionar en este contexto la interjección *tura-vura*,[14] de gran expresividad oral, que, en el texto hablado, pre-

---

[13] Véase las referencias a textos clásicos de la literatura rumana (Ion Creangă, Vasile Alecsandri, Ion Luca Caragiale, etc.).

[14] Cf. DEX: «TÚRA-VÚRA interj. Cuvânt care indică o vorbărie lungă şi fară rost, o discuţie inutilă. Expr. (Substantivat) *Ce mai tura-vura?* = ce mai atâta vorbă degeaba? – Onomatopee» (DEX: 1120).

senta un valor verbal idéntico al que encontramos en los textos de Creangă (1837-1889):

(40)   Ce mai *tura vura*, am făcut pană drept în centru' orașului.

6. Subtitulación y oralidad en *12:08 al Este de Bucarest*

La subtitulación, como tipo de traducción audiovisual, impone al traductor una serie de limitaciones de carácter estricto que concierne al espacio (número de caracteres y líneas que pueden aparecer en la pantalla) y también límites temporales de sincronización y duración de los subtítulos en la pantalla (Karamitroglou 1998). Otro aspecto formal que se tiene en cuenta a la hora de subtitular una película es la distribución del texto en cada subtítulo que aparece en pantalla.

6.1 Aspectos formales

De acuerdo con las limitaciones mencionadas, la subtitulación tiene que respetar dichas restricciones para asegurar una percepción óptima del mensaje que transmite el material audiovisual por parte del espectador. En lo que concierne a los aspectos formales de la subtitulación hacia el español, en la película *12:08 al Este de Bucarest* observamos los siguientes fenómenos:

a) No se respetan las convenciones generales de la subtitulación.— Según Fotios Karamitroglou:

> Italics on the subtitled text should be used to indicate an off-screen source of the spoken text, (e.g. when there is a voice of someone contemplating something, speaking over the phone from the other end, or narrating something). (Karamitroglou 1998)

En los comentarios por teléfono de la película, el texto que se oye en la televisión no está en cursiva en los subtítulos.

b) En la película se habla y no se subtitula nada.— Se trata especialmente de la subtitulación de marcas de oralidad, como la repetición:

(41)   Nu, nu, nu, nu   Ø

c) En pantalla aparece texto que no existe en la versión original.— Se ha encontrado el caso de un subtítulo que no justifica su presencia en pantalla porque el personaje no dice nada relacionado con el texto de la subtitulación. En el segundo caso, una exclamación se subtitula con dos exclamaciones.

(42) Ø   Me gustaba su sonrisa.
(43) Băi sălbaticilor! Ø   ¡Sinvergüenzas! ¡Panda de golfos!

d) Falta de sincronización.— El subtítulo aparece en pantalla con un retraso significativo.

(44) el 16 aniversario de nuestra revolución

e) Subtítulos demasiado cortos.— La presencia en pantalla de un subtítulo corto durante un intervalo de tiempo demasiado largo puede causar la desincronización de los subtítulos posteriores. En el ejemplo (45) lo que se dice en el mismo intervalo temporal es textualmente *În această zi se-mplinesc 16 ani de când revoluția*. Otros subtítulos son demasiado cortos porque están formados por sólo un carácter, como en el caso de (46):

(45) *În această zi se-mplinesc 16 ani de când revoluția.*   Celebramos hoy
(46) *și pe urmă*   y...

Una posible solución en este caso sería mejorar la traducción, porque el texto original se puede traducir también como *y después*, lo que evita la situación incómoda de tener en pantalla un subtítulo de sólo un carácter.

f) Intervalo de tiempo demasiado corto para que el subtítulo se pueda leer.— Es el caso de los siguientes subtítulos:

(47) No pienso apretarme el cinturón en Navidades
(48) No quería quedarme
(49) Seguimos haciendo proyectos

6.2 Aspectos lingüísticos

El análisis de la oralidad en la película *12:08 al Este de Bucarest* está estructurado en tres niveles: fonético, morfosintáctico y léxico. Consideramos que la misma estructura puede servir para observar los rasgos de la oralidad, tal y como se reflejan en la subtitulación. Como hipótesis de partida, al principio de nuestra investigación, dábamos por sentado el hecho de que una traducción tiene que cumplir en la lengua meta la misma función sociocultural que en la lengua de origen (Nord 1991). Ello significa que la traducción es una reconstrucción del sentido de un texto en la lengua de llegada, en un registro equivalente y usando modalidades expresivas típicas de la lengua meta. Dadas las limitaciones impuestas por la subtitulación, el traductor se ve obligado a menudo a adaptar el texto original. Desgraciadamente, la adaptación casi siempre implica una pérdida de información lingüística en varios niveles del discurso. A continuación, nos proponemos ver cómo la subtitulación afecta, modifica y/o interpreta el mensaje original.

6.2.1 Ámbito fonético

Considerando que la subtitulación es básicamente una recodificación semiótica y que se trata de una recodificación hecha a partir de un sistema de signos complejo (audiovisual) hacia un sistema de signos más sencillo (texto), la pérdida de información es un fenómeno que se tiene que asumir desde el principio. En el caso particular de la subtitulación, el nivel discursivo más afectado es el nivel fonético dado que toda la información auditiva se pierde sólo con el cambio hacia un sistema de signos escritos. Aunque existan convenciones gráficas para reproducir diferentes variedades fonéticas de una palabra, el texto escrito no puede conservar toda la información fonética de una enunciación.

El aspecto positivo es que, junto con la subtitulación, el espectador puede oír el texto original; en la mayoría de las situaciones, este aspecto permite recuperar la información lingüística suprasegmental como la entonación y el acento, o las marcas de oralidad como las interjecciones.

En el caso de la película *12:08 al Este de Bucarest* el material que se pierde a nivel fonético es la pronunciación familiar y regional. Normalmente, las pronunciaciones regionales son las que se pierden en la mayoría de los casos y ello por falta de convenciones gráficas suficientes para marcarlas en el medio escrito.

La presente subtitulación elimina completamente toda marca de regionalismo de la película. En el texto de los subtítulos sólo existen palabras conformes con el castellano estándar.

6.2.2 Ámbito léxico

El análisis del nivel morfosintáctico y léxico no ha revelado la presencia de un lenguaje familiar-argótico ni de marcas de oralidad como la repetición, la redundancia (tautología), construcciones específicas sólo del registro familiar. Desgraciadamente, la mayoría de las marcas de oralidad no se traducen en los subtítulos por diferentes motivos:

a) Pérdida de marcas de oralidad sin motivación.— Como vemos en este ejemplo:

(50)   Nu schimba subiectul.   No cambies de tema.

En este caso el registro neutro de la traducción del subtítulo no se justifica. El texto rumano es claramente familiar y oral, lo que en español sería: *No me cambies de tema.*

b) Falta de espacio.— Obliga al traductor a eliminar información lingüística considerada de menos importancia, ya que el texto de la traducción no cabe en dos líneas de subtítulos:

(51)   Nu foarte tare, cât să trezești jumate de cartier.   Lo suficiente para despertar a medio barrio.

Aquí en el texto original el personaje principal le pregunta a su mujer si había cantado muy fuerte y si los vecinos se habían enterado de que la noche anterior regresó a casa borracho. La respuesta de su esposa incluye unas marcas discursivas que se pierden en la subtitulación en español. Al principio ésta le contesta introduciendo en la respuesta una marca de atenuación, *Nu foarte tare...* 'no [has cantado] muy fuerte', para después, en la segunda parte de la respuesta, desmentirlo todo mediante una comparación: *cât să trezești jumate de cartier* 'lo suficiente para despertar a medio barrio'. Este tipo de respuesta crea un efecto cómico que se pierde al subtitular sólo la segunda mitad de la frase en español.

(52)   Așa se filmează, șefu'. Așa-i mai modern.   Está de moda.

En la traducción se pierden no sólo los marcadores discursivos que aseguran la cohesión dialogal, como los dos *așa*, sino también la marca oral del vocativo *șefu'*. El resultado es una respuesta pobre, neutra y sin expresividad.

c) Falta de tiempo.— Obliga al traductor a eliminar información lingüística de menos importancia cuando el ritmo del «texto» original es demasiado rápido. Las situaciones más frecuentes son los debates y los monólogos. En la película, la introducción del debate televisivo representa una situación ilustrativa.

(53) De fapt a început o nouă eră în istoria României.   Comenzaba entonces una nueva era en la historia de Rumania.

(54) De aceea v-aș propune să ne întoarcem puțin privirea către acele momente și evenimente.   Les propongo que retrocedamos en el tiempo.

De fapt y *de aceea* son marcadores de la lengua oral que organizan el discurso del enunciador, también lo es la presencia de la locución verbal *a-și întoarce privirea* 'apartar la mirada'. En la traducción se pierden los rasgos de la oralidad del original.

d) Lenguaje argótico.— Siempre en la práctica de la traducción existe una tendencia hacia la neutralización de los elementos argóticos. La subtitulación de *12:08 al Este de Bucarest* no es una excepción en este sentido.

Al analizar los subtítulos de la película se observa una tendencia hacia la uniformización del lenguaje. Se reducen marcas orales importantes como la redundancia y la repetición; ciertos elementos argóticos quedan sin subtitular o se subtitulan de manera convencional.

(55) S-au dus dracului anotimpurile astea, dom'le.   Ya no hay estaciones.
(56) Am fost pe jos dom'le, ce dracu'.   A pie, claro.

En los dos ejemplos anteriores, en el texto original se utiliza una construcción verbal argótica, *a se duce dracului* y *ce dracu*, comparable al verbo español *joder*, completamente neutralizada. No obstante, en otras ocasiones, las construcciones argóticas se han subtitulado con las correspondencias argóticas del castellano.

6.3 Errores en la subtitulación en español

Antes de concluir el presente análisis, consideramos útil mencionar, sin pretender ofrecer una lista exhaustiva, algunos de los errores de traducción encontrados. Es necesario señalar este aspecto ya que a través de la traducción se construye, o no, la ilusión de autenticidad del lenguaje.

Distinguimos entre las siguientes categorías de errores:

a) Léxico

Varias veces, a lo largo de la película, se menciona el *árbol de Navidad*, ya que el tema de la Navidad es recurrente, pero los equivalentes en español que aparecen en la subtitulación de la película son *pino* y *árbol*.

(57) Ți-ai luat *brad*. ¿Has comprado un *árbol*?

Lo consideramos un error porque en el texto rumano la palabra usada es *brad*, que tiene como correspondiente en castellano *abeto*, además la sincronía visual (el tipo de árbol está presente en la imagen en el momento en que se habla) obliga al traductor a una mayor precisión léxica. El mismo concepto se ha traducido también por *pino* en castellano. Puesto que el pino no entra en la categoría conceptual de «árbol de Navidad» por ser otro tipo de coníferas, consideramos incorrecta la traducción:

(58) Ia uite, ce **brad** frumos. Bonito **pino**.

Filmar y *rodar* se usan en castellano en el entorno del cine y de la televisión (DRAE). Consideramos el uso de *filmar* como error dado que *rodar* es el verbo que tiene un uso más generalizado en el español ibérico.

(59) — Ce faci? — ¿Qué haces?
      — Filmez. — Filmar.

El uso del infinitivo en este caso tampoco es adecuado. En lugar de *Filmar*, una respuesta más adecuada sería *Estoy rodando*.

b) Expresiones

Se ha traducido *Cu camera în mână* como *¿Cámara al hombro?*. La solución para una traducción correcta en castellano sería *Cámara en mano*. Por otra parte, la traducción del rumano *las' că-i găsești tu* como *te llamarán* en lugar de *tranquilo, ya los encontrarás*, el verdadero sentido de la frase, nos parece una interpretación demasiado libre con respecto al sentido del texto. Otro error de la misma categoría lo encontramos en la traducción de *prost am mai fost* como *en esa época estaba loco* en lugar de *¡Qué tonto era!* u otro sinónimo de *tonto*, el equivalente de *prost* en rumano.

c) Elementos culturales

Los distintos elementos culturales que aparecen en la película están generalmente bien adaptados en los subtítulos, con una excepción. En la película aparece mencionado dos veces el nombre de dos cómicos del cine clásico, Laurel y Hardy. Para el público rumano estos personajes del cine mudo son conocidos como *Stan și Bran* y para el español como *El gordo y el flaco*. La presencia, en la subtitulación, del nombre inglés *Laurel y Hardy* resulta sorprendente para el espectador español, quien podría no reconocer el concepto.

7. Conclusiones

La conclusión de nuestra investigación refleja que no es tarea fácil subtitular una película como *12:08 al Este de Bucarest*, y que hay múltiples diferencias en lo que concierne a las marcas de oralidad entre el original hablado y la subtitulación escrita.

Sin embargo, el texto audiovisual es el que mejor transmite la impresión de espontaneidad y autenticidad, mientras que la subtitulación se ve muy limitada en la expresión. Las limitaciones de tiempo y espacio de esta última impiden al subtitulador traducir siempre los rasgos de oralidad lo que, aunque no lo parezca, implica pequeñas pérdidas de información que influyen en la comprensión y la percepción de la obra. Dichas pérdidas se deben en primer lugar a la recodificación semiótica, el paso del oral al escrito. En este proceso se pierden la mayoría de las informaciones de carácter fonético, como las características de pronunciación de un individuo, las variaciones regionales, los énfasis, etc. Entre la información fonética que el espectador puede recuperar se sitúa la entonación, ya que el espectador no deja de oír el original mientras lee los subtítulos.

Comparando el original hablado con los subtítulos queda patente que se pierde una gran cantidad de información a nivel léxico y también fraseológico. De todas formas, contrariamente a lo que cabría esperar, el mensaje del original no se pierde. Al traducir, el subtitulador recupera casi por completo la información léxica de la película a través de estrategias de adaptación.

El caso más problemático resulta ser la subtitulación de los elementos culturales; como la adaptación es casi siempre el resultado de una interpretación, aparecen a menudo problemas de comprensión. Sin embargo, los elementos culturales son los que, junto con el lenguaje y la puesta en escena de una película, crean la impresión de autenticidad de lo que sucede en la pantalla.

Para concluir, la subtitulación de *12:08 al Este de Bucarest* en castellano ofrece no sólo una percepción de la historia, cultura y sociedad rumanas por parte de público hispanohablante, sino que consigue dirigirse también a la sensibilidad artística del espectador permitiéndole disfrutar de una pequeña joya de la cinematografía contemporánea.

8. Corpus

PORUMBOIU, Corneliu (dir.) [2006] (2008). *12:08 al Este de Bucarest. / A fost sau n-a fost?* Idiomas: español, rumano. Subtítulos en español. DVD. Valladolid: Divisa Home Video.

9. Referencias bibliográficas

AVRAM, Mioara [1986] (1997). *Gramatica pentru toţi*. Ediţia a II-a. Bucureşti: Humanitas.

BRUMME, Jenny (ed.) (2008). *La oralidad fingida: descripción y traducción. Teatro, cómic y medios audiovisuales*. Con la colaboración de Hildegard Resinger y Amaia Zaballa. Madrid: Iberoamericana; Frankfurt: Vervuert.

CÂMPEANU, Eugen (1997). *Stilistica limbii române. Morfologia*. Cluj-Napoca: Quo Vadis.

CARACOSTEA, Dumitru (2000). *Expresivitatea limbii române*. Iaşi: Polirom.

COSERIU, Eugenio (1995). *Introducere în lingvistică*. Cluj-Napoca: Echinox.

COTEANU, Ion (1990). *Gramatică. Stilistică. Compoziţie*. Bucureşti: Editura Ştiinţifică.

DEX = ACADEMIA ROMÂNĂ, INSTITUTUL DE LINGVISTICĂ „IORGU IORDAN" (1998). *Dicţionarul explicativ al limbii române*. Bucureşti: Univers Enciclopedic.

DÍAZ-CINTAS, Jorge; ORERO, Pilar; REMAEL, Aline (eds.) (2007). *Media for All. Approaches to Translation Studies*. Amsterdam: Rodopi.

DRAE = REAL ACADEMIA ESPAÑOLA (2001-). *Diccionario de la Lengua Española*. [Madrid: Real Academia Española]. URL: <http://www.rae.es/>; fecha de consulta: 16-3-2009.

DRAICA, Dumitru (2007). «Norme ortografice actuale» 28-1-2007. En: *Observatorul*. URL: <http://www.observatorul.com/>; fecha de consulta: 2-8-2009.

DSL = BIDU-VRANCEANU, Angela; CALARASU, Cristina; IONESCU-RUXANDOIU, Liliana; MANCAS, Mihaela; PANA, Gabriela (2001). *Dicţionar de ştiinţe ale limbii*. Bucureşti: Nemira.

GRAUR, Alexandru (1962). «Tautologia în limbă». En: *Studii şi cercetări lingvistice* XIII. 443-449.

GRAUR, Alexandru (1968). *Tendinţele actuale ale limbii române*. Bucureşti: Editura Ştiinţifică.

GRAUR, Alexandru (1976). «*Capcanele*» *limbii române*. Bucureşti: Editura Ştiinţifică şi Enciclopedică.

GRAUR, Alexandru (coord.) (1966). *Gramatica limbii române*. Vols. I-II. 2.ª ed. București: Editura Academiei.

IONESCU RUXANDOIU, Liliana (1995). *Conversația: structuri și strategii. Sugestii pentru o pragmatică a românei vorbite*. București: All.

IORDAN, Iorgu (1943). *Limba română actuală. O gramatică a «greșelilor»*. Iași: Țerek.

IORDAN, Iorgu (1975). *Stilistica limbii române*. București: Editura Științifică.

IORDAN, Iorgu (1977). *Limba literară*. Craiova: Scrisul românesc.

IRIMIA, Dumitru (1986). *Structura stilistică a limbii române contemporane*. București: Editura Științifica și Enciclopedică.

IRIMIA, Dumitru (1997). *Gramatica limbii române*. Iași: Polirom.

IRIMIA, Dumitru (1999). *Introducere în stilistică*. Iași: Polirom.

IVARSSON, Jan (1992). *Subtitling for the Media*. Stockholm: Ljunglöfs Offset AB.

KARAMITROGLOU, Fotios (1998). «A proposed set of subtitling standards in Europe». *Translation Journal* 2/2. URL: <http://www.accurapid.com/journal/04stndrd.htm>; fecha de consulta: 25-3-2009.

KOCH, Peter; OESTERREICHER, Wulf (2007). *Lengua hablada en la Romania: español, francés, italiano*. Traducción de Araceli López Serena. Madrid: Gredos.

NICULA, Irina (2008). «Monitorizarea postului de televiziune Antena 1 în perioada octombrie-decembrie» 18-1-2008. URL: <*arhiva.cna.ro/paginaindex/confer_presa/ANTENA1.doc*>; fecha de consulta: 25-3-2009.

NORD, Christiane (1991). *Text Analysis in Translation. Theory, Methodology, and Didactic Application of a Model for Translation-Oriented Text Analysis*. Amsterdam: Rodopi.

TOHĂNEANU, Gheorghe I. (1969). *Stilul artistic al lui Ion Creangă*. București: Editura Științifică.

ZABALBEASCOA, Patrick (2003). «Translating audiovisual screen irony». En: PÉREZ GONZÁLEZ, Luis (ed.) (2003). *Speaking in Tongues: Languages across Contexts and Users*. València: Universitat de València.

ZAFIU, Rodica (2001). *Diversitate stilistică în româna actuală*. București: Editura Universității din București.

Eduard Bartoll Teixidor

Universitat Pompeu Fabra, Barcelona

MARCAS DE ORALIDAD EN LOS SUBTÍTULOS EN CATALÁN DE LA PELÍCULA *DAS LEBEN DER ANDEREN*

1. Introducción

En este artículo se analizarán las marcas de oralidad de los subtítulos, a partir del análisis de ejemplos extraídos de la película alemana *Das Leben der Anderen* (*La vida de los otros*), subtitulada al catalán. El objetivo es básicamente observar pautas de comportamiento en la oralidad escrita en catalán (cf. Mestres 2003). El análisis es esencialmente intralingüístico, por lo que no siempre se hará referencia al original alemán; en parte porque la traducción a veces se aparta mucho del original —ya que los subtítulos parecen haber sido realizados a partir del doblaje— y porque ni el DVD alemán ni el español disponen de subtítulos en alemán. Además, el libro editado con el guión presenta bastantes divergencias con la versión final audiovisual. Para este análisis, se sigue la definición de oralidad fingida ofrecida por Jenny Brumme (2008: 22), según la cual entendemos un «determinado tipo de oralidad que crea o configura un escritor o escritora para otorgar verosimilitud a los hechos que se exponen o los personajes que toman la palabra»; en este caso aplicada a los subtítulos.

2. La película

Das Leben der Anderen está escrita y dirigida por Florian Henckel von Donnersmarck y ganó el Oscar a la Mejor Película Extranjera en 2007 y siete premios Deutscher Filmpreis.

La película narra la vigilancia que un capitán de la *Stasi* (la policía secreta de la RDA) lleva a cabo sobre el escritor Georg Dreyman y su pareja Christa-Maria Sieland, que mantiene una relación extraconyugal no consentida con un ministro del partido, Hempf. El escritor, movido por el suicidio de su colega y amigo Alfred Jerska, que ha sido apartado de su trabajo por mostrarse crítico con el sistema, se decide finalmente a escribir un artículo sobre el gran número de suicidios en la RDA para la revista *Der Spiegel*, de la República Federal de Alemania.

Poco a poco, el agente Wiesler muestra compasión por el escritor y su pareja y se siente decepcionado con el sistema, de modo que los encubre cuando son descubiertos. Años más tarde, cuando ya ha caído el Muro de Berlín, Dreyman descubre la historia, de la que no sabía nada.

El DVD español apareció en el mercado en septiembre de 2007, distribuido por Cameo Media; contiene la versión original en alemán, el doblaje al español y al catalán; y subtítulos en español y catalán.

El DVD alemán apareció en 2006, distribuido por Buena Vista Home Entertainment y, a pesar de disponer de versión audiodescrita para personas ciegas, no incluye subtítulos ni en alemán ni en ninguna otra lengua.

El libro de la película fue publicado en 2006 por la editorial Suhrkamp con comentarios del director y el guión.

3. La oralidad en películas de ficción

El componente oral de un texto audiovisual, dependiendo de los géneros, pretende aproximarse al máximo a la naturalidad. Sin embargo, no se trata de un texto espontáneo, sino que ha sido elaborado previamente (cf. Miller/Weinert 2002). En realidad, el único texto audiovisual espontáneo sería aquel que estuviera grabado con una cámara o un micrófono ocultos; ya que incluso una entrevista realizada en la calle sin ningún tipo de preparación puede verse afectada por el solo hecho de tener un micrófono y una cámara delante.

Según el modelo de Peter Koch y Wulf Oesterreicher (1986, 1990: 10; 2007: 30), hay que distinguir entre lenguaje de la inmediatez comunicativa y lenguaje de distancia, por un lado, y entre medio (fónico/gráfico) y concepción (hablada/escrita). A partir de las cuatro combinaciones que permite la conjunción de estos rasgos (desde el medio fónico con concepción hablada hasta el medio gráfico con concepción escrita), los autores elaboran una escala en la que se pueden distribuir los diversos tipos textuales (Koch/Oesterreicher 1990: 12; 2007: 34). La combinación del medio fónico con la concepción hablada se conoce con el nombre de lenguaje de la inmediatez comunicativa; la combinación de la concepción del medio gráfico con una concepción escrita se denomina lenguaje de distancia. Entre estos extremos encontramos toda una serie de tipos textuales, caracterizados por un mayor o menor grado de implicación de alguno de estos rasgos.

En el caso que nos ocupa, los diálogos de un filme, el medio es fónico y la concepción es hablada, a pesar de disponer de una versión en el medio escrito (el guión), puesto que los actores van a reproducir siempre el texto en el medio fónico. De hecho, muchas veces los guiones escritos de un filme recogen elementos no canónicos para facilitar, precisamente, la naturalidad.

Uno de los objetivos de este artículo es analizar si los subtítulos muestran marcas de oralidad que los lleven a apartarse de la normativa, para dotarlos de mayor naturalidad, a diferencia de la aproximación de Koch y Oesterreicher:

> Dado que explícita y categóricamente tratamos el problema de la lengua hablada como un problema de variación, nos apartamos del enfoque usual, centrado mayoritariamente en la relación entre fonía y grafía, que está especialmente extendido en la descripción del francés. (No se espere, por tanto, de nosotros, atención sistemática alguna a problemas ortográficos.) (Koch/Oesterreicher 2007: 18)

Respecto a la oralidad fingida, es importante recalcar que el discurso oral de un filme o de un texto audiovisual en principio está elaborado, a pesar de producirse en el medio fónico; con lo cual presenta elementos del lenguaje de distancia, aunque su objetivo sea precisamente el contrario. En este sentido, resulta interesante destacar lo que indica Jorge Díaz-Cintas:

> Conviene mencionar que no todos los actos de comunicación oral presentan las características del discurso oral con el mismo grado de pureza. Nos podemos encontrar con formas de comunicación oral que hacen gala de una elevada oralidad, como puede ser la conversación informal improvisada, junto con otros actos comunicativos donde la oralidad es mínima, como por ejemplo el parte informativo de un telediario. En este sentido, parece legítimo afirmar que el discurso fílmico se encuentra a caballo entre ambos extremos. La oralidad del texto cinematográfico no es sino una ilusión ficticia y artificiosa, ya que los diálogos se originan, por lo general, en un guión que ha sido escrito con antelación. (Díaz-Cintas 2003: 223)

En el mismo sentido, Brumme observa:

> La oralidad fingida que une los rasgos medio escrito y concepción hablada comprende un gran abanico de distintas modalidades de plasmación de aquella naturalidad de lo hablado que un artista pretende evocar, por ejemplo, en un texto escrito mediante recursos específicos, es decir, recursos que se consideran típicamente orales. (Brumme 2008: 22)

4. La subtitulación

La subtitulación es una modalidad de traducción audiovisual que consiste en plasmar por escrito el discurso oral de un texto audiovisual. El objeto de la traducción audiovisual es el texto audiovisual, que es independiente de otros tipos de texto —como el escrito o el oral—; sin embargo, lo que principalmente se escribe en los subtítulos es el componente oral del texto audiovisual; a excepción de textos escritos como rótulos, cartas, etc. Eso ya nos da una idea de que debería recoger elementos de la oralidad.

El texto audiovisual se transmite así por un doble canal, el auditivo y el visual. Las características de la subtitulación, en tanto que modalidad de traducción audiovisual, pueden verse compensadas por la presencia del canal visual, que se mantiene, junto con el canal oral. En realidad, ése es otro de los rasgos que definen la subtitulación, no sólo frente a otros tipos de traducción general, sino también de modalidades de traducción audiovisual: los canales de información del original se mantienen, a diferencia de lo que ocurre en doblaje, por ejemplo.

La subtitulación puede implicar traducción o no (subtitulación interlingüística o intralingüística). Tanto en una como en otra, generalmente es necesario operar algún tipo de reducción. Pocas veces un subtítulo excede de las dos líneas y cada línea puede disponer de 30 a 40 caracteres como máximo; 36, por lo general. Un subtítulo raramente dura más de seis segundos y no debería durar menos de un segundo, aunque el texto sea muy corto, ya que apenas da tiempo de leerlo.

Estas características, que algunos estudiosos históricamente han considerado como restricciones, dan una idea de la necesidad de reducción del texto escrito con respecto al original que traduce. A ello hay que añadir el cambio de canal que se opera en la presentación del texto: de oral a escrito. Así, puede parecer una tarea imposible la restitución de elementos orales en la subtitulación. Según Lluís Payrató, en este sentido:

> L'entonació i els elements paralingüístics propis de la llengua oral no tenen sinó pàl·lids reflexos en els usos escrits. En aquest sentit el potencial comunicatiu oral és molt més ric que l'escrit, i desqualifica la tendència a considerar la llengua parlada com una versió «empobrida» (i fins i tot dependent) respecte de l'escrita. (Payrató 1996: 80-81)

En el caso de la subtitulación, la dependencia de la lengua escrita respecto de la hablada es clara, puesto que se trata de reproducir por escrito aquello que en el original —la banda sonora del filme— se reproduce oralmente. En otras modalidades de traducción audiovisual, ésta se da enteramente en el medio fónico, como en doblaje o en *voice-over*, aunque en esta última la traducción se ofrece junto con el original, que se oye a un volumen mucho más bajo. Es interesante recordar que en la traducción audiovisual el guión escrito, cuando se dispone de él, casi nunca es fidedigno; por tanto, el traductor debe basarse en los diálogos orales del texto audiovisual.

El caso de la subtitulación es realmente peculiar, si aplicamos el modelo de Koch y Oesterreicher (2007: 21), puesto que si los diálogos de un filme constituyen una concepción hablada representada a través de un medio también fónico pero pasando por un medio intermedio gráfico —el guión escrito—, los subtítulos los restituyen de nuevo en el medio gráfico. Cabe señalar que los autores no hablan de esa posibilidad que, como puede observarse, es distinta de un texto que recoja en el medio gráfico una concepción fónica, como por ejemplo una obra de teatro o una novela.

4.1 La subtitulación en catalán en el mercado

La lengua catalana se habla actualmente en cuatro estados europeos: Andorra, España, Francia e Italia (en l'Alguer). Estos territorios presentan una población de unos 12 millones de habitantes, pero es difícil saber cuánta gente la habla realmente; se calcula que podría ser la lengua habitual de unos 5 millones de habitantes. En la mayoría de los territorios que se encuentran bajo jurisdicción española, posee un estatus de cooficialidad junto con el español y sólo en Andorra es la única lengua oficial.

No sólo se trata de una lengua minoritaria en el mundo o en los estados donde se habla sino también minorizada en su propio territorio, fruto de una situación política adversa, sobre todo desde que en 1714 se abolieron las leyes propias de Cataluña. Sólo a principios del siglo XX, por un breve período de tiempo, el catalán dejó de estar prohibido, para que, de nuevo, tras la Guerra Civil española fuera prohibido oficialmente hasta finales de los años setenta. Es importante destacar esa situación, porque quizá no todo el mundo sea consciente de ello. Es lo que parece desprenderse de las palabras de los mismos Koch y Oesterreicher cuando afirman en su libro (2007: 211) «algo que también explica por qué en España nunca ha hecho falta una política lingüística centralista para implantar el conocimiento y el uso de la lengua nacional». Unas palabras parecidas fueron pronunciadas por el rey de España el 23 de abril de 2001, en la entrega de los premios Cervantes.[1]

Así, la presencia del catalán en las salas cinematográficas es prácticamente nula; sólo en la Filmoteca de Catalunya, básicamente en su sede de Barcelona, podemos encontrar subtítulos en catalán. También en teatro, como el Gran Teatre del Liceu o el Teatre Lliure de Barcelona, y en festivales como el Grec de Barcelona o Temporada Alta de Girona.

Donde encontramos una mayor presencia de subtítulos en catalán es en televisión. Televisió de Catalunya, a través de sus diferentes canales, tanto en teletexto como en TDT, subtitula un 70% del total de su producción para personas sordas. En el caso de producciones extranjeras, los subtítulos se realizan a partir del doblaje. Entre los DVD, la presencia de subtítulos en catalán es mucho menor; así, los DVD de películas alemanas que contengan subtítulos en catalán son realmente pocos: el que es objeto de este artículo, *La vida de los otros*, y la otra película austroalemana ganadora de un Oscar en 2008, *Die Fälscher* (*Los falsificadores*), y quizá ninguno más.

5. Rasgos de oralidad en los subtítulos en catalán de la película

Según Koch y Oesterreicher (2007: 36-37), la historicidad del lenguaje presenta dos aspectos estrechamente relacionados. Desde una perspectiva externa, se constata la diversidad lingüística entre las diferentes lenguas históricas. Desde una perspectiva interna, nos topamos con el hecho de la variación lingüística intraidiomática. En general, se distinguen tres dimensiones de la variación lingüística intraidiomática, que constituyen su diasistema:

a) Variación diatópica:

— Original: *Hochdeutsch*, pero algún personaje usa dialecto berlinés (Udo).

— Subtítulos: catalán oriental central.

---

[1] «Nunca fue la nuestra lengua de imposición, sino de encuentro; a nadie se le obligó nunca a hablar en castellano: fueron los pueblos más diversos quienes hicieron suyo por voluntad libérrima, el idioma de Cervantes» (Juan Carlos I 2001).

b) Variación diastrática:

— Original y subtítulos: destaca el léxico de los políticos (ministro Hempf, Grubitz, Wiesler) y el uso de frases hechas y expresiones coloquiales (sobre todo Alfred Jerska, pero también Christa-Maria y Georg).

c) Variación diafásica:

— Original y subtítulos: lenguaje coloquial (niño, Udo, Christa-Maria, Albert Jerska, Georg), en todos los niveles: fonético, morfológico, sintáctico y léxico.

Sobre el uso diatópico de los subtítulos, en catalán, que se distingue en dos grandes grupos dialectales (occidental y oriental), la normativa escrita establecida en 1913 sigue básicamente la variante occidental y, por lo que respecta a su ortología, cada ente televisivo utiliza su variante dominante: Televisió de Catalunya, catalán oriental central; Ràdio Televisió Valenciana, catalán occidental meridional, y Ens Públic de Radiotelevisió de les Illes Balears, catalán oriental insular.

5.1 Rasgos universales

Para Koch y Oesterreicher (2007: 25) los rasgos universales del lenguaje de la inmediatez comunicativa son aquellos que son típicos de la actividad humana al hablar, y éstos son los que se analizarán en este apartado, siguiendo el orden propuesto por los mismos autores: marcadores discursivos, recursos orales de modalización, recursos del ámbito sintáctico, del ámbito semántico y del ámbito fónico, a pesar de que estos serán más abundantes entre los rasgos histórico-idiomáticos de cada lengua.

5.1.1 Marcadores discursivos

Entre la larga lista de marcadores discursivos y procedimientos equivalentes que Koch y Oesterreicher nombran en su libro, destacan el contacto entre emisor y receptor y los papeles que se establecen entre ellos. Veamos ahora algunos ejemplos de marcadores discursivos entre los subtítulos.[2]

---

[2] Los subtítulos se presentan tal como aparecen en la película, se mantiene la división entre líneas y se ha marcado en negrita el rasgo que se destaca. No se recogen todos los ejemplos cuando las soluciones se repiten. Para facilitar su identificación, está marcado el tiempo de aparición, aunque éste puede variar según el reproductor utilizado, en este caso Media Player Classic de Windows.

(1)   **A veure** si li refresquem la memòria,
      presoner 227. (FHvDC: 00:01:40)

(2)   -Però si ja ho he declarat abans.
      -**Doncs** repeteixi-m'ho. (FHvDC: 00:02.05)

(3)   -**O sigui** que sap com sóc.
      -Jo sóc el seu públic. (FHvDC: 01:01:46)

En estos ejemplos nos encontramos con marcadores discursivos típicos, como *a veure* (1), *doncs* (2) y *o sigui* (3). El verbo *saber* del ejemplo (4) también aparece en el original alemán, lo mismo que sucede en (5), donde *no em diguis* recoge el marcador *wirklich*.

(4)   **Saps** que m'han concedit   Weißt du, daß sie mir eine Professur an-
      una càtedra? (FHvDC: 00:06:03)   getragen haben? (FHvD: 22)

(5)   **No em diguis** que només   Bist du wirklich hierhergekommen, um
      has vingut a llegir? (FHvDC: 00:29:57) zu lesen? (FHvD: 53)

Por otro lado, es muy frecuente la presencia de enunciados que incluyen una frase final interrogativa o exclamativa (*oi?*, *no?*, *veritat?*), con una función fática y conativa o exhortativa, como aparece en los ejemplos (6) y (7).

(6)   **Oi** que puc? (FHvDC: 00:13:15)   Ich darf doch? (FHvD: 32)

En el ejemplo (6) la partícula *oi* se corresponde con la partícula modal alemana *doch*, mientras que la partícula *oi* en (7a) tiene su equivalente en *Oder?* (7b) en la versión alemana del filme, solución que no se corresponde con el guión publicado, como vemos en (7c).

(7 a) I només en faig 40. **Oi**? (FHvDC: 00:26:10)
   b) Dabei werde ich doch 40. Oder? (FHvDA)
   c) Oder werde ich wirklich schon 50? (FHvD: 48)

También se consideran marcadores discursivos las interjecciones, que sirven para marcar orden o pregunta, acuerdo, declinación o contradicción, valoración positiva y negativa, indiferencia, dolor anímico, duelo, indignación, decepción, sorpresa, alegría, dolor físico, cansancio, frío, etc. (Matamala 2008). Así, pues, estos elementos (ejemplos 8-12) sirven para indicar la expresión o afectividad del emisor con el receptor. Resultan comunicativamente aceptables en circunstancias de fuerte anclaje en la situación y de confianza y familiaridad entre los interlocutores.

(8) Un impostor?
Au, va, Albert. (FHvDC: 00:30:14)

(9) **Ah** sí? I com es diu... (FHvDC: 00:53:25)

(10) **Ah**, de res, home. (FHvDC: 01:11:45)

(11) **Va**, pugi. (FHvDC: 01:29:40)

(12) Heise i Thomas, sala i despatx.
Vinga. (FHvDC: 01:34:59)

5.1.2 Recursos orales de modalización

Según Koch y Oesterreicher (2007: 96), la modalización implica modulación, con los actores elocutivos para constatar, afirmar, preguntar, rogar, etc. Es conocido que la lengua alemana presenta gran número de partículas modales; lo que no siempre es conocido es que las lenguas románicas también disponen de esas partículas (Ferrer Mora 2001). En este apartado se sigue la clasificación de partículas modales para el catalán de Aina Torrent-Lenzen, que la autora ejemplifica de este modo:

> *Que* potser *et fa riure?* —expressió d'amenaça—; (Però) si *és en Pere!* —expressió de sopresa—; *Tu* també *ets ben ximple!* —expressió d'enuig, desavinença, etc.—; *Tu* rai, *que saps nedar!* —expressió de confiança envers la situació contextual que envolta una persona determinada (en aquest cas concret, expressió de confiança envers les habilitats de l'interlocutor); de retop, també pot insinuar, segons el context, malfiança, decepció, por, etc. en relació amb la situació d'una altra persona—; *No saps* pas *què t'empatolles!* —expressió de desavinença, rebuig o menyspreu—; *Què em dius*, ara! —expressió de sopresa—; *Tu, per això, sempre n'has de fer un gra massa!* —expressió de disconformitat o desavinença, etc.—; Així *rebentés d'una punyetera vegada!* —expressió d'enuig—; etc. Destaca, en alguns dels exemples exposats, l'ús pragmaticoemotiu dels pronoms personals. També queda palesa la combinació tant d'elements indexicals diversos com d'elements indexicals i d'elements explícits. (Torrent-Lenzen 2005: 266-267)

En el ejemplo (13) nos encontramos con la partícula catalana *és que*, que recoge la partícula *doch* del original. En cambio, el ejemplo (14) no tiene un paralelo en el original, ya que éste consta sólo del indefinido y un nombre.

(13) **És que** això és inhumà. Das ist doch unmenschlich! (FHvD: 18)
(FHvDC: 00:03:10)

(14) **Si** és molt fàcil. (FHvDC: 00:27:02) [...] eine Kleinigkeit! (FHvD: 49)

(15) **Però si** ho sap tothom, Daß du Nichtskönner bei der Stasi bist,
que ets membre de la Stasi! das weiß doch jeder! (FHvD: 54)
(FHvDC: 00:30:51)

(16) Company, continuï. Ich bitte Sie, Kollege; man wird doch
Bé que ens hem de poder riure. wohl auch über den Staatsratsvorsitzen-
(FHvDC: 00:36:16) den lachen dürfen. (FHvD: 60)

Por otro lado, la partícula *però* és una de las más operativas; de hecho, su origen en (15) es el mismo que el *doch* del original. Otro caso de la partícula *doch* alemana, entre otras, se ve recogido por *bé que*, en el ejemplo (16).

5.1.3 Ámbito sintáctico

Para Koch y Oesterreicher (2007: 118), entre las marcas de oralidad del ámbito sintáctico se observan faltas de concordancia, *constructio ad sensum* (coherencia por el sentido) y anacolutos; es decir, rupturas en la construcción. A veces, una construcción se transforma de forma fluida en otra; encontramos oraciones incompletas, es decir, con una sintaxis incompleta, además de la elipsis. Dentro de la complejidad sintáctica, destaca la parataxis y la hipotaxis.

a) Elipsis

Uno de los recursos que observamos es la elisión de algún elemento como uno de los rasgos destacados de la sintaxis coloquial, puesto que la información y el tipo de interacción son previsibles. Según Payrató:

> Un últim tret destacable de la sintaxi col·loquial, que la caracteritza respecte a la d'altres registres, és la tendència a l'elisió, la qual dóna als textos espontanis interactius l'aparença d'un estil abreujat, contret. (Payrató 1996: 114)

Es lo que aparece en los ejemplos siguientes, que, en su mayoría, también tienen este rasgo en el guión original.

(17) Les mans sota les cuixes. (FHvDC: 00:02:44)

(18) Vint minuts. (FHvDC: 00:20:02)

(19) Impressionant. Perfecte. (FHvDC: 00:27:55)

(20) Què? Més descansat? (FHvDC: 00:46:46)

(21) -Per mi encantat.
      -No, massa tard. (FHvDC: 00:13:54)

(22) Havia dit que res de llibres
      però gràcies. (FHvDC: 00:29:11)

(23) DESPRÉS, SEGURAMENT,
      RELACIONS SEXUALS (FHvDC: 00:33:35)

El ejemplo (23) llama la atención porque se trata del informe —escrito— que Udo ha realizado después de su turno y que Wiesler lee. Está en mayúsculas, siguiendo la convención de subtitular en mayúsculas un texto que aparece escrito en pantalla. En el ejemplo siguiente (24), nos encontramos con otro elemento de elipsis en la estructura *que no es pensin*; en el original falta el sujeto.

(24) Només li he posat un notable,   Habe ihm zwar nur eine Zwei gegeben -
      que no es pensin que és fàcil.   sollen ja nicht gleich sagen, Promotion
      (FHvDC: 01:18:45)   bei mir sei leicht [...]. (FHvD: 106)

b) Repeticiones

Consideramos la repetición un elemento sintáctico, siguiendo la propuesta de Brumme (2008: 30): «otro recurso sintáctico, a saber, la repetición». Koch y Oesterreicher (2007: 125) destacan lo que llaman *funnel technique*: una posposición, con precisión semántica del mismo constituyente por medio de su repetición, con una motivación semántica y expresiva. Según Payrató:

Aquesta manera de presentar la informació fa possible construccions típiques col·loquials de repetició, que serien rebutjades en d'altres registres però que funcionen perfectament en la parla corrent, com a especificacions de la informació presentada com a tòpic. (Payrató 1996: 114)

Veamos algunos ejemplos:

(25) Només **una mica**.
 Deixi'm dormir **una mica**.(FHvDC: 00:02:57)

(26) **Perdona'm. Perdona'm**. (FHvDC: 01:50:28)

En varias ocasiones (ejemplos 27-29) observamos que se ha mantenido la repetición que ya se da en el guión original, mientras que el original correspondiente al ejemplo (30) consiste en una pregunta retórica en vez de la afirmación que despliega el catalán.

(27) **Molt bé**. Das war **richtig gut. Richtig gut**.
 T'ha quedat **molt bé**. (FHvDC: 00:05:49) (FHvD: 21)

(28) **La pilota**, ... **Ball**. [...] Wie heißt denn dein **Ball**?
 com es diu la teva **pilota**? (FHvD: 78)
 (FHvDC: 00:53:37)

(29) **No el necessites**. **Du brauchst ihn nicht! Du brauchst**
 No el necessites. (FHvDC: 00:55:54) **ihn nicht**. (FHvD: 82)

(30) **No, no** el necessito. (FHvDC: 00:56:46) Nein? Brauche ich ihn nicht? (FHvD: 82)

c) Posposiciones

En este subapartado se tienen en cuenta los cambios de planificación en el orden lineal de los elementos de la oración; a veces, debido a la estructura de la información y la organización. Otras veces, se trata del tema y el rema; es decir, lo ya conocido (mencionado antes o no) y lo nuevo, el objetivo de la comunicación.

(31) És això **el que vol**? (FHvDC: 00:04:40)

(32) Només ha escarnit el partit.
 És difamació, **això**. (FHvDC: 00:37:44)

(33) Ets molt estrany, **tu**.
      Les pilotes no tenen nom. (FHvDC: 00:53:38)

(34) Confia en mi, **almenys**. (FHvDC: 00:56:16)

(35) Tampoc el necessites, **doncs**?
      Gens ni mica? (FHvDC: 00:56:59)

(36) No, res d'especial. No són pas
      tan dolents, **aquells nanos**. (FHvDC: 01:11:37)

En estos ejemplos no se trata de repetir el pronombre y el complemento, sino simplemente de dislocar a la derecha los elementos que se consideran relevantes: *el que vol* (31), *això* (32), *tu* (33), *almenys* (34), *doncs* (35) y *aquells nanos* (36). El orden típico de la escrituralidad y del lenguaje de distancia sería situarlos delante y la pregunta o afirmación sería más directa: *Vol això?* '¿Quiere esto?' (31); *Aquells nanos no són pas tan dolents* 'Esos chicos no son tan malos' (36).

(37) Potser **el** d'abans
      no era **el Jerska** de veritat. (FHvDC: 00:23:43)

También se considera la dislocación a la izquierda y a la derecha; por ejemplo, poniendo primero el pronombre y después el complemento, como en (37).

(38) -**Això** sí que no **ho** sóc.   UDO (*erschrocken*) **Ich**, nee ... also so **wat**
      -Doncs no es comporti com si ho fos.   bin **ick** nicht.
      (FHvDC: 01:14:30)   WIESLER Dann verhalten Sie sich nicht
                                              wie einer! (FHvD: 101)

En el ejemplo (38) quiero destacar, además de la dislocación, que el dialectalismo del original no queda reflejado en los subtítulos.

5.1.4 Ámbito semántico

Entre los rasgos pragmático-universales del vocabulario de textos espontáneos se observa una elevada presencia de juegos y figuras formales y de contenido, tales como frases hechas, expresiones, etc. Por otro lado, entre el léxico coloquial también abundan las palabras consideradas malsonantes o sus respectivos eufemismos.

Este apartado se subdivide en los siguientes subapartados: expresiones coloquiales y frases hechas; sentidos figurados y exageraciones; palabras groseras y eufemismos; y léxico coloquial.

a) Expresiones coloquiales y frases hechas

Aunque las frases hechas en sí no son marcas de oralidad, porque abundan también en el medio gráfico, sí que suelen introducir muchas oraciones marcadas diafásicamente: familiares, coloquiales, etc. Según Brumme (2008: 31): «gran cantidad de expresiones, muchas de ellas muy populares, intensifican el tono coloquial del monólogo», refiriéndose, en este caso, a la obra de teatro *Der Kontrabaß*, de Patrick Süskind. Veamos algunas de estas expresiones que se han mantenido en el proceso que lleva desde el guión original hasta el subtitulado en catalán.

(39) Vigilar algú així, és com **tirar-se terra al damunt**. (FHvDC: 00:09:19)

Wenn wir so einen überwachen, schneiden wir uns ins eigene Fleisch. (FHvD: 27)

(40) Molt lleial **i tota la pesca**. Però nosaltres hi veiem més enllà. (FHvDC: 00:10:41)

Einer der besten unseres Landes, linientreu ... all den Käse. (FHvD: 29)

(41) Però **posi's al seu lloc**. (FHvDC: 00:14:36)

Aber, Genosse Hempf, versetzen Sie sich doch nur einen Moment in seine Lage [...]. (FHvD: 34)

(42) **mentre hi ha vida, hi ha esperança**. (FHvDC: 00:16:04)

Denn die Hoffnung stirbt immer zuletzt. (FHvD: 35)

En el ejemplo (39) aparece la expresión *tirar-se terra al damunt* 'echarse tierra encima', que se corresponde con otra frase hecha en el original: *sich ins eigene Fleisch schneiden* 'cortarse en su propia carne', o sea, perjudicarse uno mismo. Otro tanto sucede con la expresión *i tota la pesca* (40), que también tiene su equivalente en el original: *all den Käse*. La expresión *posar-se al lloc d'algú* (41), a su vez, constituye frase hecha que refleja el original en sus mismos términos, mientras que el ejemplo (42) es un refrán.

(43) **Te'n sortiràs?** (FHvDC: 00:16:29)   Kriegst du das hin? (FHvD: 35)

(44)	-Com estàs? -Doncs, **anar fent**. (FHvDC: 00:22:55)	DREYMAN Wie geht es dir? JERSKA Gar nicht so schlecht. (FHvD: 45)
(45)	**No fa per mi**, diries tu. (FHvDC: 00:23:35)	Das klingt nicht nach mir, willst du sagen, was? (FHvD: 45)
(46)	**Fa bona pinta**. Em va donar esperances. (FHvDC: 00:24:43)	... es sieht gut aus. Er hat mir Hoffnung gemacht. (FHvD: 46)
(47)	Aquests artistes **sí que en saben**. (FHvDC: 00:34:03)	Diese Künstler ... bei denen geht's ab! (FHvD: 58)

En estos ejemplos, el verbo pronominal *sortir-se'n* (43) significa *conseguir algo*, como el original alemán *hinkriegen*; mientras que la expresión *anar fent* 'ir haciendo' (44) significa *estar bien* o, como lo expresa el guión original, *no estar mal*. La frase hecha *fer per algú* (que, según el DIEC2, se debe escribir *fer per a algú*) del ejemplo (45) significa *ser adecuado a alguien*. En este caso, el original presenta la interrogación exclamativa *was?* como marca de oralidad. La expresión *fer bona pinta* (46) recoge bien el original referido a una situación o un hecho. En (47) aparece el verbo *saber*, pero reforzado con la partícula *sí que*, lo cual le da un significado de *saber lo que se hacen*. El original presenta una solución bastante distinta en este punto, aunque con un sentido parecido.

(48)	**Ja t'ho trobaràs**. (FHvDC: 01:12:46)	Warte nur, warte nur ... (FHvD: 98)
(49)	Sigui com sigui, **causarà un daltabaix**. (FHvDC: 01:13:47)	Er wird Furore machen, so oder so. (FHvD: 100)
(50)	Sí, camarada capità. **Jo vaig tirant**. (FHvDC: 01:14:40)	Schon gut, Genosse Hauptmann. Dann geh ick mal. (FHvD: 101)
(51)	**Quina una en porteu de cap**? (FHvDC: 01:15:24)	Was macht ihr denn hier so verschwörerisch? (FHvD: 102)
(52)	-Ja se m'acudirà algun lloc. -No **s'ho prengui a la lleugera**. (FHvDC: 01:16:50)	DREYMAN (*etwas genervt*) Mir wird schon etwas einfallen. HESSENSTEIN Nehmen Sie das nicht auf die leichte Schulter. (FHvD: 103)

(53)	Hi ha alguna cosa que **no em fa el pes**. (FHvDC: 01:20:57)		Irgendwas gefällt mir da nicht. (FHvD: 107)
(54)	Ja pot tocar el dos. (FHvDC: 01:30:40)		Und jetzt verschwinden Sie. (FHvD: 80)
(55)	Déu n'hi do. (FHvDC: 01:59:22)		Alle Achtung! (FHvD: 153)

En el ejemplo (48) se nos presenta otra frase hecha, *ja t'ho trobaràs*, que significa *ten cuidado*, a modo de amenaza, recogiendo así el original alemán *Warte nur!* (literalmente 'espera solamente') en el mismo sentido. También *causar un daltabaix* (49) constituye una frase hecha que tiene su correspondencia en el original. En el ejemplo (50) tenemos *Anar tirant*, que significa *irse*. En esta ocasión, la presencia de la frase hecha recoge, en cierto modo, el uso de la partícula modal *mal* en el original. Cabe señalar que, en la película alemana, aparece aquí el dialectalismo berlinés de pronunciar *j* en vez de *g* (*jut*) del personaje de Udo, rasgo que tampoco se refleja en el guión escrito (*gut*), aunque sí aparece la marca dialectal *ick* (por *ich*). La expresión *portar-ne una de cap* (51) podría traducirse en español como *llevar algo entre manos*; al igual que *prendre's alguna cosa a la lleugera* 'tomarse algo a la ligera' (52) es una expresión que ya se encuentra plasmada en el original. A su vez, en el ejemplo (53), *fer el pes* 'convencer' recoge el *da* del guión original. Otro caso es el ejemplo (54). En él, destaca la presencia de una frase hecha coloquial en el subtitulado: *tocar el dos* 'marcharse'. En el guión original leemos: *Und jetzt verschwinden Sie* 'y ahora, desaparezca Ud.', igualmente coloquial, aunque sin la presencia de una frase hecha. Por último, el ejemplo (55) constituye una de las expresiones más utilizadas en el lenguaje coloquial catalán y se utiliza, según el DIEC2, para indicar conformidad o suficiencia, recogiendo así el sentido de la expresión coloquial del original alemán.

b) Sentidos figurados y exageraciones

De un modo similar a lo que sucede en el caso de las expresiones coloquiales y frases hechas, las expresiones en sentido figurado y/o exagerado también se encuentran ya plasmadas en el guión original. Veamos algunos ejemplos:

(56)	Doncs que potser no està tan **net** com sembla. (FHvDC: 00:10:28)	Vielleicht ist er nicht ganz so sauber, wie er scheint ... (FHvD: 29)

(57) Un èxit que devia a la benevolència **dels de dalt**. (FHvDC: 00:23:50)

[...] des Erfolgs ... den ich der Gnädigkeit der Bonzen zu verdanken hatte. (FHvD: 46)

El ejemplo (56) presenta la misma solución en la traducción y en el original, el uso del adjetivo *net* 'limpio' para designar que alguien no ha cometido ninguna infracción. En (57), a su vez, el adverbio nominalizado *els de dalt* se corresponde al término *Bonzen* del original, un nombre coloquial y con un sentido despectivo, según el diccionario Wahrig.

(58) Ja no **suporto** veure tota aquesta gent grassa i ben vestida de les estrenes. (FHvDC: 00:23:27)

[...] ich kann den Anblick von diesen fetten, aufgetakelten Menschen bei so einer Premiere nicht mehr ertragen. (FHvD: 45)

(59) Però no **pateixis**, (FHvDC: 00:39:55)

Aber sei unbesorgt: [...]. (FHvD: 64)

(60) —Li fa res escriure amb vermell?
—Això no **m'aturarà**. (FHvDC: 01:16:40)

HESSENSTEIN [...] Macht es Ihnen etwas aus, den Artikel in Rot zu schreiben? DREYMAN (*lächelt*) Daran soll es nicht scheitern. (FHvD: 103)

En los ejemplos (58-60) aparecen verbos con un sentido figurado, como *suportar* (58), que es *ertragen* en el original. El verbo *patir* 'sufrir' (59) aparece aquí con un uso coloquial, que significa *preocuparse*. En el original alemán se utiliza en su lugar el adjetivo *unbesorgt*. Sin embargo, en el ejemplo (60) el verbo *aturar*, que en este contexto significa *impedir* (que escriba), se encuentra léxicamente un poco más distante del original alemán *scheitern* 'fracasar'.

(61) El temps **passa volant**. Però ja m'està bé. (FHvDC: 00:22:31)

Die Zeit vergeht so schnell. Na, ist ja auch gut so. (FHvD: 44)

(62) Aquest **amaga alguna cosa**. M'ho diu l'instint. (FHvDC: 00:10:50)

Ja, an dem ist was faul. Das sagt mir mein Bauch. (FHvD: 29)

(63) **Fa mala cara**. (FHvDC: 01:44:18)

Sie sehen ein bißchen mitgenommen aus. (FHvD: 137)

En (61), la expresión *el temps passa volant* recoge el verbo alemán, acompañado de adverbio: *so schnell vergehen*. En segundo lugar, también tenemos en este ejemplo un elemento de la oralidad con: *Però ja m'està bé*. En esta solución, la conjunción adversativa *però* funciona como partícula modal, como hemos visto más arriba, y recoge las partículas alemanas *auch* y *ja*.

A su vez, en el ejemplo (62) aparece la expresión *amagar alguna cosa* con el sentido figurado de *no decir toda la verdad*, el mismo que el original alemán expresa con *etwas faul sein* 'haber algo podrido'. Y la expresión *fer mala cara* 'tener mal aspecto' del ejemplo (63) resume de manera eficaz el alemán *ein bisschen mitgenommen aussehen*.

(64)   Em sembla que **li tens el cor robat**. (FHvDC: 00:12:04)   Ich glaube, er hat einen Narren an dir gefressen. (FHvD: 31)

(65)   Si li vol **trencar el coll** o no, això ja és cosa seva. (FHvDC: 01:30:30)   Ob Sie ihr das Genick brechen oder nicht, ist Ihnen überlassen. (FHvD: 120)

La exageración figurada del alemán *einen Narren an jemandem gefressen haben* (64), que quiere decir *estar entusiasmado con alguien*, queda reflejada en otra exageración figurada en los subtítulos: *tenir-li (a algú) el cor robat* 'tenerle el corazón robado a alguien'. La equivalencia es más literal en el ejemplo (65): *trencar el coll* 'romper el cuello' se corresponde plenamente con el original alemán *das Genick brechen*, considerado en el diccionario Pons como familiar.

c) Palabras groseras y eufemismos

Entre los elementos más característicos del lenguaje coloquial —y por tanto de la oralidad— se cuentan las palabras groseras y sus eufemismos correspondientes. Los subtítulos en catalán de *La vida de los otros* incluyen los siguientes ejemplos:

(66)   -**Caram**, quins companys de llit. -Paul. No comencis. (FHvDC: 00:12:42)   HAUSER Entzückend, deine Bettgenossen ... DREYMAN (*verärgert*) Ach, hör doch auf! (FHvD: 31)

(67)   **Coi** d'actriu! (FHvDC: 01:49:31)   Die Schauspielerin! (FHvD: 142)

(68)　　Què **coi** fots? (FHvDC: 00:31:05)　　Was sollte denn das? (FHvD: 54)

(69)　　Què **cony** mires? (FHvDC: 00:59:22)　　Wat glotztn so? (FHvD: 84)

En (66) encontramos el eufemismo *caram*, aunque, como sucede con muchos de ellos, quizá la población ya no sea consciente de que se trata de un eufemismo. En realidad, la palabra soez que sustituye es *carall*, es decir, *carajo* (*pene*) en español. De hecho, en español también existe la forma eufemística *caramba*. En los ejemplos (67) y (68) aparece *coi*, que corresponde a la palabra malsonante *cony* 'coño'. Es interesante destacar que, en ambos casos, en el guión original no aparece ningún eufemismo ni ninguna palabra grosera, sino simplemente una elipsis con exclamación en (67), mientras que en (68) el eufemismo parece recoger la presencia de la partícula modal *denn*. En (69) ya se ha recurrido a lo grosero directamente: *cony*, quizá para recoger el término coloquial del original alemán *glotzen* (por *schauen* 'mirar'), además de las partículas modales *'n* (*denn*) y *so*.

(70)　　**Merda**. (FHvDC: 01:29:22)　　Scheiße! (FHvD: 119)

(71)　　I llavors diu el Sol:　　Die Sonne antwortet: »Leck mich am
　　　　"**Vés a cagar** que ja sóc a l'oest."　　Arsch. Ich bin jetzt im Westen.«
　　　　(FHvDC: 00:37:08)　　(FHvD: 61)

(72)　　-Sí.　　WIESLER (*mit großer Aufrichtigkeit*) Ja.
　　　　-Doncs no **la** tornis a **cagar**. (FHvDC:　　OBERSTLEUTNANT GRUBITZ Dann versau
　　　　01:39:40)　　es nicht noch einmal. (FHvD: 133)

En el ejemplo (70) se utiliza la misma palabra tanto en el original como en la traducción; un término muy operativo en ambas lenguas. Finalmente, en los ejemplos (71) y (72) nos hallamos con el verbo *cagar*, en el segundo caso con un sentido figurado, *cometer un error*. En ambos casos, se conservan las expresiones vulgares que presenta el original en este punto.

d) Léxico coloquial

En el ejemplo (73) nos encontramos con un término afectivo, *Reina*, que se corresponde aquí con el alemán *Mein liebes Kind*, mientras que en (74) se alude a otra persona mediante el término coloquial *paio*, procedente del argot de los gitanos y referido a las personas que no son de etnia gitana, pero que en su uso coloquial denota un individuo (DIEC2). Es un caso parecido a (75), donde aparecen dos términos coloquiales, *nano* y *carraca*. El primero, que significa *muchacho*, no aparece en el DIEC2, mientras que el segundo, que sí aparece, se refiere a un coche viejo y en mal estado. (Ninguno de los dos aparece directamente en el original alemán, aunque el primero parece recoger el artículo *der* con un uso pronominal y coloquial).

(73) **Reina**, què tens? (FHvDC: 00:07:40)   Mein liebes Kind, was hast du? (FHvD: 25)

(74) S'hauria de prohibir que un **paio** així et dirigís la paraula. (FHvDC: 00:13:04)   Daß so jemand überhaupt das Wort an dich richten darf! (FHvD: 32)

(75) que només faltaria que el **nano** se m'asfixiés a la **carraca**. (FHvDC: 01:10:23)   [...] sonst erstickt der mir im Auto, und das wäre richtig schade. (FHvD: 96)

(76) No són uns **llumeneres**, els de la frontera. (FHvDC: 01:09:43)   Das sind nicht die Hellsten an der Grenze. (FHvD: 95)

(77) Però és que el text fa **tuf** d'escriptor. (FHvDC: 01:29:11)   Aber ... auf jeden Fall riecht dieser Text nach Schriftsteller. (FHvD: 119)

Por último, en esta lista de ejemplos de léxico coloquial, encontramos también *llumeneres* (76) y *tuf* (77). En el primer caso se puede decir que tiene una relación directa con el original, ya que en éste también aparece un término relacionado con claridad: *die Hellsten*, de *hell* 'claro'. *Llumeneres* proviene de *llum* 'luz' y en ambos casos significa *persona inteligente*. La palabra *tuf*, a su vez, significa *peste*; de hecho, en el original se utiliza aquí un verbo neutro: *oler*.

5.2 Rasgos histórico-idiomáticos

Generalmente, se considera que los subtítulos sólo pueden recoger elementos léxicos y sintácticos. Eso afirma Henrik Gottlieb:

> At the same time, subtitling is fragmentary in that it only represents the lexical and the syntactic features of the dialog. The prosodic features are not truly represented in subtitles: exclamation marks, italics, etc., are only faint echoes of the certain ring that intonation gives the wording of the dialog. (Gottlieb 1997: 108)

Díaz-Cintas también afirma en este sentido: «Desgraciadamente, la subtitulación es, por naturaleza, fragmentaria porque sólo puede aspirar a representar, mejor o peor, los elementos sintácticos y léxicos del discurso oral» (Díaz-Cintas 2003: 223).

De este modo, la esencia de los subtítulos pone de manifiesto un claro compromiso entre el discurso oral y el discurso escrito.

5.2.1 Rasgos fonéticos y fonológicos

Entre los subtítulos en catalán de *La vida de los otros* encontramos algunos que recogen elementos fonéticos, debidos en gran parte a una cierta tendencia presente en catalán, no sólo en un contexto informal. No se recogen todos los ejemplos para no hacer demasiado cansada la lectura, puesto que se trata de soluciones que se van repitiendo.

(78) Té telèfon. Truqui-li.
 L'hi confirmarà tot. (FHvDC: 00:02:20)

(79) ja tindrà un bon amic al Comitè.
 L'hi asseguro. (FHvDC: 00:11:25)

(80) No **l'hi** discuteixo. (FHvDC: 00:14:34)

En la combinación de pronombres *l'hi*, en los ejemplos (78-80), nos encontramos con un caso de elisión vocálica. Aunque esta solución parece contar con un amplio apoyo, merece un comentario. En el caso que nos ocupa, *l'hi* representa la combinación de los pronombres *li* y *ho*. *Li* es el pronombre de complemento indirecto singular, mientras que *ho* se utiliza para sustituir a un complemento directo indefinido: *això* 'esto' o a toda una frase subordinada. En catalán occidental, su pronunciación plena se mantiene (*li ho*), mientras que en la variedad del catalán oriental la combinación *li ho* generalmente se pronuncia [li]. Podríamos decir, por tanto, que en catalán oriental el pronombre *ho* se elide.

Por otra parte, en la variación diatópica del catalán oriental central, al combinarse *li* con un complemento directo se convierte en *hi*. (No pasa lo mismo en el catalán occidental valenciano, donde se mantienen las formas intactas). De un modo similar, el pronombre español de objeto indirecto *le* se convierte en *se* al combinarse con un pronombre de complemento directo: *le* traigo el libro, *se lo* traigo, que equivale a *li porto el llibre*, *l'hi porto* en catalán oriental central, donde *l'* es la forma apostrofada de *el*, el pronombre para *el llibre*, e *hi* es *li*. (En Valencia, la combinación resultante de los dos pronombres sería *li'l porte*).

Así pues, la grafía *l'hi* es la suma de *li* y *el*, pero no de *li* y *ho*. El uso de *l'hi* en este último caso, aunque esté muy extendido, puede llevar a confusión, puesto que se trata de dos pronombres distintos y no parece justificado convertir *ho* en *l'*.[3]

De nuevo, hay que tener en cuenta que los subtítulos son un texto escrito y por lo tanto no deberían intentar representar algo tan específico de la realización oral, del mismo modo que no se escribe *vritat* por *veritat* o *'nà fen* por *anar fent*, aunque se pronuncien así, al menos en la variedad oriental del catalán. Lo que puede ser válido para el doblaje, por ejemplo, que mantiene el canal oral, no debería serlo para la subtitulación, que siempre se da por escrito.

Otros casos de elisión vocálica están representados en los siguientes ejemplos:

(81)   **Sisplau**, deixi'm dormir. (FHvDC: 00:02:40)

(82)   Que em porta un conyac, **sisplau**? (FHvDC: 01:00:05)

La grafía *sisplau*, en los ejemplos (81) y (82) también es muy común hoy en día, sin embargo, no por ello deja de merecer ser comentada. En catalán, se trata de tres palabras independientes, una conjunción, un pronombre y un verbo. Exactamente igual que lo que sucede en francés con *s'il vous plait* o en holandés *als u blieft*. Es interesante destacar que en francés escrito, para ahorrar espacio a veces se recurre a su escritura mediante siglas: *s.v.p.* La solución catalana no deja de sorprender por el

---

[3]   Sobre la elisión de *ho* en la combinación con *li*, Eulàlia Bonet afirma en la *Gramàtica del català contemporani*: «En la majoria de les varietats del català, la seqüència *li ho* té la realització [li]: *Això, a la teva germana, ja [li] vaig dir*, mentre que la seqüència *els ho* té la realització [(ə)lzi] [...] Encara que aquestes formes coincideixen, en aquestes varietats, amb la forma del pronom datiu quan no apareix combinat ([li] en singular, [(ə)lzi] en plural), Fabra (1983-1984: § 125) sosté, sobretot per raons històriques, que en aquestes realitzacions hi ha hagut una substitució del pronom feble neutre (*ho*) pel pronom feble de tercera persona masculí singular (*el* o *l'*); aquesta interpretació és la que també s'assumeix, per exemple, a Mascaró (1986). Aquesta substitució redueix les combinacions amb pronom neutre a les combinacions de dos pronoms de tercera persona, descrites al § 10.3.3.4» (Bonet 2002: 963).

hecho de tratarse de una contracción de tres palabras pertenecientes a categorías gramaticales distintas.

Esta solución es fruto sin duda de las recomendaciones realizadas por el gabinete lingüístico de Televisió de Catalunya, en su libro *Criteris lingüístics sobre traducció i doblatge*:[4]

> S'admet aquesta expressió, que té l'avantatge de poder-se aplicar a tots els tractaments i que permet evitar la proliferació de *per favor*. L'expressió *si us plau* només es pot aplicar al tractament de *vós*, o de *tu* en plural. En principi, no són recomanables les expressions *si et plau, si li plau, si els plau*, que alguns usen. Només es poden admetre en contextos molt formals o amb connotacions especials que cal remarcar. (Televisió de Catalunya 1997: 21)

En cierto modo, es lo mismo que ocurre con *esclar*, en los ejemplos (83) y (84):

(83) -És en Hauser.
      -**Esclar** és en Hauser. (FHvDC: 00:13:50)

(84) -Ja ho hauria indicat a l'informe.
      -Sí, **esclar**. (FHvDC: 01:29:07)

En realidad se trata de la combinación de una forma verbal, *és*, y un adjetivo, *clar*, que pasan a escribirse juntos como si fueran una sola palabra. Ni *sisplau* ni *esclar* tienen entrada en el DIEC2.

(85) I això
      sense **have'ls-hi** d'obligar. (FHvDC: 01:19:45)

También en este sentido debemos considerar el ejemplo (85): *have'ls-hi*, cuando la forma normativa es *haver-los-hi*. También aquí han tenido lugar unas elisiones: la *r* del infinitivo y la *o* del pronombre plural *-los*.

Así, por ejemplo, según los criterios de Televisió de Catalunya, «en la subtitulació de diàlegs informals també s'adoptaran aquestes grafies col·loquials» (1997: 34), haciendo referencia a formas como *els hi* en vez de *els*, *ajupe't* en vez de *ajup-te*, *aneu's-en* en vez de *aneu-vos-en* o *anà'ns-en* en vez de *anar-nos-en*. También la revista *Versió doblada*, editada por la misma televisión, en su número 6 (Comissió de Nor-

---

[4] Cf. también Bassols/Rico/Torrent (1997); Cros/Segarra/Torrent (2000); Vallverdú (2000 y 2003).

malització Lingüística de Televisió de Catalunya 1999: 4) insiste en esta cuestión al afirmar: «El criteri a l'hora de fer els subtítols ha de ser el mateix que s'aplica en el doblatge. Això afecta bàsicament el controvertit per a i la combinació de pronoms (*anem's-en, emporteu's-el*)». Las formas correctas son: *anem-nos-en, emporteu-vos-el.*

Si bien estas soluciones pueden ser aptas para el doblaje, no parecen, a mi entender, válidas para la subtitulación, porque confunden al espectador. No olvidemos que la subtitulación no sólo es un texto escrito que debe regirse por la normativa del canal escrito, sino que también es una vía de normalización y de aprendizaje de lenguas; no sólo de la original, sino también de la lengua meta. Por ejemplo en Dinamarca, los subtítulos constituyen, sin duda, los textos más leídos, tal como indica Gottlieb:

> In Denmark, where dubbing is only found in children's programs, subtitling has become one of the dominant written text types in public life: by 1992 the weekly time spent reading TV and video subtitles amounted to nearly four hours (228 minutes) per capita. Printed translations only account for a little less than two hours a week. (Gottlieb 1997: 108)

Aquí quisiera recordar las palabras de Albert Jané sobre los primeros cómics editados en catalán:

> Des d'un bon principi, vam entendre que [...] havíem de ser extremament rigorosos pel que fa a la correcció lingüística de tots els textos que hi apareixien i, per tant, també els de les historietes. La descurança lingüística, sempre lamentable i digna de blasme, hauria estat negativa i, doncs, imperdonable i inadmissible en una publicació que tenia clarament i decididament l'objectiu de familiaritzar els nois i les noies del nostre país amb l'expressió escrita de la pròpia llengua. (Jané 2009: 12)

5.2.2 Rasgos morfológicos

Según indica Payrató, los rasgos morfológicos son los que menos difieren entre oral y escrito:

> En conjunt, els aspectes en què proporcionalment menys divergeixen les varietats orals i escrites, formals i informals del català (i probablement de la majoria de les llengües), són els morfològics, en especial els referents a la morfologia flexiva. (Payrató 1996: 95)

A pesar de ello, algunas son las soluciones que encontramos entre los subtítulos:

(86) És una mostra d'olor Die Geruchskonserve für die Hunde.
      pels gossos. (FHvDC: 00:05:23) (FHvD: 20)

(87) No, és **per** mi. (FHvDC: 02:06:52) Nein ... es ist für mich. (FHvD: 158)

(88)   SONATA **PER A** UNA BONA PERSONA   »Die Sonate vom Guten Menschen«
       (FHvDC: 00:33:05)   (FHvD: 57)

En los ejemplos (86-88), se trata de la preposición *per* y de la compuesta *per a*. En el lenguaje oral informal casi nunca se distinguen en catalán oriental central y su escritura comporta más de un quebradero de cabeza por ese motivo. Sin embargo, su sentido es muy distinto. Al igual que en español en una oración pasiva, *per* 'por' delante de un nombre introduce el agente y *per a* 'para' introduce el complemento indirecto. Delante de un infinitivo, *per* indica causa y *per a* indica finalidad. En estos ejemplos parece más lógico que se trate de un complemento indirecto. En este sentido, Pelegrí Sancho Cremades indica en la *Gramàtica del català contemporani*:

> Tradicionalment s'ha considerat que l'ús de *per* en comptes de *per a* en els dialectes orientals es devia a una convergència fonètica: l'eliminació de l'element [ə] de la preposició [pər ə] hauria tingut com a resultat una forma [pər]. Com a suport d'aquesta explicació s'assenyalaven determinades seqüències característiques del català oriental: *per 'quell, per 'quest, per 'qui*. D'acord amb aquest punt de vista, en aquest cas es realitzaria un fals tallament i l'element *a-* inicial del complement preposicional s'interpretaria com si formés part de la preposició. Conseqüentment, seria eliminat: per *quell, per quest, per qui*, en lloc de *per a aquell, per a aquest, per aquí*, respectivament. Aquest mateix procés explicaria el pas de *per a* a *per*. (Sancho Cremades 2002: 1749)

Sin embargo, esta explicación ha sido muy discutida, puesto que:

> Els estudis diacrònics demostren que la preposició *per a* mai no va tenir una presència efectiva en els dialectes orientals. Per aquesta raó, Solà (1987: 122) apunta la possibilitat que la preposició *per a* només hagi existit de manera clara del tortosí en avall. En relació amb els segments *per quell, per quest*, que se suposaven reduccions a partir de *per a aquell, per a aquest*, cal dir que no proven res sobre aquesta qüestió, ja que podrien ser igualment el resultat de seqüències amb *per (per aquell, per aquest)*. (Sancho Cremades 2002: 1749)

El uso de la combinación de estas dos preposiciones presenta variantes reducidas en la variación diatópica y el dominio lingüístico catalán está dividido en dos grandes grupos. La mayor parte de los dialectos orientales y occidentales conocen únicamente la preposición *per*, que expresa la causa y la finalidad, entre muchos otros valores. El tortosín y los subdialectos valencianos distinguen entre *per* y *per a* (o *pa*) del mismo modo que el español. En el catalán occidental hablado en la región del Pallars el resultado es *pra*.

Es interesante destacar que en el ejemplo (88) sí aparece el uso de la preposición *per a*, en la traducción del título de la partitura *Die Sonate vom guten Menschen* (FHvD: 57), en el que no aparece la preposición *für*.

(89) L'Estat es farà càrrec
d'**en** Jan i **la** Nadja. (FHvDC: 00:04:36)

(90) **EL** "LAZLO" I **LA** CMS
OBREN ELS REGALS (FHvDC: 00:33:32)

(91) **En** Honecker
arriba d'hora al despatx, (FHvDC: 00:35:57)

En los ejemplos (89-91) nos encontramos con el uso del artículo personal delante del nombre propio, solución típica en Cataluña, donde no usarlo resultaría poco natural. No es el caso del catalán occidental de Valencia ni de otras partes del sur de Cataluña, donde no se usa. Así pues, usarlo en la traducción parece perfectamente adecuado. En (90) llama la atención que no se trata de un diálogo, sino del informe que escribe Wiesler, por tanto quizá no debería presentar ese rasgo de oralidad, mientras que en el ejemplo (91) se trata de un apellido y no de un nombre propio, con lo cual este *en* sí que es un rasgo coloquial y, en principio, exclusivo de la oralidad.

(92) Tot i que, gràcies a tu, les meves eren **bonetes**. (FHvDC: 00:06:09)   Auch wenn meine dank dir gar nicht schlecht waren, hahaha. (FHvD: 22)

En el ejemplo (92) observamos un caso de uso del diminutivo con una intención semántica. Aquí se ha recogido la partícula de refuerzo de la negación *gar* del original alemán.

Por último, el ejemplo (85), ya comentado en el apartado dedicado a la fonética, presenta otro de los rasgos morfológicos que indican oralidad, y así se destaca también en el libro de Televisió de Catalunya: «En les formes perifràstiques, es recomana anteposar els pronoms als verbs: millor els volien atacar que volien atacar-los» (Televisió de Catalunya 1997: 34). Aquí, por ejemplo, tanto podría escribirse (y decirse) *sense haver d'obligar-los-hi* como *sense haver-los-hi d'obligar* (*have'ls-hi*, en el subtítulo); pero resulta más natural anteponer el pronombre, como se comenta en el apartado siguiente.

5.2.3 Rasgos sintácticos

Uno de los elementos más destacados aquí es el de la dislocación a la izquierda, de modo que se presenta una parte como información dada (tópico), sobre la que se aporta una información nueva (comentario). Como indica Payrató: «El clític pronominal que apareix en el comentari és correferencial amb l'element que fa de tòpic» (Payrató 1996: 113-114). Eso es lo que encontramos en los ejemplos (93-98).

(93) Te'**n** recordes,
 de quan sèiem aquí junts (FHvDC: 00:05:55)

(94) Què coi **hi** fot, **aquí**? (FHvDC: 00:12:02)

(95) Tu tampoc **en** tens, **de bon gust**. (FHvDC: 00:32:35)

(96) Que te'**l** busquin, **l'expedient**. (FHvDC: 00:34:25)

(97) I tu què **en** saps, **de la Stasi**? (FHvDC: 00:53:16)

(98) No **el** necessito, **aquest sistema**. (FHvDC: 00:56:51)

Se trata de un recurso muy utilizado en el discurso oral en catalán y, tal y como se presenta aquí, nos hallamos ante un rasgo histórico-idiomático y no universal, debido a la riqueza y elevada presencia de sus pronombres, acompañados con los complementos que en teoría sustituyen.

(99) Albert, **a l'estrena** també **hi** va venir
 el ministre Hempf. (FHvDC: 00:24:08)

(100) -Com has entrat a l'edifici?
 -**Aquí** n'**hi** viuen uns quants com tu. (FHvDC: 00:46:23)

(101) **De pensar**, ja se **n**'encarreguen
 els seus superiors. (FHvDC: 01:14:38)

(102) -**De màquina d'escriure**, ja **en** tinc.
 -La Stasi n'identificaria la lletra. (FHvDC: 01:16:20)

En los ejemplos (99-102) se da el caso contrario, la aparición del complemento que luego se repite mediante el pronombre, lo cual también constituye un rasgo muy típico de la lengua catalana.

(103)   -**Que** m'ha entès?
        -Sí. (FHvDC: 00:22:07)

(104)   **Que** tens fred? (FHvDC: 00:39:10)

En los ejemplos (103) y (104) aparece la partícula *que* usada en la interrogación. No es necesaria, pero su presencia es un rasgo típico de la oralidad y es muy operativa en catalán.

5.2.4 Rasgos semánticos

El último ejemplo (105) lo constituye un castellanismo muy utilizado hoy en día. En realidad, la palabra catalana para *novio/-a* es *xicot/-a* y, de hecho, *nòvio* no aparece recogido en el DIEC2. Si bien la forma femenina no muestra de un modo tan claro el hecho de tratarse de un castellanismo, la forma masculina, *nòvio*, terminada en *-o*, resulta más evidente.

(105)   La meva **nòvia**. (FHvDC: 00:18:08)

6. Conclusiones

Los subtítulos son un tipo de texto escrito particular que recoge, traducido o no, lo que en una película se transmite por el canal oral. Debido a las limitaciones que implica recoger los elementos orales por escrito y las características propias de la subtitulación como la necesaria reducción del texto de llegada, provocada por el hecho de que los espectadores leen más despacio que escuchan, parece que ofrecer elementos de oralidad sea una tarea imposible.

Sin embargo, después de analizar el corpus constituido por los subtítulos en catalán de la película alemana *Das Leben der Anderen* podemos comprobar que no solamente los subtítulos presentan rasgos sintácticos y léxicos, como indican Gottlieb (1997) y Díaz-Cintas (2003), sino también morfológicos (aunque en menor grado) e incluso fonéticos, a costa de apartarse considerablemente de la normativa de la lengua escrita. Eso quizá pueda deberse a la especial situación sociolingüística de esta lengua, minoritaria y minorizada. Sería interesante, en una futura investigación, comprobar por ejemplo los subtítulos del mismo filme en otras lenguas románicas, como el español, el portugués, el italiano o el francés, y también con el inglés; este último considerado quizá más abierto a mostrar este tipo de rasgos típicos de la oralidad por escrito. Es una lástima que el DVD del mismo filme editado en Alemania no presente subtítulos intralingüísticos, para poder comprobar si el alemán presentaría más rasgos de oralidad que el guión escrito.

En definitiva, hemos visto que los subtítulos, un texto necesariamente reducido que traduce por escrito los elementos orales de un texto audiovisual, a pesar de los límites de espacio y tiempo y del cambio de canal oral a canal escrito, presentan suficientes elementos de oralidad y, por tanto, de naturalidad.

7. Corpus

FHvD = DONNERSMARCK, Florian Henckel von (2006). *Das Leben der anderen*. Frankfurt: Suhrkamp.

FHvDA, FHvDC = DONNERSMARCK, Florian Henckel von (dir.) [2006] (2007). *Das Leben der Anderen. / La vida de los otros*. V.o. Alemán / Castellano / Catalán. Subtítulos en castellano / catalán. DVD. Barcelona: Cameo Media.

8. Referencias bibliográficas

BASSOLS, M.ª Margarida; RICO, Albert; TORRENT, Anna M.ª (eds.) (1997). *La llengua de TV3*. Barcelona: Empúries.

BONET, Eulàlia (2002). «Clitització». En SOLÀ, Joan; LLORET, M.ª Rosa; MASCARÓ, Joan; PÉREZ SALDANYA, Manuel (dirs.) (2002). *Gramàtica del català contemporani*. Amb la col·laboració de Gemma Rigau. Vol. 1, *Introducció. Fonètica i fonologia. Morfologia*. Barcelona: Empúries, 935-989.

BRUMME, Jenny (2008). «Traducir la oralidad teatral. Las traducciones al castellano, catalán, francés y euskera de *Der Kontrabaß* de Patrick Süskind». En BRUMME, Jenny (ed.) (2008). *La oralidad fingida: descripción y traducción. Teatro, cómic y medios audiovisuales*. Con la colaboración de Hildegard Resinger y Amaia Zaballa. Madrid: Iberoamericana; Frankfurt: Vervuert. 21-64.

COMISSIÓ DE NORMALITZACIÓ LINGÜÍSTICA DE TELEVISIÓ DE CATALUNYA (1999-2002).*Versió doblada*, números 6, 8, 9, 10 y 11. Documento interno.

CROS, Anna; SEGARRA, Mila; TORRENT, Anna M.ª (2000). *Llengua oral i llengua escrita a la televisió*. Barcelona: Publicacions de l'Abadia de Montserrat.

DIAZ-CINTAS, Jorge (2003). *Teoría y práctica de la subtitulación, Inglés-Español*. Barcelona: Ariel.

DIEC2 = INSTITUT D'ESTUDIS CATALANS (2007). *Diccionari de la llengua catalana*. 2.ª ed. Barcelona: Institut d'Estudis Catalans. URL: <http://dlc.iec.cat/>; fecha de consulta: 26-3-2009.

FABRA, Pompeu (1983-1984). *Converses filològiques*. 2 vols. Barcelona: Edhasa.

FERRER MORA, Hang (2001). «Les partícules modals alemanyes i els seus equivalents en català des d'una perspectiva contrastiva». *Caplletra* 30. 95-110.

GOTTLIEB, Henrik (1997). *Subtitles, Translation & Idioms.* Copenhagen: University of Copenhagen.

JANÉ, Albert (2009). «Notes sobre la traducció de còmics». En SANTAMARIA, Laura (ed.) (2009). *XVI Seminari sobre la Traducció a Catalunya. Còmic, manga i conte il·lustrat.* Barcelona: Associació d'Escriptors en Llengua Catalana. 11-21.

JUAN CARLOS I (2001). «Palabras de Su Majestad el Rey en el Acto de Entrega del Premio "Miguel de Cervantes" a Francisco Umbral». (23-4-2001). En *Casa de S. M. el Rey.* Página oficial de la Casa de Su Majestad el Rey. Alcalá de Henares (Madrid): Casa de Su Majestad el Rey. URL: <http://www.casareal.es/noticias/news/640-ides-idweb.html>; fecha de consulta: 21-10-2009.

KOCH, Peter; OESTERREICHER, Wulf (1986). «Sprache der Nähe — Sprache der Distanz. Mündlichkeit und Scriftlichkeit im Spannungsfeld von Sprachtheorie und Sprachgeschichte». *Romanisches Jahrbuch* 36. 15-43.

KOCH, Peter; OESTERREICHER, Wulf (1990). *Gesprochene Sprache in der Romania: Französisch, Italienisch, Spanisch.* Tübingen: Max Niemeyer.

KOCH, Peter; OESTERREICHER, Wulf (2007). *Lengua hablada en la Romania: español, francés, italiano.* Traducción de Araceli López Serena. Madrid: Gredos.

MASCARÓ, Joan (1986). *Morfologia.* Barcelona: Enciclopèdia Catalana.

MATAMALA, Anna (2008). *Interjeccions i lexicografia. Anàlisi de les interjeccions d'un corpus audiovisual i proposta de representació lexicogràfica.* Barcelona: Institut d'Estudis Catalans.

MESTRES, Josep M.ª (2003). «L'expressió escrita de l'oralitat». En MARTÍ I CASTELL, Joan; MESTRES, Josep M.ª (eds.) (2003). *L'oralitat i els mitjans de comunicació (Actes del seminari del CUIMPB-CEL 2002).* Barcelona: Institut d'Estudis Catalans. 73-136.

MILLER, Jim; WEINERT, Regina (2002). «Lengua hablada, teoría lingüística y adquisición del lenguaje». En FERREIRO, Emilia (ed.) (2002). *Relaciones de (in)dependencia entre oralidad y escritura.* Barcelona: Gedisa. 77-110.

PAYRATÓ, Lluís (1996). *Català col·loquial. Aspectes de l'ús corrent de la llengua catalana.* València: Universitat de València.

PONS = PONS VERLAG (2001-). *Pons, The Dictionary in Seven Languages.* URL: <http://www.pons. de>; fecha de consulta: 26-3-2009.

SANCHO CREMADES, Pelegrí (2002). «La preposició i el sintagma preposicional». En SOLÀ, Joan; LLORET, M.ª Rosa; MASCARÓ, Joan; PÉREZ SALDANYA, Manuel (dirs.) (2002). *Gramàtica del català contemporani.* Amb la col·laboració de Gemma Rigau. Vol. 2, *Sintaxi.* Barcelona: Empúries, 1689-1796.

SOLÀ, Joan (1987). *Qüestions controvertides de la sintaxi catalana.* Barcelona: Edicions 62.

TELEVISIÓ DE CATALUNYA (1997). *Criteris lingüístics sobre traducció i doblatge.* Barcelona: Edicions 62.

TORRENT-LENZEN, Aina (2005). «Indexicalitat i comunicació verbal d'emocions en català». En *Estudis de Llengua i Literatura catalanes/L. Miscel·lània Joan Veny.* Vol. 6. Barcelona: Publicacions de l'Abadia de Montserrat. 257-279.

VALLVERDÚ, Francesc (2000). *El català estàndard i els mitjans audiovisuals*. Barcelona: Edicions 62.

VALLVERDÚ, Francesc (2003). «L'oralitat als mitjans audiovisuals: les limitacions del llenguatge col·loquial». En MARTÍ I CASTELL, Joan; MESTRES, Josep M.ª (eds.) (2003). *L'oralitat i els mitjans de comunicación (Actes del seminari del CUIMPB-CEL 2002)*. Barcelona: Institut d'Estudis Catalans. 47-55.

WAHRIG = BERTELSMANN LEXIKON INSTITUT (2003). *Wahrig digital Deutsches Wörterbuch*. CD-ROM. Gütersloh; München: Wissen Media.

TransÜD. Arbeiten zur Theorie und Praxis des Übersetzens und Dolmetschens

Die Bände 1 bis 5 sind bei der Peter Lang GmbH erschienen und dort zu beziehen.

Band 6 Przemysław Chojnowski: Zur Strategie und Poetik des Übersetzens. Eine Untersuchung der Anthologien zur polnischen Lyrik von Karl Dedecius. 300 Seiten. ISBN 978-3-86596-013-9

Band 7 Belén Santana López: Wie wird *das Komische* übersetzt? *Das Komische* als Kulturspezifikum bei der Übersetzung spanischer Gegenwartsliteratur. 456 Seiten. ISBN 978-3-86596-006-1

Band 8 Larisa Schippel (Hg.): Übersetzungsqualität: Kritik – Kriterien – Bewertungshandeln. 194 Seiten. ISBN 978-3-86596-075-7

Band 9 Anne-Kathrin D. Ende: Dolmetschen im Kommunikationsmarkt. Gezeigt am Beispiel Sachsen. 228 Seiten. ISBN 978-3-86596-073-3

Band 10 Sigrun Döring: Kulturspezifika im Film: Probleme ihrer Translation. 156 Seiten. ISBN 978-3-86596-100-6

Band 11 Hartwig Kalverkämper: „Textqualität". Die Evaluation von Kommunikationsprozessen seit der antiken Rhetorik bis zur Translationswissenschaft. ISBN 978-3-86596-110-5

Band 12 Yvonne Griesel: Die Inszenierung als Translat. Möglichkeiten und Grenzen der Theaterübertitelung. 362 Seiten. ISBN 978-3-86596-119-8

Band 13 Hans J. Vermeer: Ausgewählte Vorträge zur Translation und anderen Themen. Selected Papers on Translation and other Subjects. 286 Seiten. ISBN 978-3-86596-145-7

Band 14 Erich Prunč: Entwicklungslinien der Translationswissenschaft. Von den Asymmetrien der Sprachen zu den Asymmetrien der Macht. 442 Seiten. ISBN 978-3-86596-146-4 (vergriffen, siehe Band 43 der Reihe)

Band 15 Valentyna Ostapenko: Vernetzung von Fachtextsorten. Textsorten der Normung in der technischen Harmonisierung. 128 Seiten. ISBN 978-3-86596-155-6

Frank & Timme

TransÜD. Arbeiten zur Theorie und Praxis des Übersetzens und Dolmetschens

Band 16 Larisa Schippel (Hg.): TRANSLATIONSKULTUR – ein innovatives und produktives Konzept. 340 Seiten. ISBN 978-3-86596-158-7

Band 17 Hartwig Kalverkämper/Larisa Schippel (Hg.): Simultandolmetschen in Erstbewährung: Der Nürnberger Prozess 1945. Mit einer orientierenden Einführung von Klaus Kastner und einer kommentierten fotografischen Dokumentation von Theodoros Radisoglou sowie mit einer dolmetschwissenschaftlichen Analyse von Katrin Rumprecht. 344 Seiten. ISBN 978-3-86596-161-7

Band 18 Regina Bouchehri: Filmtitel im interkulturellen Transfer. 174 Seiten. ISBN 978-3-86596-180-8

Band 19 Michael Krenz/Markus Ramlow: Maschinelle Übersetzung und XML im Übersetzungsprozess. Prozesse der Translation und Lokalisierung im Wandel. Zwei Beiträge, hg. von Uta Seewald-Heeg. 368 Seiten. ISBN 978-3-86596-184-6

Band 20 Hartwig Kalverkämper/Larisa Schippel (Hg.): Translation zwischen Text und Welt – Translationswissenschaft als historische Disziplin zwischen Moderne und Zukunft. 700 Seiten. ISBN 978-3-86596-202-7

Band 21 Nadja Grbić/Sonja Pöllabauer: Kommunaldolmetschen/Community Interpreting. Probleme – Perspektiven – Potenziale. Forschungsbeiträge aus Österreich. 380 Seiten. ISBN 978-3-86596-194-5

Band 22 Agnès Welu: Neuübersetzungen ins Französische – eine kulturhistorische Übersetzungskritik. Eichendorffs *Aus dem Leben eines Taugenichts*. 506 Seiten. ISBN 978-3-86596-193-8

Band 23 Martin Slawek: Interkulturell kompetente Geschäftskorrespondenz als Garant für den Geschäftserfolg. Linguistische Analysen und fachkommunikative Ratschläge für die Geschäftsbeziehungen nach Lateinamerika (Kolumbien). 206 Seiten. ISBN 978-3-86596-206-5

F Frank & Timme

Verlag für wissenschaftliche Literatur

TRANSÜD. ARBEITEN ZUR THEORIE UND PRAXIS DES ÜBERSETZENS UND DOLMETSCHENS

Band 24 Julia Richter: Kohärenz und Übersetzungskritik. Lucian Boias Analyse des rumänischen Geschichtsdiskurses in deutscher Übersetzung. 142 Seiten. ISBN 978-3-86596-221-8

Band 25 Anna Kucharska: Simultandolmetschen in defizitären Situationen. Strategien der translatorischen Optimierung. 170 Seiten. ISBN 978-3-86596-244-7

Band 26 Katarzyna Lukas: Das Weltbild und die literarische Konvention als Übersetzungsdeterminanten. Adam Mickiewicz in deutschsprachigen Übertragungen. 402 Seiten. ISBN 978-3-86596-238-6

Band 27 Markus Ramlow: Die maschinelle Simulierbarkeit des Humanübersetzens. Evaluation von Mensch-Maschine-Interaktion und der Translatqualität der Technik. 364 Seiten. ISBN 978-3-86596-260-7

Band 28 Ruth Levin: Der Beitrag des Prager Strukturalismus zur Translationswissenschaft. Linguistik und Semiotik der literarischen Übersetzung. 154 Seiten. ISBN 978-3-86596-262-1

Band 29 Iris Holl: Textología contrastiva, derecho comparado y traducción jurídica. Las sentencias de divorcio alemanas y españolas. 526 Seiten. ISBN 978-3-86596-324-6

Band 30 Christina Korak: Remote Interpreting via Skype. Anwendungsmöglichkeiten von VoIP-Software im Bereich Community Interpreting – Communicate everywhere? 202 Seiten. ISBN 978-3-86596-318-5

Band 31 Gemma Andújar/Jenny Brumme (eds.): Construir, deconstruir y reconstruir. Mímesis y traducción de la oralidad y la afectividad. 224 Seiten. ISBN 978-3-86596-234-8

Band 32 Christiane Nord: Funktionsgerechtigkeit und Loyalität. Theorie, Methode und Didaktik des funktionalen Übersetzens. 338 Seiten. ISBN 978-3-86596-330-7

Band 33 Christiane Nord: Funktionsgerechtigkeit und Loyalität. Die Übersetzung literarischer und religiöser Texte aus funktionaler Sicht. 304 Seiten. ISBN 978-3-86596-331-4

Verlag für wissenschaftliche Literatur

TRANSÜD. ARBEITEN ZUR THEORIE UND PRAXIS DES ÜBERSETZENS UND DOLMETSCHENS

Band 34 Małgorzata Stanek: Dolmetschen bei der Polizei. Zur Problematik des Einsatzes unqualifizierter Dolmetscher. 262 Seiten. ISBN 978-3-86596-332-1

Band 35 Dorota Karolina Bereza: Die Neuübersetzung. Eine Hinführung zur Dynamik literarischer Translationskultur. 108 Seiten. ISBN 978-3-86596-255-3

Band 36 Montserrat Cunillera/Hildegard Resinger (eds.): Implicación emocional y oralidad en la traducción literaria. 230 Seiten. ISBN 978-3-86596-339-0

Band 37 Ewa Krauss: Roman Ingardens „Schematisierte Ansichten" und das Problem der Übersetzung. 226 Seiten. ISBN 978-3-86596-315-4

Band 38 Miriam Leibbrand: Grundlagen einer hermeneutischen Dolmetschforschung. 324 Seiten. ISBN 978-3-86596-343-7

Band 39 Pekka Kujamäki/Leena Kolehmainen/Esa Penttilä/Hannu Kemppanen (eds.): Beyond Borders – Translations Moving Languages, Literatures and Cultures. 272 Seiten. ISBN 978-3-86596-356-7

Band 40 Gisela Thome: Übersetzen als interlinguales und interkulturelles Sprachhandeln. Theorien – Methodologie – Ausbildung. 622 Seiten. ISBN 978-3-86596-352-9

Band 41 Radegundis Stolze: The Translator's Approach – Introduction to Translational Hermeneutics. Theory and Examples from Practice. 304 Seiten. ISBN 978-3-86596-373-4

Band 42 Silvia Roiss/Carlos Fortea Gil/María Ángeles Recio Ariza/Belén Santana López/Petra Zimmermann González/Iris Holl (eds.): En las vertientes de la traducción e interpretación del/al alemán. 582 Seiten. ISBN 978-3-86596-326-0

Band 43 Erich Prunč: Entwicklungslinien der Translationswissenschaft. 3., erweiterte und verbesserte Auflage (1. Aufl. 2007. ISBN 978-3-86596-146-4). 528 Seiten. ISBN 978-3-86596-422-9

Frank & Timme

Verlag für wissenschaftliche Literatur

TRANSÜD. ARBEITEN ZUR THEORIE UND PRAXIS DES ÜBERSETZENS UND DOLMETSCHENS

Band 44 Mehmet Tahir Öncü: Die Rechtsübersetzung im Spannungsfeld von Rechtsvergleich und Rechtssprachvergleich. Zur deutschen und türkischen Strafgesetzgebung. 380 Seiten. ISBN 978-3-86596-424-3

Band 45 Hartwig Kalverkämper/Larisa Schippel (Hg.): „Vom Altern der Texte". Bausteine für eine Geschichte des interkulturellen Wissenstransfers. 456 Seiten. ISBN 978-3-86596-251-5

Band 46 Hannu Kemppanen/Marja Jänis/Alexandra Belikova (eds.): Domestication and Foreignization in Translation Studies. 240 Seiten. 978-3-86596-470-0

Band 47 Sergey Tyulenev: Translation and the Westernization of Eighteenth-Century Russia. A Social-Systemic Perspective. 272 Seiten. ISBN 978-3-86596-472-4

Band 48 Martin B. Fischer/Maria Wirf Naro (eds.): Translating Fictional Dialogue for Children and Young People. 422 Seiten. ISBN 978-3-86596-467-0

Band 49 Martina Behr: Evaluation und Stimmung. Ein neuer Blick auf Qualität im (Simultan-)Dolmetschen. 356 Seiten. ISBN 978-3-86596-485-4

Band 50 Anna Gopenko: Traduire le sublime. Les débats de l'Église orthodoxe russe sur la langue liturgique. 228 Seiten. ISBN 978-3-86596-486-1

Band 51 Lavinia Heller: Translationswissenschaftliche Begriffsbildung und das Problem der performativen Unauffälligkeit von Translation. 332 Seiten. ISBN 978-3-86596-470-0

Band 52 Claudia Dathe/Renata Makarska/Schamma Schahadat (Hg.): Zwischentexte. Literarisches Übersetzen in Theorie und Praxis. 300 Seiten. ISBN 978-3-86596-442-7

Band 53 Regina Bouchehri: Translation von Medien-Titeln. Der interkulturelle Transfer von Titeln in Literatur, Theater, Film und Bildender Kunst. 334 Seiten. ISBN 978-3-86596-400-7

Frank & Timme

Verlag für wissenschaftliche Literatur

TRANSÜD. ARBEITEN ZUR THEORIE UND PRAXIS DES ÜBERSETZENS UND DOLMETSCHENS

Band 54 Nilgin Tanış Polat: Raum im (Hör-)Film. Zur Wahrnehmung und Repräsentation von räumlichen Informationen in deutschen und türkischen Audiodeskriptionstexten. 138 Seiten. ISBN 978-3-86596-508-0

Band 55 Eva Parra Membrives/Ángeles García Calderón (eds.): Traducción, mediación, adaptación. Reflexiones en torno al proceso de comunicación entre culturas. 336 Seiten. ISBN 978-3-86596-499-1

Band 56 Yvonne Sanz López: Videospiele übersetzen – Probleme und Optimierung. 126 Seiten. ISBN 978-3-86596-541-7

Band 57 Irina Bondas: Theaterdolmetschen – Phänomen, Funktionen, Perspektiven. 240 Seiten. ISBN 978-3-86596-540-0

Band 58 Dinah Krenzler-Behm: Authentische Aufträge in der Übersetzerausbildung. Ein Leitfaden für die Translationsdidaktik. 480 Seiten. ISBN 978-3-86596-498-4

Band 59 Anne-Kathrin Ende/Susann Herold/Annette Weilandt (Hg.): Alles hängt mit allem zusammen. Translatologische Interdependenzen. Festschrift für Peter A. Schmitt. 544 Seiten. ISBN 978-3-86596-504-2

Band 60 Saskia Weber: Kurz- und Kosenamen in russischen Romanen und ihre deutschen Übersetzungen. 256 Seiten. ISBN 978-3-7329-0002-2

Band 61 Silke Jansen/Martina Schrader-Kniffki (eds.): La traducción a través de los tiempos, espacios y disciplinas. 366 Seiten. ISBN 978-3-86596-524-0

Band 62 Annika Schmidt-Glenewinkel: Kinder als Dolmetscher in der Arzt-Patienten-Interaktion. 130 Seiten. ISBN 978-3-7329-0010-7

Band 63 Klaus-Dieter Baumann/Hartwig Kalverkämper (Hg.): Theorie und Praxis des Dolmetschens und Übersetzens in fachlichen Kontexten. 756 Seiten. ISBN 978-3-7329-0016-9

Band 64 Silvia Ruzzenenti: «Präzise, doch ungenau» – Tradurre il saggio. Un approccio olistico al *poetischer Essay* di Durs Grünbein. 406 Seiten. ISBN 978-3-7329-0026-8

Frank & Timme

Verlag für wissenschaftliche Literatur

TRANSÜD. ARBEITEN ZUR THEORIE UND PRAXIS DES ÜBERSETZENS UND DOLMETSCHENS

Band 65 Margarita Zoe Giannoutsou: Kirchendolmetschen – Interpretieren oder Transformieren? 498 Seiten mit CD. ISBN 978-3-7329-0067-1

Band 66 Andreas F. Kelletat/Aleksey Tashinskiy (Hg.): Übersetzer als Entdecker. Ihr Leben und Werk als Gegenstand translationswissenschaftlicher und literaturgeschichtlicher Forschung. 376 Seiten. ISBN 978-3-7329-0060-2

Band 67 Ulrike Spieler: Übersetzer zwischen Identität, Professionalität und Kulturalität: Heinrich Enrique Beck. 340 Seiten. ISBN 978-3-7329-0107-4

Band 68 Carmen Klaus: Translationsqualität und Crowdsourced Translation. Untertitelung und ihre Bewertung – am Beispiel des audiovisuellen Mediums *TEDTalk*. 180 Seiten. ISBN 979-3-7329-0031-1

Band 69 Susanne J. Jekat/Heike Elisabeth Jüngst/Klaus Schubert/Claudia Villiger (Hg.): Sprache barrierefrei gestalten. Perspektiven aus der Angewandten Linguistik. 276 Seiten. ISBN 978-3-7329-0023-7

Band 70 Radegundis Stolze: Hermeneutische Übersetzungskompetenz. Grundlagen und Didaktik. 402 Seiten. ISBN 978-3-7329-0122-7

Band 71 María Teresa Sánchez Nieto (ed.): Corpus-based Translation and Interpreting Studies: From description to application / Estudios traductológicos basados en corpus: de la descripción a la aplicación. 268 Seiten. ISBN 978-3-7329-0084-8

Band 72 Karin Maksymski/Silke Gutermuth/Silvia Hansen-Schirra (eds.): Translation and Comprehensibility. 296 Seiten. ISBN 978-3-7329-0022-0

Band 73 Hildegard Spraul: Landeskunde Russland für Übersetzer. Sprache und Werte im Wandel. Ein Studienbuch. 360 Seiten. ISBN 978-3-7329-0109-8

Band 74 Ralph Krüger: The Interface between Scientific and Technical Translation Studies and Cognitive Linguistics. With Particular Emphasis on Explicitation and Implicitation as Indicators of Translational Text-Context Interaction. 482 Seiten. ISBN 978-3-7329-0136-4

Frank & Timme

Verlag für wissenschaftliche Literatur